神話叢書
MYTHOLOGY SERIES

死の神話学

木村武史◉編著

晶文社

ブックデザイン◉美柑和俊

死の神話学◉目次

序章

木村武史

はじめに

生きとし生けるものにとって避けられない定めにあるもの、それが死である。なぜ生あるものは死ななくてはならないのか。死は終わりであるのか、あるいは新たな始まりであろうか。死者を悼む、死者を埋葬するという行為に基本的な人間性を見出すのは、さまざまな人間文化の共通の次元といえる。死は人間という生き物の在り方を根源から見つめ直す機会となり、さまざまなイマジネーションの源泉となってきた。神話の分類には含められないかもしれないが、仏教には、修行僧が煩悩を払うために、死体の変貌の様子を見て観想する九相観という修行がある。美女の代表である小野小町を題材とする『小野小町九相図』はよく知られているところである。また言うまでもないが、キリスト教においては、イエスの死からの復活はその教えの原点である。

死は神話研究の中でもポピュラーなテーマであるといえる。すでに死の神話をテーマにした著作が多く刊行されている。それゆえ従来の研究と違い、本論集が目指したところについて簡単に述べておきたい。神話は物語ジャンルの一つであり、それゆえ神話研究の一つの基本的な視点は物語としての神話にある。本論集でも、この視点は踏襲している。その上で、本論集では、死に関わる神話的側面を広く捉え、従来の神話研究ではあまり取りあげないような事例も積極的に含めようとしている。その目的は、神話研究の幅を広げ、より多様な神話研究を可能とするような視野を構築しようとすることである。さらに狭義の神話概念では取りあげることはなかった多様な事例を研究するさまざまな分野の研究者にも参加してもらいながら、多様な神話的側面に目を向けるということを目指した。それゆえ、読者の中には、これが神話かと怪訝に思う事例もあるかもしれない。

また、本論集の特色として挙げることができるのが、執筆者の学問的背景の多様性である。そして、この学問的多様性が、死の神話に新しい光を照らし出しているといえる。各章の初めに各執筆者の立場が短く説明されているので、執筆者のそれぞれの学問的背景を念頭において読んでいただければと思う。

さて、本書の章立てについて少し述べておきたい。ほぼ地域毎にまとめられているが、最初の三章は古代オリエント地域という枠組みでまとめられている。本論集には日本の事例は含まれていないが、東アジアから始まり、南アジア、東南アジア・オーストラリア、ヨーロッパ（古代と近世）、そして、大西洋を越えてアメリカ大陸へという順に構成されている。

以下、簡単に各章の概要を紹介したい。

第1章「『テリピヌ神話』にみるヒッタイト時代アナトリアの「死」の世界」（山本孟）では、メソポタミア文明の西端に位置付けられるヒッタイト王国に伝わるテリピヌ神話には、印欧語系のヒッタイト語を話した人々の伝承だけではなく、アナトリア土着の人々の文化、フリ人の文化、メソポタミア文化の影響等が混淆した形で見られることを指摘している。その上で、其々の相違について詳しい考察を行っている。

第2章「古代エジプトにおける死後の復活再生と神々の協働」(田澤恵子)では、古代エジプトにおける死後の復活再生思想が王のみに認められていた時代から王以外の人々にまで広がる歴史的過程において、アヌビス、オシリス、ラーの三神がいかに協働していたかについて、葬祭文書(ピラミッドテキスト、棺柩文、死者の書、アムドゥアト書、門の書、洞窟の書、大地の書)の内容を紹介しながら詳細に検討している。

第3章「聖書は死の起源についての神話を語るのか?――ヘブライ語聖書「原初史」を中心にして」(岩嵜大悟)では、一般に死の起源を語っていると解釈されるエデンの園からの追放物語は死の始まりを語るものではなく、カインとアベルの物語が最初の死の物語であること、ノアの箱舟の神話では、洪水で死んでいく人々には無関心であることを指摘している。エデンの園を「原罪」と結び付けて解釈するのは、西方のキリスト教会に特有の聖書理解であり、ユダヤ教、東方正教会には見られないという重要な点も明らかにしている。

第4章「雲南少数民族の死の起源神話――月蝕・脱皮・葬礼」(斧原孝守)では、中国西南部の雲南省にいる少数民族の間で伝わる死の起源神話に焦点を当てている。月蝕と不死、死の起源が関係した神話群、脱皮神話と死の起源神話、猿の葬式と死の起源の結びつきという三つの神話を取りあげている。人間にとって不死はあり得たはずなのに、それが不可能になってしまった理由が神話的に説明されている興味深い事例である。

第5章「最初の死——古代チベット土着宗教儀礼説話に見る死の起源」（石川巌）では、仏教伝来以前のチベットの土着宗教における死の起源についての神話伝承「レウ・ヤンカジェの物語」に着目した重要な論考である。伝承の中で描かれるチベットの葬法、馬の犠牲などについての考古学的背景にも目を向けながら、チベット土着の宗教における神話伝承を紐解こうと試みている。

第6章「不死なる神ヴィシュヌの化身神話——人獅子と魔物の物語」（大木舞）では、古代インドの死生観を概観し、インドの神ヴィシュヌの十化身の神話伝承と表象を取りあげている。ヴィシュヌの化身の一つであるナラシンハ（人獅子）の伝承に焦点を当て、中でも叙事詩の補遺文献『ハリヴァンシャ』の描写を考察している。不死を求めて苦行を重ねたヒラニヤカシプをヴィシュヌが人獅子の姿に化身して殺したという神話である。

第7章「中世南アジアのスーフィズムにおける「死」と「死者」」（二宮文子）では、イスラームにおける死の観念、死と魂、魂と夢等を説明しつつ、インドにおけるイスラームに伝わるスーフィズムの伝承の中から「死者（導師）への弟子入り」、聖者と死、聖者と墓参詣など、神話研究の視野を広げる重要な考察を行っている。

第8章「生と死のはざまを「生きる」——現代イランの「殉教者の奇跡」」（黒田賢治）では、現代のイラン・イラク戦争で死んだイランの英雄が殉教者として「生きている」という現象に焦点を当てている。背景としてイスラームにおける死の神話、イランにおける死の観念、シーア派に特有の殉教の概念形成に寄与した「カルバラーの悲劇」を説明している。そして、殉教言説が現代イラン社会においては統治の技法としての機能を果たしていること、最後に、殉教者が現前したという奇跡譚を紹介している。

第9章「インドネシア――死と天界と生まれ変わり」（内海敦子）では、一万七〇〇〇以上の島からなるインドネシアには七〇〇ほどの民族・言語が存在し、多様な神話伝承が重層的に構成されている。イスラーム教の影響を受けた伝承にはアラーへの信仰の篤い者は天国に赴くことができるという内容が見られる。基層のオーストロネシア民族の伝承においては、異界としての森、海、天界という観念を、死はよみがえりと生まれ変わりと密接に関わっていることを示している。

第10章「アボリジニの死の概念と神話――北東アーネムランドのソングライン」（窪田幸子）では、オーストラリア・アーネムランドのヨルングの人々に焦点を当て、歴史的背景、ヨルングの信仰とドリーミングの世界、そして、現状を詳しく説明した上で、葬儀と神話に焦点を当て考察を行っている。ヨルングの伝統的な死の概念を解き明かし、キリスト教のミッションの影響と統制を受けながらも、現代の文明の機器を利用して、伝統的な死者の魂の理念と葬儀の意義を維持している様子を描き出している。

第11章「死すべき人間と不死の神々――古代ギリシアの聖なる食物と飲料」（松村一男）では、死する神々も描かれている中で、神々がいかに不死を獲得したのかというギリシア神話の特質に関わる問題を、神々に固有の食材であるアンブロシアとネクタルに目を向けることによって明らかにしようとしている。そして、アンブロシアとネクタルが腐敗を防ぐ目的で用いられていることに着目し、それはエジプトのミイラ作りの様子がギリシアに伝わることによって形成されたのではないかと論じている。

第12章「『ドイツ伝説集』「死の伝説」「生の伝説」をめぐる〈神話的な死〉」（植朗子）では、グリム兄弟の『ドイツ伝説集』から死に関わるさまざまな伝説を取りあげ、グリム兄弟の編纂の意図についても目を向けながら、死にまつわるモチーフを浮かび上がらせている。異様な長命についての伝説、死を奪う神と死を与える神、死者の魂を管理する精霊、肉体から抜け出す魂、復活を待つ王や英雄、不滅をあらわす植物等についての興味深い伝説を解説している。

第13章「メソアメリカの《死と生の旅》の神話――一六世紀メキシコの史料『第二クアウティンチャン絵図』より」（岩崎賢）では、アステカの宗教・神話の資料の一つとして近年刊行された『第二クアウティンチャン絵図』に描かれている神話的旅路の中で、とくに絵図の左下に描かれている死の表象を詳細に検討している。具体的には、旅路で経験する暴風、大地の割れ目、大水、暴風という一連のイニシエーション的な変容過程と解釈できる絵図に焦点を当てている。四つの絵図で描かれている内容を詳細に検討し、四つの出来事をアステカの神話的・宗教的世界を基礎にしてその意義を明らかにしている。

第14章「北米先住民宗教における死の神話」（木村武史）では、北米先住民の人々が直面している現代社会における死の問題、ある若者の事故死の理由を神話的な世界を結びつけながら解き明かそうとしているエピソードや守護霊から死の時が来たと告げられた男性の事例を紹介しながら、生者と死者の世界の境界の曖昧さ、死者が生者の世界に復活できなくなった理由などを述べる神話、人間に死をもたらす怪物の神話伝承、名前に「死」を持つ神霊についての神話などを取りあげている。

以上の各章で本論集は構成されているが、言うまでもなく、本書がすべての死に関わる神話を網羅しているというわけではない。神話・伝承についてよく知っている読者は、取りあげられているそれぞれの地域における代表的な死の神話が触れられていないという風に思うかもしれないが、本書は、各章が取りあげている時代・地域の死の神話の概説を目指したものではない。各章の執筆者が長年の研究の蓄積を踏まえて、死の神話に新しい視点から取り組んだ研究成果をわかり易く論述したものである。

本論集を通じて、世界各地の神話伝承に興味を抱いていただければと、執筆者を代表して、ここに記すものである。

第1章

『テリピヌ神話』にみるヒッタイト時代アナトリアの「死」の世界

山本孟

はじめに

メソポタミア文明は、今から約五千年前の古代の中近東に生まれた。本稿では、広義でメソポタミア文明圏に含まれるヒッタイト王国の神話と、そこから考えられる当時の人々の冥界観について紹介する。メソポタミア文明は、ティグリス川とユーフラテス川に挟まれた、現在のイラク南部の平野に成立した。紀元前四千年末頃、今から約五千年前、メソポタミアの南部に暮らしたシュメール人たちは都市を築き、数百年後には自分たちの話していた言語を記す楔形文字を考案した。前三千年紀の後半以降、メソポタミア南部に成立した複数の都市国家は、競合の末、一つの国にまとまっていった。そのような一定の領域をもつ国家はやがてメソポタミア南部だけでなく、その北部やシリア、アナトリアにも成立した。

シュメール人たちや、のちのアッカド人による王朝の時代を経て、前二千年紀にはメソポタミア南部のバビロニアは文明の中心地となった。このようなメソポタミア文明の中心地における神話は、近現代の人々を惹き付け、ときに小説や映画、アニメ、ゲームにも影響を与えている。たとえば、近年では二〇一九年にテレビ放映されたアニメ「Fate/Grand Order 絶対魔獣戦線バビロニア」(以下、「絶対魔獣戦線バビロニア」)にもメソポタミアやその冥界の様子が描かれている。アニメの舞台は、紀元前二六五五年の古代メソポタミア・シュメール人の都市ウルク。「ギルガメッシュ」(後述するメソポタミアの神話の主人公であるウルク王は「ギルガメシュ」と表記する)が、王として君臨する繁栄の時代にあったとされる[1]。このアニメは、全体としてメソポタミア文明における有名な三つの神話『ギルガメシュ叙事詩』をベースに、『イシュタルの冥界下り』と『エヌマ・エリシュ』の要素が取り入れられており、また冥界の様子が描かれるエピソードもあった。

さて、筆者が専門に研究しているヒッタイト王国は、このメソポタミアで考案された楔形文字を使用しており、その意味でメソポタミア地域と文化を共有している。ヒッタイト王国は前二千年紀のアナトリア（現在のトルコ）に台頭した。しかしこの国は、アニメ「絶対魔獣戦線バビロニア」の舞台になった、いわゆる最古の文明の「中心地」ではなく、むしろ時代的にも地理的にも中心からすれば「周辺」にあった[2]。文明を生み出したシュメール人たちの都市国家の時代から、ヒッタイト王国の栄えた前二千年紀後半までは、一〇〇〇年以上の時間的な隔たりがある。また、たとえばヒッタイト王国の都ハットゥシャと、かつてのシュメールの都市ウルクの間には、二〇〇〇キロもの距離がある。時代としては、平安時代から二〇二四年現在ぐらいの時間幅があって、空間的には北海道から筆者の住んでいる山口県ぐらい離れている。平安時代の北海道に生きた人々と、現代の山口県の人たちと同じぐらい離れた人々の感覚は大きく異なるように思われる。

そこで本稿では、筆者が専門としているヒッタイト語が記された楔形文字粘土板文書史料を扱い、なかでも主に『テリピヌ神話』を取りあげて、この神話に見られるヒッタイト王国時代のアナトリアの文化伝統の多層性と、当時の人々の抱いたと考えられる冥界像を紹介したい。はたしてヒッタイトの人々は、メソポタミアの中心に住む人々や、かつてのシュメール人たちと冥界のイメージをどれほど共有していたといえるのだろうか。

1 ヒッタイト王国とは

古代アナトリアに繁栄したヒッタイト王国は、前一七〜一二世紀にかけてアナトリア中央高原にあった都市ハットゥシャを都とした国であった。都ハットゥシャは、現在のトルコの首都アンカラから東に約二〇〇キロメートル、キノコ型の岩が広がっていることで有名な観光地カッパドキアからも北に約二〇〇キロメートルのところに位置する。王国は、メソポタミア文明からの影響を受け、広い意味ではメソポタミアの歴史の中に位置づけられる。この王国の人々は、メソポタミアから楔形文字を輸入し、彼らの使用していた言語であったヒッタイト語を楔形文字で記していた。彼らは文字だけでなく、多くの文化を、より先端の技術をもったとされるシリアやその先にあるメソポタミアから学んでいたからである。そのため、当時のアナトリアの冥界観についても、一般的にメソポタミアのそれを受容していたと考えられている。

遺跡の発掘調査をはじめとする考古学研究と、楔形文字で書かれた粘土板文書史料の研究からは、数百年に及んだ王国の歴史が明らかになっている[3]。王国に先駆けてアナトリアに名を馳せた支配者はいたものの、ハットゥシリ一世という王が、アナトリア中部を統一したと考えられる前一七世紀半ば頃が、王国の歴史の一つの起点に位置づけられる。その後の王国史は、前一四世紀ごろを境に、古王国時代と、新王国時代あるいは帝国時代と呼ばれる時代に分けられる。後者の時代には、周辺の国々を属国として従えるようになり、ヒッタイトはオリエントの一大国となった。バビロニアやミタ

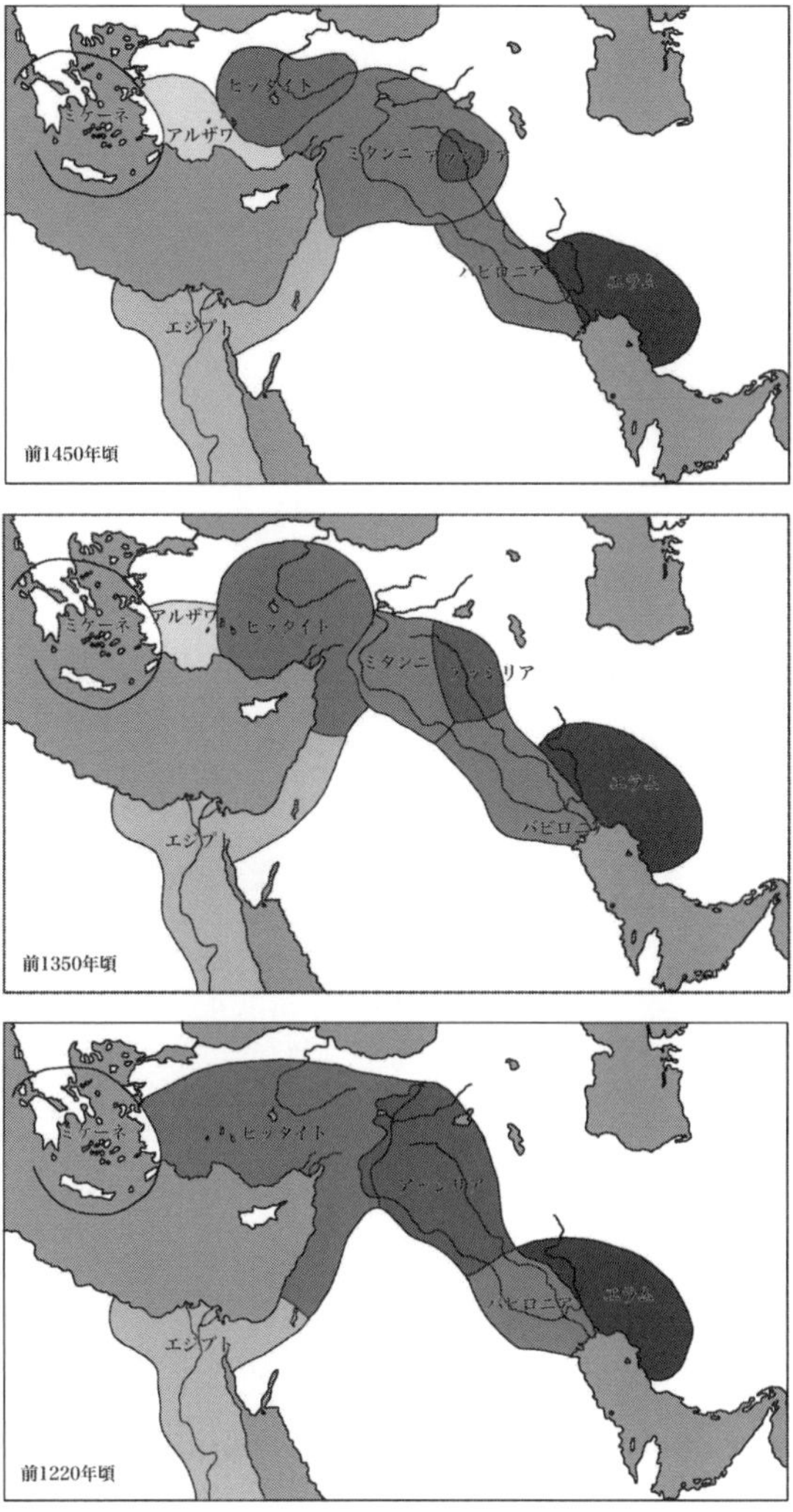

【図1】前二千年紀後半の中近東の地図。Van De Mieroop M. *A History of the Ancient Near East ca. 3000-323BC* (Third Edition), Wiley-Blackwell, 2016, p.140を参考に筆者が作成した（同書の地図もMario Liverani, *Prestige and Interest*, 1990, pp.299-300を元にしている）。

ンニといったメソポタミア・シリアの国々と、エジプト新王国と並び立つ国として、さまざまな外交および戦争に関与することになる。ヒッタイト王国は、楔形文字の導入をはじめ、メソポタミアの文化を強く受けていることに間違いないが、アナトリア半島は東地中海世界にあって、南の古代エジプトの文明と切っても切り離せない関係にあった。また、西方へ拡大するにつれ、のちの世界史上で有名な古代ギリシア世界とも接触があった。

このような周辺地域との接点に加え、当時のアナトリアに生きた人々が非常に多様であったことも王国の文化を語る上で重要である。王国の名称にもなっている「ヒッタイト」とは、インド・ヨーロッパ語アナトリア語派のヒッタイト語を話した人々に由来している。しかし、王国が成立する前からすでにアナトリア中央高原には、言語系統が不明なハッティ語を話した人々や、同じインド・ヨーロッパ語アナトリア語派に属し、ヒッタイト語と言語的に近いルウィ語を話すルウィ人がいた。古い時代には、アナトリア北部の黒海沿岸に、同じくインド・ヨーロッパ語のパラー語話者がいた。時代を経るにつれて、上述のルウィ人はアナトリア南部からシリア北部に至る王国領で大きな人口を占めるようになる。さらに、アナトリア南東部においては、フリ語を話す人々が住んでいた。彼らの一部

【図2】ヒッタイト語楔形文字粘土板文書
(https://www.britishmuseum.org/collection/object/W_1913-1011-22)

は、一時期ミタンニ（ミッタニ）という大国の下にまとまったが、前一四世紀のヒッタイト勢力圏拡大によって同国が属国化されると、フリ人たちの文化はそれまで以上にヒッタイト王国内に色濃く取り込まれていく。ヒッタイト王国は政治・軍事的にはフリ人たち、あるいは彼らの国を圧倒するが、文化的にはフリの文化を受け入れることになる。新王国時代にはフリの宗教信仰が優勢となったことから、フリの嵐の神テシュブや女神ヘパトが国家の最高神として信仰されるようになった。このような王国に暮らした人々の集団の多様性は、後述するヒッタイトの神話文書の諸要素においても確認される［4］。

【図3】ヤズルカヤの石室A。男神と女神の行進の中央に位置するレリーフ。フリの嵐の神テシュブやヘパトが中心に描かれている。前一三世紀頃のパンテオンの完成形であるとされる。筆者撮影

【図4】ヤズルカヤの石室B。ヒッタイト王トゥドゥハリヤ四世像の隣に残るネルガルと考えられる短剣の形で描かれる神。筆者撮影

2　ヒッタイト王国の「冥界」についての研究

ヒッタイト王国における冥界観について、楔形文字文書を扱う文献学の研究からは、その「独自性」がわかりづらい。ヒッタイトは、文字だけでなく文学伝統において、メソポタミアの影響を受けていた。ヒッタイトの冥界についてまとめたハースによると、「ヒッタイトの伝統では、地上と冥界は共に大界の対極にある世界と見なされた。冥界を指すヒッタイト語は『暗黒の陰鬱な地』であり、メソポタミア同様、地の底は光のない空間と思われていた」という[5]。まさに「絶対魔獣戦線バビロニア」でも冥界の女主人であるエレシュキガルが支配していた、地下の暗くて鬱々とした世界が、ヒッタイトの人々も想像していた冥界であったとされている。

二種類のヒッタイト文書が、このようにヒッタイトとメソポタミアの冥界観が共通する根拠となる。『テリピヌ神話（CTH 324）』と、ヒッタイト学者のホフナーが『不死の人間の魂の旅』（The Voyage of the Immortal Human Soul）と題して出版した神話・儀礼断片（CTH 457.7.1 および 7.2）である[6]。『テリピヌ神話』は、古くから伝わるヒッタイト・アナトリア系の神話を代表する「姿を隠す神」の神話の一つである。物語は、農耕神であるテリピヌが怒って姿を隠したことで、世界が不毛な世界になってしまうところから始まる。困った神々はこの神を探し出し、儀礼を通じて怒りを鎮め、秩序を回復させようとする。このテリピヌ神の怒りの封じ込め先として冥界に下る道のりの様子が描かれるのである。

門番は七つの扉を開いた。彼は七つの閂を抜いた。「暗黒の地」(＝冥界)には青銅の甕がある。それらの蓋は鉛製で、掛け金は鉄製である。そこに落ちたものは再び出られず、中で消失する。テリピヌの怒りと不満、罪、不機嫌が捕えられ、それらが(ここに)戻ることのないように[7]。

ここから理解されることは、ヒッタイトにおいて冥界が「暗黒の地」と呼ばれていたこと、そこへ至る道には七つの門があって門番がいること、冥界には一度入ったら出られない複数の青銅製の甕があり、蓋は鉛で掛け金は鉄製という頑丈なものであった、ことなどだろう。この冥界の様子がまさにメソポタミアと共通している。メソポタミアを代表する神話『イシュタルの冥界下り』では、イシュタルが、冥界に至るまで七つの門を通るたびに一つ飾り(シュメール語で「メ」と呼ばれる神なる力の象徴)を剝ぎ取られていく。

もう一つのヒッタイト語の神話・儀礼を記したと考えられる粘土板文書断片(CTH 457.7.2)からは、メソポタミアと同様、冥界は死者の霊が住む暗黒の地下世界であったことが示唆される。上の『テリピヌ神話』で、冥界が「暗黒の地」と呼ばれていたように、仄暗い闇の地下世界で、死者は親族すら認識できず、泥を食べ泥水を飲んで暮らしていると言われている。

人は人を見分けられない。同じ母親をもつ姉妹は(互いを)見分けられ[ない]。同じ父親をもつ兄弟も(互いを)見分けられ[ない]。母親は子を見分けられ[ない]。[子は]母を見分けられ

［ない］……彼らは良い食卓で食べられない。彼らは良い腰かけで食べられない。彼らは良い杯で飲めない。彼らはおいしい食べ物を食べられない。彼らは私の（?）おいしい飲み物を飲めない。彼らは泥を食べる。彼らは排水（?）を飲む［8］。

この断片が、冥界に死者の魂の様子を意味すると捉えるならば、人間は死後、親族であってもお互いを見分けられない、あるいは忘れてしまっている状態で、泥や泥水を飲んで暮らしているという悲惨な冥界が描かれている。このような冥界の捉え方が、メソポタミアのそれに通じているのだとされる。メソポタミアの文学作品の中で最も有名な神話であろう『ギルガメシュ叙事詩』にも、同様の暗い冥界の様子が書かれている。

しかしあなた（＝ギルガメシュ）は彼を恐れて［……彼は］私を［打ち］、私をハトに変えてしまった。［彼は］私の腕を鳥のように縛り、（冥界の女王）イルカラ（Irkalla）の住まいである暗黒の家に私を引いて行った。そこに入った者は出ることのない家に、再びたどることのない道を通って行った。そこに住まう者は光を奪われている家に。そこでは塵が彼らの飢えをしのぐものであり、彼らのパンは粘土である。彼らは鳥のように羽毛のついた服を着ている。彼らは光を見ることはなく、闇のなかで暮らしている［9］。

ここではギルガメシュに対し、冥界をみた親友のエンキドゥがその様子を伝えているが、この描写は上のヒッタイト語の粘土板断片の記述とよく似ている。このように、『テリピヌ神話』および神話・儀礼文書断片から、ヒッタイト時代アナトリアの文学には、メソポタミアの冥界イメージが導入されていたことがわかる。メソポタミアやヒッタイトのいくつかの文学作品で語られる冥界は、悲惨な世界を想像させる。おそらく人知れず荒野で命絶えた人間や、死後に供養されることがない死者の霊は、暗く悲しい世界に住むことになると信じられたのだと思われる。そのような見方は、現代人が想像する「あの世」、あるいは臨死体験で語られたりする、三途の川を渡って花畑へ至るような「あの世」のイメージとは異なる。しかしながら、『テリピヌ神話』にはさまざまな文化伝統の混合が確認されるため、こうした陰鬱な世界観も、複数あったイメージの一つにすぎないかもしれない。王国の文化は、ヒッタイト語話者などインド・ヨーロッパ語を話した人々の文化だけではなく、アナトリア土着の人々の文化、フリ人のもたらす文学伝統やそれと関連する東地中海世界の文学伝統、およびその先のメソポタミア中心地の文化の混成であったからである。

3 『テリピヌ神話』にみる冥界の描写の伝統

ヒッタイト王国が残した楔形文字粘土板は、断片を含め、都ハットゥシャの遺跡を中心に三万点以上が見つかっている。その大半は宗教文書であって、なかには複数の神話文書も残っている。神話には、ヒッタイト人をはじめとするインド・ヨーロッパ語話者の神話の要素もあれば、ハッティ人などアナトリア土着の人々の神話、アナトリア東部・メソポタミア北部のフリ人たちに由来する神話もある。『テリピヌ神話』に代表される「姿を隠す神」の神話は、ハッティの伝統を踏まえたアナトリア系の神話であると理解されており、神々の太古の争いを描いた『クマルビ詩歌集』などは、フリ人の神話伝統であるとされる[10]。さらに、ヒッタイト語に翻訳された『ギルガメシュ叙事詩』も見つかっている[11]。

「姿を隠す神」をテーマとする神話は複数の種類が見つかっている。その内容は、神々が隠れてしまうところから始まる。神が隠れてしまった結果、人間と動物・植物、そして他の神々にも影響が現れるという話になっているので、たとえば、太陽神が隠れていなくなってしまった場合では、厳しい冬がやってきて、すべての動植物が育たなくなってしまうという影響が出た。他にも豊穣を司る嵐の神や、本稿で取りあげるテリピヌなどの神々、出産を司る女神たちが隠れるというものもある[12]。

『テリピヌ神話』は、このような「姿を隠す神」の神話のなかで、最もよく保存されており、三つのバージョンが残っている。主人公となる神テリピヌは、嵐の神の息子という位置づけで、神名はハッティ語で「強い息子」という意味である[13]。この神名からは、テリピヌがハッティの人々が信仰した神様であると共に、嵐の神の怒れる息子という性質も示唆される。テリピヌは、農耕神、特に穀物を始めとする植生を司る神であった。また嵐の神の側面もあり、神話の中では「怒って雷を落とす」とも書かれている。

神話を記録している三つの粘土板文書群のうち、最も保存状況の良い第一版によると、物語は混沌とした世界の状況を説明することから始まる。テリピヌが姿を消してしまった自然界は完全に停止し、人間を含む、すべての動植物の繁栄が失われてしまう。人間が生活できなくなると、人間から世話をされなくなる神々もそれまで通りの生活ができなくなった。

霧が窓を捕らえた（覆った）。煙が家を圧迫した。炉では薪が燻っていた。［祭壇では］神々が圧迫されていた。羊小屋では羊たちが圧迫されていた。牛小屋では牛たちが圧迫されていた。羊は自らの子羊を拒んだ。牛は自らの子牛を拒んだ。

テリピヌは立ち去った。彼は穀物の育つ力と動物の繁殖力、成長、潤沢（あるべき姿）、飽満を、荒野と草地、沼へ持ち去った。テリピヌはさっと沼の一つに消えた。彼の上にはハレンズ草が生えた。もはや大麦と小麦は実らない。もはや牛も羊も人間も孕まない。（すでに）孕んだものらも産むことがない。

山々は枯れた。木々は枯れた。新芽はもはや出ない。牧草地は枯れた。泉は干上がった。国では飢饉が起こった。人々も神々も飢えで死んでいる。「偉大なる太陽神」は宴を催し、千の神々を招待した。彼らは食べた。しかし、満ち足りなかった。彼らは飲んだ。しかし、渇きを癒せなかった[14]。

このような世界で、あるとき太陽神は「千の神々」が集めた宴会を催す。しかし、人間からの捧げられるべき供物を得られなくなっていた神々は、飲み食いするものの、それだけでは満たされることはなかった。ここにきてようやくテリピヌの父である嵐の神が、息子がいないことに気づくのであった。こうして太陽神を始め、神々がテリピヌを探し始めた。種々の努力は徒労に終わり、結局テリピヌの父・嵐の神は、知恵の女神ハンナハンナに助言を求める。

嵐の神はハンナハンナに言った。「私たちはどうしたものか。（このままでは）飢えで我々は死んでしまうだろう」と。ハンナハンナは嵐の神に言った。「何か行動しなさい、嵐の神よ。すぐにあなた自身がテリピヌを探しに行きなさい」と[15]。

このように言われた嵐の神は、自ら我が子の捜索を試みるも、失敗に終わる。そこでハンナハンナは、今度は自ら蜂を遣わすが、それを見た嵐の神は、蜂が見つけられるか懐疑的であったようである。第一版はこの後に続く部分に欠損が多いが、第二・三版によると、この蜂こそが都市リフジナで寝ているテリピヌを見つけ出すことに成功する。蜂は、ハンナハンナの指示に従って、テリピヌの体を刺して目覚めさせ、その上で患部に油を塗ってなだめ、家に連れ戻そうとする。しかし、テリピヌの怒りがおさまったわけではなかった。第一版の後半では、怒るテリピヌの様子が語られる。これに続いて呪術の女神カムルシェパからの指示として実際に行われたと思われる儀礼が記録されている。それらの儀礼は、テリピヌの怒りを鎮めて元の居場所へと帰ってもらうためのものであった。儀礼では果実や木の実、穀物、蜂蜜、バター、油、麦芽やビールパンなど、さまざまな食べ物を使った呪術が行われる。

ここに油がとれる植物がある。テリピヌ、［あなたの（?）］魂に油が塗られるように。麦芽（と）ビールパンが魂において合わさるように、あなた［テリピヌ］の魂も同様に人間の言葉と合わさりた［まえ］。［エンマー小麦］が清らかである［よう］に、彼テリピヌの魂も同様に清らかであれ。ハチミツが甘い［ように］、ギーが柔らかいように、［彼（?）］テリピヌの魂も同様に甘くあれ。同様にやわらかであれ[16]。

種々の食べ物を取りあげながら、テリピヌの心が落ち着くことが祈念される。そして最終的に神々の集会が召集され、カムルシェパが儀礼によって、テリピヌを宥め、怒りを冥界に封じ込めたのだと宣言する。

私（＝カムルシェパ）はテリピヌのあちら側とこちら側に火をつけた。テリピヌに対し、彼の身体から彼の悪を取った。彼の罪を取った。激怒を取った。彼の憤怒を取った。彼の苛立ち（?）を取った。彼の不機嫌を取［った］[17]。

このようにして、テリピヌ神の怒りが封じ込められた先として、先述の死者の世界にあるとされる青銅製の甕に言及されるのである。神話の最後では、テリピヌの怒りがおさまり、豊穣が回復したことが述べられている。

前節で示したように、テリピヌの怒りが封じ込められた冥界に至るまでに七つの門があるように言われることが、『イナンナの冥界下り』に代表されるメソポタミアの文学における冥界への道のりとよく比較される。また、ヒッタイト文書における冥界を意味する語について論じたエッティンガーによれば、冥界が「暗黒の地」であるという考え方は、アナトリア東部からシリア・メソポタミア北部を拠点としていたフリ人たちの考え方であったとされる[18]。これらの要素を強調すれば、『テリピヌ神話』は、メソポタミアの影響、あるいはアナトリア中央からすれば外部からの影響を受けているように思われる。ただし、当時のアナトリアの文化の多様性を考えると、そのような「メソポタミア的」なものは相対化される。たとえば、『テリピヌ神話』に登場する神々の多くは、アナトリアの原住民ともいえるハッティの神々である。主人公テリピヌはハッティの神々の一柱であった。ヒッタイト時代の太陽神について論じたスタイトラーによると、最後の方で神々の集会に登場するイシュトゥシュタヤやパパヤなどもハッティの運命の女神であった。また、神話文書の第三版で述べられる、テリピヌが発見されたリフジナは、ハッティの文化的な影響が強い都市であったことも指摘している。一方、神話の後半に登場する呪術の女神カムルシェパや「地の太陽女神」に関連づけられる儀礼は、アナトリアの伝統のなかでも、ルウィの人々の伝承に基づいている。このように神話の諸要素が重なり合った状態は、ハッティとルウィの文化伝統の干渉の結果であったという[19]。

また後述するように、ウッダードは、『テリピヌ神話』には、太古のインド・ヨーロッパの神話要素が確認されることと、それとシリアの神話伝統の間に接触があった可能性を指摘している。彼も『テリピヌ神話』に複数の文化伝統の混成があったと考えている。「姿を隠す神」の神話は、ハッティ文化のものでアナトリア中央土着の宗教信仰が基礎にあるが、一方でヒッタイト人やルウィ人が先祖から受け継いだインド・ヨーロッパ語族の特徴も保存されているという。次節で詳しく取りあげるが、『テリピヌ神話』には、太古のインド・ヨーロッパ神話にみられる機能不全に陥った戦士のモチーフが表れているのである。また、ハッティとインド・ヨーロッパの混成文化の伝統は、早くからシリアにおける嵐の神の伝統と接していたかもしれない。そのため、古代東地中海世界の都市ウガリトで有名な『バアル神話』など、「死して蘇る嵐の神」の物語にも通じるものがあるのだという[20]。このように『テリピヌ神話』には、多様な文化伝統が反映されている。ハッティと呼ばれる人々や、ルウィ語やヒッタイト語というインド・ヨーロッパ語を話した人々の神話伝統が重なり合った上に、シリア・メソポタミアの伝統とも結びついた神話であったといえる（インド・ヨーロッパ語族の神話については、第11章「死すべき人間と不死の神々」でも触れられている）。

4 『テリピヌ神話』における冥界とインド・ヨーロッパの伝統

『テリピヌ神話』のテーマは、農耕の神であるテリピヌが隠れ、再び戻ってくるという点で、季節・農業の「循環」を象徴すると説明されることがあるが、スタイトラーは、この神話は、より広く生産と繁栄を象徴する物語であると理解すべきだという[21]。『テリピヌ神話』が、「死」そのものを中心的なテーマとしないならば、神話に現れる地下の冥界のイメージが、当時のアナトリアの冥界に対する一般的な考え方とすることには慎重になるべきかもしれない。『テリピヌ神話』に登場する

「冥界」は、神の怒りという感情を封じ込める、一度入ったら戻ることができない世界としてのみ提示されており、死んだ人間やその魂が行き着く先として示されているわけではない。

この物語の大きな枠組みとしては、やはりインド・ヨーロッパの神話と見なせる。ウッダードは、太古のインド・ヨーロッパの神話に共通するのは、戦いで心に傷を負ったことにより、期待される役割を離せなくなってしまった戦士を主人公としている点であったという。同氏は、主にインド神話と比較しながら、太古のインド・ヨーロッパの神話の要素について次の五点にまとめている。

(1) 戦士の危機：インド神話で雷の使い手のインドラが竜ヴリトラを打倒した後、心に傷を負って社会から姿を消す一方、テリピヌも雷の神であり、怒りで姿を消して秩序が崩れる。

(2) 遠方への移動：インドラは世界の果てまで逃げ、インドラが去った後の地は荒廃する。神々は代わりにナフシャを王にするもさらなる危機を迎える。同様に、テリピヌは、草地や沼の豊穣を持ち去った結果、残された世界では動物や植物が繁殖しなくなる。神々はさまざまな方法でテリピヌを探すもいずれも徒労に終わる。

(3) 戦士と水：インドラは湖で小さくなって蓮の茎に隠れる。これに対して神官ブリハスパティは「力」を取り戻すよう祈る。一方、テリピヌは沼に身を隠して、身体の上に植物が育つなか、その怒りは呪術の女神カルムシェパの儀礼で鎮められる。同様の要素として、アイルランド神話におけるクー・フーリンなどは戦闘後に抑えきれない激情を民に向けかねなかったため、繰り返し冷水に浸されることでそれが収められることが挙げられる。

（4）特殊能力をもつ女性：インド神話では予言の女神ウパシュルティとインドラの妻シャチーがインドラを見つけるのに対し、テリピヌ神話では女神ハンナハンナが送り出した蜂がテリピヌを見つける。インド・ヨーロッパの神話伝統ではこのような女性がエロティックな女性像と結びつく。インド神話におけるインドラの妻シャチーや、クー・フーリンの神話の裸の女性たちなどである。一方、『テリピヌ神話』では女神ハンナハンナがこれにあたる。ハンナハンナはエロティックではないにせよ、母神の役割を担っている点で豊穣や繁殖と結びついている。

（5）秩序の回復：インド神話では「力」を取り戻したインドラがナフシャを倒して再び王になったことで、テリピヌ神話ではテリピヌが戻ったことで秩序が回復する[22]。

以上のように『テリピヌ神話』は、全体の構造としても、構成要素としても、インド・ヨーロッパの機能不全の戦士の神話と一致するのだという。他方で、テリピヌは嵐の神としての特質をもっていることから、ウガリトの嵐神バアルの神話とも類似すると指摘している。そのため、『テリピヌ神話』は、「ハッティの神話とインド・ヨーロッパ神話との習合的な伝統」であるが、「前三千年紀のある時点でシリアに広がる嵐神の伝統と接触したに違いない」のだと解釈している[23]。『テリピヌ神話』は、ヒッタイト王国が成立する以前のアナトリア中央におけるハッティの神話・儀礼的要素を基礎にしながら、インド・ヨーロッパの神話の要素があることが明らかであり、かつ古代シリアの伝統との接触の形跡もある。ヒッタイト時代のアナトリアの思想が、インド・ヨーロッパ的でありながら、アナトリア独自の多様な伝統を踏まえたものである点は、神話にも言及されていた神や人間の「魂」の捉え方についても同じことが言える。

5 ヒッタイトの「魂」と冥界

ヒッタイト文書からは、当時の人々が、神にも人にも「肉体」に「魂」が宿っている状態にあると考えていたことがわかる。この「魂」とは、怒りを含む感情の源泉かつ「自己」そのものであった[24]。冒頭に挙げたヒッタイト語の神話・儀礼文書断片に描かれているように、人間は死に際して「魂」が「肉体」を離れて冥界へ至ると理解されたようである。ホフナーが、この文書を『不死の人間の魂の旅』と題したように、死んでもなお消滅することのない魂や自己を表現しているならば、インド・ヨーロッパ的な考え方が反映されているのかもしれない。同文書では、「魂」が冥界に至る際に水辺を通るように描写される。

なぜ私は生者（の体）から分離するのだろうか。私は *dāšanata-* へ行かねばならぬのか？　私は川へ落ちるだろう。私は水だめに落ちるだろう。私は *tenawa-* へ行かねばならぬのか？　行くこと［なかれ］。*tenawa-* は悪の［……私を早急に］牧草地へ行かせよ。［私は］神に打ち落とされる［このないように（？）］[25]。

ここに書かれてあることは、人間の魂が死して川や水だめに落ちると読み取れることから、ホフナーは、この一節をギリシア神話における忘却の川レーテーと比較している[26]。

他のヒッタイト文書からは、当時の人々が「魂」を水のような流動的なイメージで捉えることがあって、これを宿すものとして肉体があると考えていたこともわかる[27]。魂そのものを液体のようにみる考え方は、ギリシアの息を意味する「プシュケー」や、風で喩えられることもあるメソポタミアの魂のあり方とも異なるように思える[28]。松村氏が指摘するように、「原印欧語族社会においても、死後世界観については環境、時代、階層などの変数が多すぎて画一的なことは言い難」い。現在知られている限り、ヒッタイト文書は、ほぼ王家による文書しか残っておらず、王家の人々の考えていたことがわかったとしてもそれが「どの時期に成立したのかとか、どのくらいの期間存続したのかとか、どのくらい信じられていたのかなどの点も決め難い」[29]。質・量共に限られている、ヒッタイト文書史料から冥界を考えることは難しく、神話の諸要素がどこからどこまでをある文化伝統を踏まえたものとするかの線引きは困難であり、冥界観も時代や社会集団の階層によって異なったはずである。

それでも明らかなことは、アナトリアからすれば「メソポタミア的」な冥界のイメージが王国文学に取り入れられていたのは間違いない。それはある種の「外来」文化として『テリピヌ神話』に取り入れられていたのかもしれない。シュメール時代メソポタミア南部の文明の中心地とヒッタイト時代アナトリアは、平安時代の北海道と現代の山口県ほどの差があった。このことを踏まえると、人類も神々をも困らせたテリピヌ神の激怒は、遠い昔の異邦の人々が信じていた、よく知らない恐ろしい死者たちの世界に封じ込めてしまおうとしたとも考えられる。そのような世界に存在するという頑丈な蓋付の金属製の甕に入れてしまえば、もう出てこられないだろうと思えただろうし、万が一、出てきたとしても、それは王国領内ではなく、遠い異邦の地の下に広がる世界と思えただろう。

おわりに

ヒッタイト王国時代アナトリアにはさまざまな異なる文化的背景をもつ人々が暮らした。都ハットゥシャの遺跡から出土した文書からは、王国に多様な文化の伝統があったことがわかる。ヒッタイト王国のさまざまな文化は、メソポタミアやシリア北部の伝統と共通しているところが強調される。冥界の描写についてもメソポタミア的な要素に注目される。しかし、『テリピヌ神話』の内容や、神話の背景にあるさまざまな文化伝統を考えてみると、必ずしもそのようなイメージだけではまとめられない。たしかに冥界の描写が登場するが、この神話自体は死や冥界のあり方を中心に描くものではない。

神話は古くから伝わるアナトリアの神々と隠れる神々の神話のストーリーラインを基礎にしながらも、インド・ヨーロッパ的な物語要素や感性を加えて、さらにフリやシリア北部の伝統と一致させようとしたようにみえる。全体として、再生やさらに豊穣と結びつく神話である。そのなかではメソポタミア由来とみられる冥界のイメージは、死者の世界というよりも後戻りできない世界として描かれていた。少なくとも『テリピヌ神話』では、このような「メソポタミアの要素」を相対化ができるし、これをもってヒッタイトにおける唯一の冥界のイメージとはみなさない方が良いのだと考える。ここでの冥界は、あくまで豊穣を妨げる要素としての神の怒りを封じ込める、暗い世界という意味であったのではないかと思われる。

［付記］本研究は、ＪＳＰＳ科研費・若手研究（21K12848［研究代表者・山本孟］）の助成を受けたものである。

†註

[1] TVアニメ「Fate/Grand Order　絶対魔獣戦線バビロニア」[https://news.fate-go.jp/2019/0324aj2019_anime/]。

[2] メソポタミアとはギリシア語で「川の間」を指す言葉で、ティグリス・ユーフラテス川に挟まれた沖積平野をさす。現在のイラクの南部であるため、狭義ではアナトリア・現在のトルコ共和国の中部に成立したヒッタイト王国は「メソポタミア」にあったわけではない。

[3] ヒッタイトの都ハットゥシャの遺跡から発見された楔形文字粘土板文書は、ヒッタイト語のものが多いが、それ以外の言語で書かれた文書もある。

[4] ヒッタイト王国の歴史および王国のエスニシティについては、ビリー・ジーン・コリンズ（著）、アダ・タガー・コヘン（日本語版監修）、山本孟（訳）『ヒッタイトの歴史と文化：前2千年紀の忘れられた帝国への扉』(リトン、二〇二一年)に概説されている。

[5] Volkert Haas., "Death and the Afterlife in Hittite Thought", in Jack M., Sasson, ed., *Civilizations of the Ancient Near East* vol.III, (New York: Charles Scribner's Sons, 1995), pp. 2021-2023.

[6] Harry A. Hoffner, "A Scene in the Realm of the Dead", in Erle Verdun Leichty, Maria deJong Ellis and Pamela Gerardi, eds., *Scientific Humanist: Studies in Memory of Abraham Sachs*, (Philadelphia: University of Pennsylvania Museum of Archaeology and Anthropology, 1988), pp.191-199. 本文中に現れるCTH以下の数字は、ヒッタイト文書カタログ（*Catalogue des textes hittites*）の番号である。たとえば、CTH 324は

「テリピヌ神話（Myth of Telipinu）」というカテゴリーの下にまとめられた文書群である。ヒッタイト文書のカタログ化プロジェクトは、一九七一年にラロッシェによって始められた後、コシャックとミュラーに引き継がれ、現在インターネット上に公開されている。本稿で使用したカタログ番号はHethitologie Portal Mainz［https://www.hethport.uni-wuerzburg.de/HPM/index.php］の掲載にしたがっている。なお、各粘土板の引用については、ヒッタイト語文書のハンドコピーの出版であるKBoとKUBのシリーズの番号で示している（KBo=*Keilschrifttexte aus Boghazköi*, Leipzig and Berlin; KUB =*Keilschrifturkunden aus Boghazköy*, Berlin.）。また、日本語訳では粘土板の欠損部の補いは［　］で示している。

［7］KUB 17.10 iv 14-19. 以下、同粘土板については、Elisabeth Rieken et al., CTH 324.1 - Erste Version des Telipinu-Mythos［hethiter.net/: CTH 324.1（INTR 2012-05-10）］（2023/03/28アクセス）を参照しながら和訳した。

［8］KBo 22.178+KUB 48.109 ii 2- iii 7. Francesco Fuscagni, Die Reise der Seele in die Unterwelt（CTH 457.7.2）［hethiter.net/: CTH 457.7.2（TX 20.12.2012, TRde 19.12.2012）］（2023/03/28アクセス）を参照して和訳した。

［9］渡辺和子「メソポタミアの『死者供養』」（『死生学年報3』リトン、二〇〇七年）四七〜七〇頁。叙事詩全体については、月本昭夫（訳）『ギルガメシュ叙事詩』（岩波書店、一九九六年）に全訳があり、第七書板は一六八〜二〇七頁にあたる。

［10］ヒッタイトにおける神話の概説とそれぞれの英訳は、Harry A. Hoffner, *Hittite Myths. 2nd edition*（*Writings from the Ancient World 2*）, (Atlanta: Society of Biblical Literature, 1998)にまとめられている。

［11］月本昭夫（訳）『ギルガメシュ叙事詩』には、中村光男氏によるヒッタイト語版ギルガメシュ叙事詩の日本語翻訳がある。

［12］Charles W. Steitler, *The Solar Deities of Bronze Age Anatolia. Studies in Texts of the Early Hittite Kingdom*（*Studien zu den Boğazköy-Texten* 62）, (Wiesbaden, Germany: Harrassowitz, 2017).

［13］Özer Soysal, *Hattischer Wortschatz in hethitischer Textüberlieferung*（*Handbuch der Orientalistik* I/74）, (Leiden: Brill, 2004), p.152; 313. テリピヌ神の名前は古くから確認され、ヒッタイト王国時代だけでなく、王国成立以前の前二千年紀前半の文書にも確認される。テリピヌ神については以下を参照されたい。Gary Beckman, "Telipinu", *Reallexikon der Assyriologie und Vorderasiatischen Archäologie* 13,(2013), pp.509-511.

［14］KUB 17.10 i 10-15; 16-20.

［15］KUB 17.10 i 29-31.

［16］KUB 17.10 ii 22-27.

［17］KUB 17.10 iii 8-12.

［18］Norbert Oettinger, "Die 'dunkle Erde' im Hethitischen und Griechischen", *Die Welt des Orients. Wissenschaftliche Beiträge zur Kunde des Morgenlandes* 20-21, (1989-1990), pp.83-98.

[19] Steitler: 238; 242-244.

[20] Roger D. Woodard, “The Disappearance of Telipinu in the Context of Indo-European Myth”, in: Ronald I. Kim, Jana Mynářová and Peter Pavúk, eds., *Hrozný and Hittite. The First Hundred Years* (*Culture and History of the Ancient Near East* 107), (Leiden: Brill, 2020), pp.583-602. さらに、テリピヌ神のヒッタイト王権の守護者としての役割を論じたマゾワイエは、インド・ヨーロッパの神話の類似としてアポロンとも対比している。Michel Mazoyer, *Télipinu, le die au marécage: Essai sur les mythes fondateurs du Royaume Hittite*, (Paris: L'Harmattan, 2003), pp. 221-222.

[21] Steitler, p. 205. また、Woodard, (2020), pp.589-594で、古代近東における死する植物神については、ウガリトのバアル神話を中心に、フレイザー『金枝編』(アドニス、アッティス、オシリス)以来の議論がまとめられている。

[22] Woodard, pp.594-598.

[23] Woodard, p.598.

[24] Van Den Hout Th.P.J. , “Death as a Privilege. The Hittite Royal Funerary Ritual”, in: Jan Maarten Bremer, Van Den Hout, and Peters R., eds., *Hidden Futures. Death and Immortality in Ancient Egypt, Anatolia, the Classical, Biblical and Arabic-Islamic World.* (Amsterdam:Amsterdam University Press, 1994), pp.37-76.

[25] KUB 43.60 i 26-37. Alfonso Archi, “The Soul has to leave the land of the living”, *Journal of Ancient Near Eastern Religions* 7,(2007), pp.172-174を参照して和訳した。*dāšanata-*や*tenawa-*については語義が不明である。

[26] Hoffner 1988:194.

[27] 山本孟「「魂」の異世界への転移—ヒッタイトにおける冥界観について—」『西南アジア研究95』(西南アジア研究会、二〇二三年)。

[28] 松村一男「ギリシア・ローマの死生観と死後世界」(大城道則編著『死者はどこへいくのか』河出ブックス、二〇一七年)三九頁。メソポタミア・シュメール語文書における冥界観については、*Dina Katz, The Image of the Netherworld in the Sumerian Sources*, (Philadelphia:Eisenbrauns, An imprint of Penn State University Press, 2003)の研究が代表的である。

[29] 松村一男『神話思考II 地域と歴史』(言叢社、二〇一四年)六二二頁。

第2章

古代エジプトにおける死後の復活再生と神々の協働

田澤恵子

はじめに

古代エジプトとは、現在のエジプトの南の国境よりも北に位置するアスワン南方から、地中海に面した北部のデルタ地帯までの地域を指す。宗教は、特定の教祖や聖典をもたない自然宗教であった。古代エジプトでは前三〇〇〇年ごろに統一王朝が成立して一人の王による統治が始まり、後四世紀までその歴史が紡がれた[1]【表1】。エジプト研究者は末期王朝時代までを通常「王朝時代」と呼び、その後に続くギリシア人やローマ人が支配していた時代と区別することが多い。

上流での大雨や高山地帯の雪解けによって水位を増したナイル川は、南限アスワンまでは狭く高低差のある流路を激しく流れ下るが、このアスワンに到達すると、傾斜の緩さから川の水が両河岸へ溢れて一帯を冠水させた。この冠水は鉄砲水のような激しい洪水ではなく、徐々に水嵩が増す「増水」である。増水が土中の塩分を洗い流して塩害を防ぎながら退いていったあとには上流から運ばれてきた滋味あふれる沃土が残り、古代エジプト人はその肥沃な土地を利用してそれほど苦労せずに農耕を営むことができた。また、滞留水で形成された湿地帯で漁猟や狩猟もできたのである。この現象は毎年定期的に繰り返されたため、古代エジプト人に「循環する永遠」の発想をもたらしたとされる。古代エジプトには二種類の「永遠」が存在しており、一つはこの「循環する永遠」で、もう一つは、時間が未来に向かって一方通行で進んでいく「直線的永遠」である。この二種類の「永遠」は、古代エジプト人の死生観にも影響を及ぼしている。

1 古代エジプトの神話と神々

多くの人々に知られている古代エジプトの神々であるが、古代エジプトには一般的な「物語」の形で残されている一続きの「神話」は非常に少ない。有名なオシリス神話は、後一世紀にギリシア人プルタルコスによって『エジプト神イシスとオシリスの伝説について』[2]としてまとめられた。プルタルコスが同時代のエジプト人から聞いた話の元となった各エピソードは、ピラミッドテキストを中心に、その他の葬祭文書に断片的に分散して記されていた。オシリスの後継者の地位をめぐるホルスとセトの闘争については、新王国時代の文学作品『ホルスとセトの争い』に描かれている。その他、前一九世紀（第一二王朝）のアビュドスに派遣された官僚のイケルネフェルトが残した石碑（Berlin Museum 1240）には、オシリスの生と死を記念する儀式の様子が記されている。古代エジプトの主要な創世神話には、ヘリオポリス神話、ヘルモポリス神話、メンフィス神話、テーベ神話があるが、前者二つは、先ほどのオシリス神話と同じように葬祭文書などに断片的に個々のエピソードが記されており、後者二つは、古代エジプトの主要神であるプタハとアメンを称える讃歌の形を採っている。

これには、古代エジプト人の「記憶」と「記録」に対する姿勢が大きくかかわっていると思われる。王朝時代の古代エジプト人については、「……歴史や儀礼、宗教、呪術、技術などの集積と伝達は、碑文の組み立てや神殿および墓の装飾に隠されている」というエアの見解[3]が、非常に示唆的である。古代エジプトでは、神話の記述は建築物の装飾や碑文、工芸品、葬祭文書とその図像や挿入画

【表1】古代エジプト年表

時代区分	王朝名	年代
初期王朝時代		前三〇〇〇～二六八六年頃
	第一王朝	前三〇〇〇～二八九〇年頃
	第二王朝	前二八九〇～二六八六年頃
古王国時代		前二六八六～二一八一年頃
	第三王朝	前二六八六～二六一三年頃
	第四王朝	前二六一三～二四九四年頃
	第五王朝	前二四九四～二三四五年頃
	第六王朝	前二三四五～二一八一年頃
第一中間期		前二一八一～二〇五五年頃
	第七・第八王朝	前二一八一～二一六〇年頃
	第九・第一〇王朝	前二一六〇～二〇二五年頃
	第一一王朝前半	前二一二五～二〇五五年頃
中王国時代		前二〇五五～一六五〇年頃
	第一一王朝後半	前二〇五五～一九八五年頃
	第一二王朝	前一九八五～一七七三年頃
	第一三王朝	前一七七三～一六五〇年頃
	第一四王朝	前一七七三～一六五〇年頃
第二中間期		前一六五〇～一五五〇年頃
	第一五王朝	前一六五〇～一五五〇年頃
	第一六王朝	前一六五〇～一五八〇年頃

に散りばめられていたとされる。そして、それを見た古代エジプト人は、そこで自分たちの世界観を共有し、アイデンティティを感じ取っていた。古代エジプトの神話は、巨大建築物の形やその立地条件、神殿や墓の装飾（碑文や図像）、棺《ひつぎ》の形状や石碑のレイアウト、工芸品のデザインや色などさまざまなものに宿っていたのである［4］。古代エジプトの歴史・宗教・神話は、文字化されたテキストの他に、これらの文字化されなかった史資料によって現代に至るまで語り継がれているといってよかろう。王朝時代の古代エジプトの記憶と記録の保管に関する姿勢は、今日のわれわれのものとはだいぶ異なっているといえる。古代エジプト人の知的遺産や宗教・神話などの精神文化をまとめて記して保管し、後代へ受け継い

	第一七王朝	前一五八〇年～一五五〇年頃
新王国時代		前一五五〇～一〇六九年頃
	第一八王朝	前一五五〇～一二九五年頃
	第一九王朝	前一二九五～一一八六年頃
	第二〇王朝	前一一八六～一〇六九年頃
第三中間期		前一〇六九年頃～六六四年
	第二一王朝	前一〇六九～九四五年頃
	第二二王朝	前九四五～七一五年頃
	第二三王朝	前八一八～七一五年頃
	第二四王朝	前七二七～七一五年頃
	第二五王朝	第七四七～六五六年頃
末期王朝時代		前六六四～三三二年
	第二六王朝	前六六四～五二五年
	第二七王朝	前五二五～四〇四年
	第二八王朝	前四〇四～三九九年
	第二九王朝	前三九九～三八〇年
	第三〇王朝	前三八〇～三四三年
	第三一王朝	前三四三～三三二年
グレコ・ローマン時代		前三三二～後三九五年
	マケドニア朝	前三三二～三〇五年
	プトレマイオス朝	前三〇五～三〇年
	ローマ支配時代	前三〇～後三九五年

でいく機関として「生命の家」の存在が指摘されるものの、王朝時代については史資料不足ゆえにどの程度までそう言えるかについては想像の域を出ない[5]。

以上より、本章においては、文字化された古代エジプト神話の他、図像資料などの非文字史料も扱う。また神々の名前や、場面説明のような図像資料に付されたキャプションの類の文字テキストも扱う。これも、古代エジプト神話の特徴の一つと理解してもらえれば幸いである。

古代エジプトのヒエログリフは、象形文字であるため表意文字であると共に、表音文字の働きもある。一つの象形文字が、象った対象物そのものを意味することもあれば、文字自体に意味はなく音だけを伝えていることもある。文字と図像を兼ねるヒエログリフだからこそ、図像

（象形文字そのもの）が文字テキストを兼ね、目には見えない文章を語っているのである。

筆者は、神話と宗教を通して古代エジプト人の心性を探ることを最終的な研究テーマとしている。本章では、ピラミッドテキスト、棺柩文、死者の書他の葬祭文書とその図像資料などから、文字化された神話と文字化されなかった神話の両方を検証する。そして、それと共に古代エジプトの埋葬習慣も確認することで、古代エジプトに特徴的な死生観（死後の復活再生）に大きくかかわるアヌビス、オシリス、ラーの三柱の神についてその存在と意義、そして関係性について、新王国時代までを一区切りとして考えてみたい。

2 古代エジプトにおける死後の復活再生思想

古代エジプトの長い歴史の中では死生観にも変化は生じたが、一貫して確認できるのが死後の復活再生思想である。これは古王国時代では王だけに限定されていたが、中王国時代には王以外の人々にも認められるようになった。死者は他の誰かに生まれ変わるのではなく、自分自身のまま冥界で第二の生を生き続けることが、古代エジプト人にとって理想的な死後の世界だったのである。

ナイル川が毎年同じ時期に増水して人々に肥沃な農地を残し、水が退いた後で毎年同じように種を蒔いて農作業を行うという繰り返し（循環する永遠）が人の一生にも投影されており、この循環は未来永劫続いていく（直線的永遠）のであった（第5章「最初の死」で仏教の輪廻転生について触れられている）。

古代エジプト人は、人間を人間たらしめているのは「バァ、カァ、影（陰）、名前、肉体」の五つの要素であると考えていた。このうちの一つが欠けるだけで、人間としては存在しないのである。そして、これらの要素は、死後に復活再生を果たし、第二の生を生きるためにも必要であった。以下、順に説明する。

バァは、一般的には、「一人の人間を特徴づける肉体以外の特性」[6]とされ、「人格」や「性格」に相当する。バァは、現世と冥界を自由に行き来できる。雄羊とクラハシコウ（鳥）を象った文字が同じ音価（バァ）をもっていたためにこれらの動物の姿で表されるようになり、鳥姿からの派生と思われるが人間の頭部をもつ鳥の姿で表されるようにもなった。

カァは「生命力」「生命を維持するもの」などと訳され、人の誕生と同時に生じ、「生き霊」のような役割を果たすとも考えられている[7]。カァは、死後も生き続けるために生前と同じように飲食物を必要とする。このカァのために供物が供えられることになり、定型供養文には、パンやビール、雄牛肉や家禽、香料や布、アラバスターなどの供物リストに続いて、最後に「○○のカァのために」と記されることになっている。そして、この供物の運搬は、バァが担ったとされている。

影（陰）は人間を危害から保護する役割を担い、古代エジプト語で「影」を意味するシュウトは、同時に「陰」や「保護」の意味も含んでいた[8]。後述する葬祭文書では、ラーやオシリスの敵が罰せられる際、彼らの肉片やバァと共に影（陰）が地獄の業火に処される様子が描かれており、人間としての存在に必要だったことがわかる【図1】。

名前については、古代エジプトのダムナティオ・メモリアエ（記憶の破壊）を語る際によく言及される。個人の名前を削除することはその人物の存在を否定し、そもそも最初から存在していなかったことを意味する。有名なところでは、新王国時代第一八王朝のハトシェプスト女王の名前を継子で後継王のトトメス三世が削り取って改変した例、第一九王朝のセティ一世が残したアビュドス王名表で、ハトシェプストは勿論、アマルナ宗教革命に関与したアクエンアテン、スメンクカーラー、ツタンカーメン、アイの四王の名前を省略するなどの例が挙げられる。ハトシェプストは女性であったがゆえに「異端」とされ、残りの四名はアメン神他それまで信仰されていた多くの神々を否定し、唯一神アテンへの帰依を主張したアクエンアテンとそれに連なる王たちということで「異端」とされ、王名表から外された。葬祭文書では、無事に復活再生を果たすためには、冥界の各所にいる魔物や怪物、門番の名前を正確に知っており、それを唱えたり、何かを命じたりすることでその場所を通過したり（アムドゥアト書）、欲しいものを手に入れる（死者の書）ことができた。死者の書第二五章は、「人の名前を忘れないようにするための呪文」である。このように、名前の存在とそれを覚えていることは、古代エジプトにおいて非常に重要なことであった。

そして、最後の肉体は、ある意味復活再生には欠かせないもので多いに納得できる。肉体を腐敗させず、いつでも死者が戻ってこられるようにとミイラ制作技術は進化を遂げた。

【図1】洞窟の書 第五場（下方中央に、ラーやオシリスの敵の肉片やバァ、影（陰）が逆さに入った大窯が描かれている）〔ラメセス6世王墓〕。筆者撮影

3 死者の復活再生を導くもの：葬祭文書と葬祭神

古代エジプトの葬祭文書

古代エジプトの葬祭文書とは、古代エジプト人が来世で復活再生を果たし、第二の生を生きるために必要な呪文や文言のことである。古くは古王国時代にピラミッドの内部に刻まれたピラミッドテキストがあり、この時代には死後の復活再生は王にだけ許されていた。やがて死後の復活再生が王以外の人間にも認められるようになった中王国時代には、臣民たちの棺にも復活再生を求めて呪文が記されるようになった。これを棺柩文と呼ぶ。そして、異民族（ヒクソス）王朝を経て古代エジプトの最盛期を迎えた新王国時代には、よく知られている死者の書と呼ばれる呪文が盛んに記されるようになった。注意すべきは、これら三つは同じものがそのまま次の時代へ継承されたのではなく、新たな要素を加えられながら各時代を経て使用されていたということである。また、いずれの場合も一まとまりの「原本」や「定本」のようなものは確認されておらず、いわゆる「呪文集」から各自が適宜引用していたとは考えられていない。

その他、主にルクソール西岸の王家の谷に造営された王墓に記されたアムドゥアト書、太陽神ラーへの連禱、門の書、洞窟の書、昼の書・夜の書、天（ヌト女神）の書、大地の書なども、葬祭文書に含まれる。

葬祭にまつわる神々

ここでは、古代エジプトの主要な葬祭神三神を紹介する。

アヌビス

先王朝時代（前四五〇〇～三〇〇〇年頃、表1では割愛）には、ジャッカル／ヤマイヌは浅い墓穴に埋葬された遺体を掘り返して食べたりしたので、死者や墓地と結び付けられた[9]。それゆえ、第一王朝では、墓の守護者、死者の守護者であり、冥界の主とされたアヌビスは、はじめイヌ科の動物の姿で表され、のちに犬の頭部をもつ人間の姿で描かれるようになった。ピラミッドテキストでは、死せる王の顔はアヌビスであるとも記されている。アヌビスという名の語源についてはいくつかの説が出されているが、結論は出ていない[10]。

オシリス

オシリスの登場を最初に確認できるのは古王国時代第五王朝のピラミッドテキストであるが[11]、このピラミッドテキストにオシリス神話の主たる部分が記されていることから[12]、このテキストが成立する以前の早い時期に、すでにオシリスが太陽神信仰の盛んであったヘリオポリスの神学体系に取り込まれていたことがわかる[13]。当初、オシリスは王の復活再生に深く関わっていたが、のちに社会情勢の大変化で王以外の人間にも死後の復活再生が確約されるようになると、ますます冥界の主として信仰を集めるようになり、聖地アビュドスへの巡礼が盛んになった。

このように、オシリスは冥界の主として死者の復活再生に大きく関与していたが、一方で豊穣の神でもあった。オシリスには大地との強い結びつきがあり、それゆえに冥界（つまり地下世界）との関連も生まれたとされる[14]。新王国時代以降に確認されるオシリスベッド（王の副葬品の一つ。オシリスの姿を象った木枠の中に土を詰めて大麦の種を蒔いたもの。種の発芽と成長は、死者の復活再生を象徴していた）などは、一〇〇〇年以上前の慣習との結びつきが指摘されている[15]。死者の復活再生を司る冥界の主が豊穣神でもあることは、命をつなぎ、再び生み出すという観点から、つじつまがあうといえるだろう。

なお、オシリスという名の語源についても諸説あり、結論には至っていない[16]。

ラー

太陽神ラーの名前はヒエログリフで太陽を意味する日輪を象った文字そのもので表記され、神名の語源が天の太陽であることがわかる。

最初は一地方神であった太陽神ラーの信仰はやがて勢力を増していき、第四王朝では、王が生まれた時に「サァ・ラー（太陽の息子）」名（誕生名）が付けられるようになり、この名前は続く第五王朝で、王の五つの名前[17]の一つとして定着した。第四王朝初代王のスネフェルの王子ラー・ヘテプ（「ラーは満足する」の意）は「ヘリオポリスの大祭司」の称号を持ち、王権と太陽神信仰の強い結びつきがうかがえる。これらのことから、国家神となった太陽神の信仰が当時頂点に達していたことがわかる。第五王朝第六代王のニウセルラーは、自分のピラミッドよりも高いオベリスクを備えた太陽神殿を造営したほどである。これは、当時の王の権力よりも太陽神ラーの力の方が大きく、畏怖の対象であったことを象徴しているといえる[18]。

ちなみに、太陽神の信仰中心地であったヘリオポリス地域で展開されたヘリオポリス創世神話において、原初の混沌より自ら生じて次世代を生み出していった創造神はアトゥムだが、一方で太陽は創造プロセスの主要素とみなされていたので、アトゥムはピラミッドテキストの中で「自らを創造したスカラベ」（呪文五八七〔§一五八七〕）として太陽神信仰とも結びついた。この二神は習合してラー＝アトゥムとなり、太陽神ラーは創造神としての地位も確かなものにした。

4

葬祭文書が描く古代エジプトの復活再生と葬祭神（1）——ピラミッドテキスト・棺柩文・死者の書

ピラミッドテキスト

古王国時代後半の第五王朝初期（前二五世紀前半）には太陽神（ラー）信仰が盛んであり、この神のためにオベリスクを含む太陽神殿が建てられたり、王の五つの名前の一つ「サァ・ラー」名が使われるようになった。王は毎日東から昇って西に沈む太陽と重ねられるようになり、死後は太陽と共にあると信じられていた。やがて、太陽神殿が造営されなくなるのと前後するようにピラミッド内部に刻まれ始めたのが、ピラミッドテキストである。最初のピラミッドテキストは、第五王朝（前二四九四〜二三四五年頃）最後の王ウナスのピラミッドに刻まれた。

ピラミッドテキストの呪文二一九において、死王はオシリスと一体化し、ヘリオポリスの九柱神や他の神々に対して、オシリスが亡びない限り王も亡びないと宣言されている。一方、呪文二二二では、死王はラーと共にいることになっており、太陽神ラーと共に天に上り、聖舟で航行を続ける（呪文三〇八〜三一一）関係性を築いている。そして、天に昇るまでには、王のために天へのハシゴが用意され、それをラーが結び、さまざまな神が天に昇る王を助ける（呪文三〇四〜三〇六）様子が語られている。

ここでは、太陽神信仰とオシリス信仰の折衷が図られているのである。また、来世の形態は一つではなく、①王自身が神として天にあって、復活再生を繰り返す様子（循環する永遠）と、②イアルの野と呼ばれる死後の楽園に王が落ち着く様子（直線的永遠）が描かれている。

棺柩文

古王国時代に続く第一中間期と呼ばれる時代に古代エジプトは大きな社会変革を迎え、王限定だった来世での復活再生は王以外のすべての人間にも可能であるとされるようになった。それを反映して記されるようになった棺柩文は、死者にとって有害なものや危害を加えそうなものからの保護、そして供物（飲食物、衣服、装身具、枕など）の永久供給という概念をピラミッドテキストから引き継いだ。しかし、その一方で復活再生が王に限定されていた時よりも明らかに広範囲にわたって多くの人々に広まったため、地域限定の呪文や一個人限定の呪文が増えた。棺柩文には呪文が一一八五章あり[19]、ピラミッドテキスト（全七五九章）や死者の書（全一九〇章）に比べて非常に多い。それゆえに、一般的にまとめることが難しいのが研究の現状である[20]。

そのなかで、エル・アル＝ベルシャ出土の木棺に記された通称「二つの道の書」は呪文一〇二九章から一一三〇章をひとまとまりにできる特徴的な内容であり、棺柩文の中でも研究が精力的に進められている[21]。

この「二つの道の書」によれば、死者は太陽神ラーと共に聖舟に乗り（呪文一〇八九では、聖舟の操舟者としても描かれる）、オシリスのもとへと向かう。ラーの聖舟の行く手を阻む大蛇アポピスが途中で登場すると、死者は、自分はラーのためにアポピスを撃退する者であると主張する（呪文一〇八九、一〇九四、一〇九九など）。やがて、死者はオシリスの居場所であるロセタウ（墓域）（呪文一〇七二、一〇八〇、一〇八二、一〇八五など）もしくは供物の野（呪文一〇四八、一〇四九など）に到着する。死者は、オシリス自身として登場する時もあれば、オシリスを手伝う者、支援する者、治癒する者、苦しみから救う者として描かれることもある。いずれにしても、死者は自らの復活再生を求め、その神の死せる姿を見た者は死なないとされているオシリス（呪文一〇五〇）の下へと最終的に向かうことになっている。

「二つの道の書」においては太陽神ラーの方がオシリスよりも上位におかれる傾向が次第に強くなったとする研究者もいるが[22]、ランクづけはともかく、棺柩文において、冥界自体とその主神であるオシリスが非常に重要な存在になった[23]ことは間違いないだろう。そして、復活再生のプロセスが、より具体的に表されるようになったのである。

死者の書

中王国時代の後、西アジア出身のヒクソス王朝末期頃から、現在死者の書に分類される呪文がみられるようになった。われわれが死者の書と呼んでいるものは、古代エジプト語で「日の下に現れること（の書）」と称されたが、ドイツ（当時はプロイセン）のエジプト学者K・R・レプシウスが、イタリアのトリノ博物館に所蔵されていた一連の呪文集に関する研究を『トリノのヒエログリフで書かれたパピルス、エジプトの死者の書』（一八四二年）〔24〕と題して出版したことで、「死者の書」の名称がそのまま用いられるようになった。

ピラミッドテキストや棺柩文起源の文言に新たな要素（法廷での弁明や死者〔ミイラ〕を腐敗損壊させないための護符の配置など）が追加されている死者の書は、死者が冥界に到達する途中で課されるさまざまな義務を果たしたり、発生したトラブルに対処したりするための実用的な指南書になっている。興味深いものの一つに、「東（生者の領域）に行かないようにする」ための呪文（第一七六章）〔25〕がある。生者として生き返ることは再び死の苦しみを味わうことにつながるので、それを避けるために、永遠に「西（死者の領域）」にいる方がよいとする考え方が当時のエジプト人にあったのであろう。

死者の書における復活再生のプロセスは、以下のようにまとめられる。

死者は、オシリスの敵を倒しロセタウを横断する。復活再生後は生きている時と同じ生活をすることになっている（「第14章　北米先住民宗教における死の神話」にも類似した考えが見られる）が、来世では働かなくて済むようにいろいろな呪文を準備する。そして、死者の領域で敵に対抗するための手段を得て、西の領域（冥界）へと進んでいく。口開けの儀式（ミイラ制作工程の最後に、ミイラの目、耳、口、鼻などを専用の小杖で叩くことでそれらの機能を復活させる儀式）によって死者は五感を取り戻し、心臓が奪われないように、またその心臓が死者に不利なことを口走らないように防御の呪文を唱える。続いて、死者には多種多様な敵を排除するための呪文や供物が与えられ、呼吸をすることができるようになり、冥界で二度と死ぬことなく生きていくための呪文が続く。そして、死者はオシリス裁判を無事に通過できるように準備する。オシリス裁判とは、冥界で死者が祝福され、死後の理想郷であるイアルの野へ到達するために通過しなければならない裁判で、死者は生前に何の罪も犯していないこと、清く正しく生きてきたことをオシリスや四二柱の神々の前で宣言し、それが本当かどうかオシリスの面前で試される。天秤に死者の心臓と真実の羽根がそれぞれ乗せられ、天秤が均衡を保てば死者の言葉に嘘はなく「声正しき者」として復活再生が保証される。一方で、天秤がどちらかに傾いた場合は死者が嘘をついていたことになり、天秤の脇に控えているカバとライオンとワニの身体の一部から形成された合成獣アメミトが死者の心臓を食べてしまい、死者は永遠に復活再生が叶わなくなる。判断を下すのは天秤の傾きではあるが、一連の行為が座したオシリスの面前で行われるので、「オシリス裁判」（他に「オシリスの審判」など）と呼ばれる。そして、この裁判をめでたく通過した後、死者は死後の楽園イアルの野で生前と同じく農耕生活をしながら、永遠に生きていくのである。

アヌビスは、第一五一章でミイラ制作に大きく関わっている様子がテキストと挿絵で描かれる。多くの挿絵では、山犬の頭部をもつ人間の姿で描かれたアヌビスが、ミイラ姿の死者が横たわる棺台の脇に立ち、腰をかがめてその手を死者に置き、テキストに則して保護を与えている姿を確認できる。

その他、女神イシスやネフティスが、オシリスと一体化した死者の守護者を名乗る。ミイラ制作工程の中で摘出した肺、胃、肝臓、腸を保護する役目をもつホルスの四人の息子たちと呼ばれる四神も死者の保護者として登場する。加えて、来世での労役を代わってくれることになっているシャブティと呼ばれる葬祭人形を働かせる呪文（第六章）も挿入されており、死者の来世での負担を軽くしてくれている。有名なツタンカーメンの黄金マスクの肩部分には、この第一五一章のアヌビスに関係した部分の一部が刻まれている。ミイラとなって肉体を守り、来世へとつなげていきたい気持ちに王と臣民の間の垣根はない。

オシリスは、死者が一体化しようとする対象である。第六九章では、死者がオシリス自身であると共にオシリスの後継者となるように記されている。そしてそこでは、イシスやゲブ、ヌトといった両親神と妹神の保護を受けられるようになっている。続く第七〇章では、オシリスとしての死者が東西南北の天空を回り、呼吸をし、人々にパンを与えることになっている。オシリスの復活再生エピソードにあやかることを目的とした第九四章では、オシリスの分泌液（体液）をインクの一部として使うことでその超人的な力を得て、肉体の腐敗を防ぎ、消滅を免れようとしている。

太陽神ラーは、死者の書においても、死者がその乗組員となる太陽神の聖舟で航海する存在として描かれており（第一三〇章～第一三六章）、それらの一部は棺柩文が源になっていることが確認されている[26]。聖舟での死者の居場所を確かなものにして安全な航行を続け、やがて死者のバァが永遠の存在となり、死者が第二の死を迎えることがないように編まれたものである。ちなみに、死者の書第一〇〇章～第一〇二章は、同じく死者が太陽神の聖舟に乗って航行することやその安全を確保するものであるが、こちらは棺柩文からの継承ではなさそうで、古くからの葬祭神であるソカルなどさまざまな神にとって有益なことを為しながら、死者がそれらの神々と共に太陽神の聖舟で航海を進めていく様子が描かれている[27]。

第一五章は、ピラミッドテキストや棺柩文などにはあまりみられなかった太陽神への讃歌である。日の出の太陽と日没の太陽それぞれに対して賞賛がなされ[28]、太陽神の美しさ、素晴らしさが称えられ、その登場（日の出）を多くの者が喜ぶ存在、畏怖の主にして威厳高き存在であることが謳われている。これは、王家の谷に造営された王墓の入り口に太陽神ラーへの連禱（これ自体は冥界を描いたものではない）が刻まれるようになった時期と重なっており、王家と臣民の区別なく、当時の社会に拡散された太陽神への信仰形態の変化だったのかもしれない。

5 葬祭文書が描く古代エジプトの復活再生と葬祭神（2）
――アムドゥアト書・門の書・洞窟の書・大地の書

王家の谷の王墓に記された復活再生への願い

以上の三つの葬祭文書（ピラミッドテキスト、棺柩文、死者の書）とは別に、新王国時代に入り、原則としてルクソール西岸の王家の谷の王墓にのみ記された葬祭文書群がある（時代が下ると、神官や役人などの私人墓にもみられるようになる）。ここでは、その中からアムドゥアト書、門の書、洞窟の書、大地の書に描かれた復活再生とそれに関わる葬祭神について考える。

アムドゥアト書

アムドゥアト書は新王国時代初期（前一六世紀末）から末期（前一二世紀末）に渡って確認されている。それは、太陽神ラーが雄羊頭のバァの姿をして聖舟に乗り、西の地平線に沈み、翌朝東の地平線に現れるまでの間に通過する冥界の様子を、一二の時間帯に分けて説明したものである。毎日の太陽の軌道と王が結び付けられた最初の宗教文書とされている[29]。それぞれの時間毎に太陽神の航行を邪魔しようとする者たちがいるが、逆に助ける神々もいるのでそれらの力を借り、太陽神の聖舟は各時間帯を通過していく。

第一時の領域に、ケプリ（日の出の太陽）の姿をした太陽神ラーを両側から崇拝するオシリスの姿が見られる。第三時では、この時間の最後にラーとオシリスが直接顔を合わせるとされており、両者が対面していることがわかる。ラーは自らの敵を倒し、冥界の者たちに歓迎されている。ラーとオシリスは第五時で再会し、次の第六時でバァと太陽神とオシリスが一つになり、再生に向かっていく。第六時の領域は冥界の最深部とされ、ここで太陽は新生し、これから日の出に向かって航行していくことになる。いよいよ日の出を迎える第一二時では、太陽神ラーが冥界を去ると、オシリスはミイラ姿となってまた次にバァ姿の太陽神が冥界にやってくるまで待つことになり、同時にすべての死者も死の眠りにつくことになっている。

このアムドゥアト書では、太陽神ラーは冥界を航行中にオシリスと合体して新生し、次に分離して再生（日の出）を迎える。王が太陽の軌道と重ねられるようになった当時、オシリスと合体して復活再生し、やがて日の出を迎えて冥界を出ていく太陽神には当然死せる王自身の復活再生が重ねられていた。そして、一方のオシリスは、そのまま冥界に残ることになっていたのである。

門の書

門の書も、太陽神が聖舟に乗って通過する冥界の一二の時間の様子を描いている。各時間の境界に設置されている門（炎を吐くヘビが地面に垂直に立ち、門の中心柱のようになっている）の存在がクローズアップされているのが特徴的である【図2】。太陽神の航行を邪魔する大蛇アポピスの他、神に対する敵が捕らえられて後ろ手に縛られて横たわっている様子、神に敵対する邪悪なものを燃やし尽くす業火なども描かれている。

門の書では、第五時の最後でオシリス裁判が催されている。擬人化された天秤がオシリスの前に置かれるなど死者の書第一二五章と似ている部分もあるが、天秤には何も乗っていない。祝福された九人の死者たちがオシリスの面前の階段に立ち、オシリスの敵はその階段の下（オシリスの足下）に倒れ、壊滅の地へ追いやられる。これは、次の第六時でバァと死せる太陽神が合体する（つまり、死者が自分のバァと合体する）ことへの布石とされている。

そして、新たな日の出を迎える第一二時で再生した太陽は冥界を離れ（復活再生）、最後の門を通過する。太陽神の聖舟は、原初の水ヌンの両手で持ち上げられ、日の出の太陽の姿であるケプリを上方から天空の女神ヌトが引き上げようとしている。さらに、このヌトはその上方で下向きにエビ反りのように背面を丸めているオシリスの頭上から同じく下向きに立っている。オシリスは「冥界を囲む者」と添え書きされており、全体で太陽神が冥界から新しく生まれてきたこと、オシリスは後（冥界）に残ることが象徴的に描かれている。

【図2】門の書 第三時と第四時の間の門（セティ1世王墓）。筆者撮影

洞窟の書

洞窟の書と次の大地の書は第一九王朝以降の王墓から確認されており、冥界において太陽神が復活する様子そのものを説明しようとしている。また、太陽神やその他の神々およびエジプトの敵たちが首をはねられて逆さ吊りにされたり、そのはねられた頭部や心臓などが大釜で業火に処されたり、と

残忍な処罰の様子が表されているのが特徴でもある。このような新しいモチーフの追加は、復活再生にかかわる概念に変化が生じたことを示しているかもしれない。そして、それが、第一九王朝が前王朝（第一八王朝）を血統的に継承したものではなく、臣下であったラメセス一世による軍人王朝として成立したという背景と何かしら関係があるとすれば非常に興味深い。

洞窟の書では、太陽神とオシリスの深いつながりを確認することができる。

第一場で太陽円盤と羊頭のバァ姿をした夜の太陽神ラーが冥界へ向かおうとするが、その目的は冥界の主オシリスを守護し、その敵を撲滅することであると明言している。

第二場で、ラーとオシリスは対面する。石棺の中のナマズなどさまざまな姿をしたオシリスにラーは「光を与える」「腕をひろげて私を受け取ってください」と言う。この行為によって、彼らは若返り、活力を得ることになる。ラーは、引き続き自分を拝するオシリスに光を与え、喜びを授ける。

第三場では、ラーはオシリスに「西方の主」として敬意を表し、羊頭のバァ姿の年老いたラーはオシリスと向き合う。続いてラーの羊頭と眼及びオシリスがウロボロスに囲まれた石棺に収まっており、ここではラー＝オシリスであることが強調されていると考えられている[30]。そして、続く場面でオシリスは「二人になった者」「二人のカァになった者」となり、今度はラーと分離して表されている。

第四場では、イシスとネフティスがオシリスの復活に向けて彼を持ち上げているところに太陽円盤が添えられている。オシリスの復活と共に太陽神ラーになぞらえられた王の新生が象徴されていることが、後述の大地の書の第一場の場面六（同様のモチーフにおいて、現世の王の化身であるホルスが誕生している）からうかがえるだろう。

第五場では、羊頭姿の夜の太陽神と太陽円盤が共に登場しており、ヌト女神のそれぞれの手のひらに乗せられている様子、オシリスとホルスが太陽神の象徴としての羊頭とその上方の太陽円盤を両側から挟んで崇めている様子も描かれている。太陽円盤は、業火に処される敵とその頭部や心臓の場面は別にして、オシリス他の神々が登場する場面にも必ず登場し、その創造神としての力が強調されている。中段に並ぶホルス姿の四神の後ろには、守護者としてのアヌビスがお辞儀の姿勢で続いている。先に触れた二様の太陽神をそれぞれの手のひらに乗せた女神ヌトと、上述したさまざまな場面を挟むように立っているオシリスは、ミイラ姿ではなく人間男性のそれであり、陰茎を屹立させた姿で頭上に彼のバァを乗せて立っている。これは、オシリスにとってヌトだけでなく、太陽神自身との対面であったといえるだろう。

最後の第六場では、上段最初の場面でアヌビスが「大地にある者」の身体が収められた石棺に手をかざし保護しており、続く場面では、雄羊姿の太陽神とハヤブサの頭部を収めた石棺にお辞儀の姿勢をとっている。中段の最初でスカラベが「西の二つの神秘的な洞穴（空間）」から太陽円盤を押し出しているが、この二つの洞穴にはオシリスと羊頭のバァ姿の太陽神ラーがおり、この二神が太陽円盤の出現にかかわっているのがわかる。その反対側、第六場の最後には太陽神の聖舟が登場し、十二の神々によって牽かれていく。その聖舟には、日の出の太陽であるケプリと冥界での太陽神である羊頭のバァ姿の太陽神が乗っているが、聖舟が進むにつれて、羊頭、ケプリ、人間の幼児と太陽が変容して最終的に太陽円盤として輝き、太陽の復活再生が果たされて日の出を迎えるようになっている。

大地の書

洞窟の書と同様に、冥界（夜）の時間帯として描かれていない大地の書は、各場面をどの順番で追っていくか議論の余地があるところではあるが、ここでは現在一般的に読まれている順番で見ていくことにする〔31〕【図3】。

オシリスの厨子の下で、オシリスの身体が入っている別の厨子にアヌビスと「神秘的なもの」が手をかざしているところから始まる場面は、魂と肉体の更新を表したものとされている。続いて原初の水ヌンから伸びた手で支えられ、太陽円盤は新しく創造されていく。スカラベの糞玉（復活再生の玉）の中で弓なりになっているオシリスからはハヤブサ頭のホルスが誕生し、そこには太陽円盤が寄り添っており、上述の洞窟の書で触れたように現世の王の化身であるホルス誕生は、即ち同一視されている王の復活再生を象徴しているだろう。洞窟の書と大地の書、いずれの場合も、オシリスが太陽神、即ち王の復活再生を導いていることがうかがえる。引き続き、冥界での姿である羊頭の太陽神の前で太陽円盤からケプリが誕生し、そのケプリがさらに小さい太陽円盤を持ち上げている。そ

【図3】大地の書 第三場（ラメセス6世王墓）筆者撮影

して、周囲ではオシリスをはじめとし、ゲブ、シュウ、ホルス、ケプリ、イシス、ネフティス、ヌト、テフネトがその様子を見守っている。また、ある場面では、太陽円盤から下向きにハヤブサ頭が出ており、そこから下方に横たわっている「ミステリアスな死体」に光が当たるようになっている。この「ミステリアスな死体」はオシリスとラーが融合した単一の存在とされており、太陽神の復活再生が表されているが、その横ではミイラ姿の二柱のオシリスがその展開に寄り添っている。

6 死後の復活再生と三神の協働

ここまで、古代エジプトの葬祭文書にみられる復活再生をめぐる神々の様子について概観してきた。全体で約一五〇〇年に渡るが、その期間を通してほぼ変わらないのは、太陽神は聖舟に乗って天や冥界を航行すること、そして王であれ、臣民であれ、死者は復活再生のためにこの太陽神の航行に加わって、日の出と日没を繰り返す太陽が象徴する「循環する永遠」の法則に則り復活再生を果たすことになっていたということである。またその一方、死者は太陽神の聖舟に同乗してオシリスのところへ行き、常に冥界にいて死者を迎え入れてくれるオシリスと一体化することで「直線的永遠」型の復活再生をも望んだ。古代エジプト人にとっては二択ではなく、どちらも重要かつ必要なことであったのだろう。オシリスとの一体化から得る復活再生は、死者が王であった場合でも同じであった。ピラミッドテキストではオシリスと一体化していた死せる王は、新王国時代に王墓に記された葬祭文書の中では太陽神の姿をとってオシリスと一体化し、復活再生を果たしている。また同時に、オシリスがホルス（現王）を生み出すことで死せる王の復活再生をも導いていた。太陽神ラー（死王）の復活再生をオシリスが助けていたのである。同時期の死者の書では、臣民がオシリスと死後一体化して自らもオシリスとなり、死後の理想郷イアルの野で第二の生を生きる一方、王は太陽神としてオシリスと死後の一体化が図られ、復活再生へ導かれた。オシリスが死者と一体化することで復活再生が果たされるという基本原理が、さまざまな形で継承されたのである。

また、このオシリスとラーの融合の試みも不断に行われたことがうかがえる。死者の書第一七章と第一八〇章では、太陽神ラーとオシリスの一体化について語られている。とくに一八〇章の冒頭では「オシリスとして憩うラー」と明示されている。その呪文タイトル「日の下に出て、西にある太陽を称える呪文」が示すように、この太陽は日没の太陽（＝太陽の死）で、オシリスのいる冥界へと進んでいき二者は一体化する。これは、太陽神ラーへの連禱でラーが変容を遂げる対象の一つにオシリスが含まれていることと関連づけられるだろう。創造神でもある太陽神ラーと復活再生を司る冥界の主オシリスが合体することで、死者を復活再生させるそのパワーは強化され、死者の来世における第二の生は揺るぎないものになるはずである。

また、死者の書第一七五章は、神の領域、即ち死後の世界で第二の死を迎えないための呪文である。死者はオシリスとラーの双方に「わが父」と呼びかける一方で、オシリスに対して「あなたの父ラーがあなたにしてくれたように、私にもしてください。」と懇願している。ちなみに、第一一九章ではラーと共に空をめぐるようにオシリスが呼びかけられており、両者の一体化ではないものの、共に行動することが望まれている場面もあることがわかる。

死者や墓の守護者であったアヌビスは、直接死者の復活再生に働きかけるというよりは、オシリスを補助する立場であったかもしれない（洞窟の書第三場&第四場）。

アヌビスは、死者に供物を捧げる際の供養文（ヘテプ・ディ・ネスウ「王が与える供物」文）において、第四王朝までは王が供物を捧げる相手であったが、第五王朝になると徐々にオシリスがその役を担った。また、アヌビスを含むイヌ科動物の神に与えられていた「ケンティ・イメンティウ（西方［死者の領域］の第一人者）」という形容辞がオシリスの主要な形容辞となっていった。このことから、中王国時代までにオシリスが冥界の主の座についたことがわかる。ただ、アヌビスはその間も冥界との関係を失うことなく、死者、墓、墓地の守護神であり、ミイラづくりを司る神として存在した。ミイラ職人の長はミイラ制作時にアヌビスの頭部を象った仮面を被って作業していたことが複数の墓壁画から類推される。それは、アヌビスの形容辞の一つ「イミィ・ウト（ミイラづくりの場にいる者）」からも知ることができる。この結びつきは、弟神セトによってバラバラにされたオシリスの身体を妹であり妻である女神イシスがつなぎ合わせて復活させる際に、アヌビスが手助けしたエピソードに基づいている。

「ケンティ・イメンティウ」「テピ・ジュウ・エフ（彼の山の上にいる者＝山の上から墓を見守る様子を表している）」「ネブ・タァ・ジェセル（聖なる地の主）」などの形容辞からわかるアヌビスの死者や墓、冥界との深い結びつきと重要性は、オシリス裁判（死者の書第一二五章）で死者の復活再生がかかった天秤の計測官となったり、王墓や高位の私人墓の壁画に残された葬祭文書の挿絵にオシリスやラーと同じサイズでその姿を描かれていることで明確に示されているのである【図4】。

おわりに

本章では、古代エジプトの葬祭文書において、主要神のアヌビス、オシリス、ラーがどのように死者の復活再生にかかわっていたか、約一五〇〇年にわたる変遷を検証してきた。

アヌビスは、他の二神に比べてそれほど頻繁には登場しないが、死者の復活に欠かせないミイラ制作に大きく関与しており、オシリスのサポートメンバー的な働きをしている。オシリスとラーは、古代エジプトの二大神学体系をなす神でもあり、死者の復活再生には複雑に関与しており、一見すると矛盾点をも生み出しているが、折衷や融合の試みがなされている。

ただ、実際には、この三柱の神以外にも多くの神々が死者の復活再生に携わっていることは、これまでに紹介した数々の事例から想像がつくだろう。ミイラの口開きの儀式でのプタハやトト（死者の書第二三章）、シカモアイチジクに変身して死者に飲食物を与える女神ヌト（死者の書第五九章）、ミイラ制作に大きくかかわるイシスやネフティス、ホルスの四人の息子たち（死者の書第一五一章）など、枚挙にいとまがない。

古代エジプトでは、ラーやオシリス、アヌビスなどの主要な神々が中心となって死者の復活再生を大きく導く一方で、さまざまな場面で他にも多くの神々が協力し、死者の復活再生を支えていたので

【図4】イシス女神の後ろに座るアヌビス神〔ラメセス3世王墓〕。筆者撮影

ある。

†註

[1] 古代エジプト史において、絶対年代が確定しているのは前六六四年以降である。また、各時代の日本語呼称もさまざまであるが、本章では、年代、時代呼称のいずれも河合望『古代エジプト全史』(雄山閣、二〇二一年)一〇～一二頁及び二七七～二八一頁の表記に従う。

[2] プルタルコス『エジプト神イシスとオシリスの伝説について』(柳沼重剛［訳］、岩波文庫、一九九六年)。

[3] Christopher Eyre, *The Use of Documents in Pharaonic Egypt*, (Oxford: Oxford University Press, 2013), pp. 20-22.

[4] 田澤恵子「古代エジプト王朝時代における『あるべき過去』とその媒体」『古代地中海世界と文化的記憶』(山川出版社、二〇二二年)八〇頁。

[5] 田澤、前掲書、八三頁。

[6] イアン・ショー&ポール・ニコルソン『大英博物館 古代エジプト百科事典』(内田杉彦［訳］、原書房、一九九七年)四〇八頁。

[7] ショー&ニコルソン、前掲書、一〇五頁。

[8] ショー&ニコルソン、前掲書、一一二～一一三頁、Adolf Erman and Hermann Grapow, *Wörterbuch der aegyptischen Sprache*, 4th Bd., (Berlin: Akademie Verlag, 1982), pp. 425, 432.

[9] エジプトに生息する野生のイヌ科動物は、長い間ゴールデンジャッカルの地理的変種と考えられていたが、最近の研究でアフリカオオカミとして再分類され、ジャッカルよりもオオカミやコヨーテに近いことが判明した (Klaus-Peter Koepfli et al., "Genome-wide Evidence Reveals that African and Eurasian Golden Jackals Are Distinct Species", *Current Biology* 25 (2015), pp. 2158–65.

[10] Wolfgang Helck and Eberhard Otto, *Lexikon der Ägyptologie* I, (Wiesbaden: Otto Harrasowitz, 1975), p. 327.

[11] Raymond O. Faulkner, *The Ancient Egyptian Pyramid Texts*, (Oxford: Oxford University Press,1969),§13.

[12] たとえば、呪文五七六：オシリスは弟神セトに倒されるが、ラーによって顔を持ち上げられ、眠りを嫌い、不活性を嫌う（だから、王は腐敗しないし、苦しまない)。その他に、呪文五三五：(オシリスが弟神セトに殺され)妹神であるイシスとネフティスに発見される。二女神はオシリスの遺体が腐敗することを防ぎ、再生させる。なお、オシリスの身体がセトによってバラバラにされる様子は、まだ言及されていない。

[13] Richard H. Wilkinson, *The Complete Gods and Goddesses of Ancient Egypt*, (London: Thames and Hudson, 2003), p. 120.

[14] Wilkinson, ibid., p. 118.

[15] Helck, and Otto, ibid., p. 628.

[16] Wolfgang Helck and Eberhard Otto, *Lexikon der Ägyptologie* IV, (Wiesbaden: Otto Harrasowitz, 1982), pp. 624-625., Gwyn Griffiths, J., “Osiris” in Donald B. Redford et al. (eds.), *The Oxford Encyclopedia of Ancient Egypt,* vol. 2 (Oxford: Oxford University Press, 2001), pp. 615-616. Muchiki, Yoshiyuki, “On the transliteration of the name Osiris”, *The Journal of Egyptian Archaeology* 76(1990), pp.191-194. doi:10.1177/030751339007600127. S2CID 194037367.

[17] 古代エジプトの王は、すべて同時に使用が開始されたわけではないが、ホルス名、二女神名、黄金のホルス名、上下エジプト王名（即位名）、サァ・ラー（太陽の息子）名の五つを持っていた。

[18] 近藤二郎［著］、「古代エジプト古王国時代の太陽神信仰と有翼日輪の成立」『太陽神の研究』下巻（松村一男／渡辺和子［編］、リトン、二〇〇三年）一五頁。

[19] Raymond O. Faulkner, *The Ancient Egyptian Coffin Texts*, (Oxford: Oxbow, 1973), spells 1-1185.

[20] 松本弥『神々と旅する冥界 来世へ〔前編〕』(弥呂久、二〇二一年)五五頁。

[21] 肥後時尚「古代エジプトの『二道の書』におけるマアト」『オリエント』第六〇巻二号（二〇一七年）、二三六～二三七頁。Stephen Quirke, *Going out in Daylight – prt m hrw: the Ancient Egyptian Book of the Dead, translation, sources, meanings*, (London: Golden House Publications, 2016). p. 286.

[22] 松本、前掲書〔前編〕、六一頁。

[23] Erik Hornung, *The Ancient Egyptian Books of the Afterlife*, (Ithaca: Cornell University Press,1999), p.12.

[24] Karl R. Lepsius, *Das Todtenbuch der Ägypter nach dem hieroglyphischen Papyrus in Turin*, (Leipzig: Wigand, 1842).

[25] 以下、死者の書の章番号とその内容については、Thomas George Allen and Elizabeth Blaisdell Hauser, *The Book of the Dead or Going Forth by Day,* (Chicago: The University of Chicago Press, 1974)及びQuirke, ibid. に基づく。

[26] Quirke, ibid., p.286.

[27] Quirke, ibid., pp. 224-229.

[28] Edouard Naville, *Das ägyptische Totenbuch der XVIII. bis XX. Dynastie, 3 vols*, (Berlin: A. Asher & co., 1886).

[29] 松本弥『神々と旅する冥界 来世へ〔後編〕』(弥呂久、二〇二一年)一七頁、河合、前掲書、一五二頁。

[30] Hornung, ibid., p. 87.

[31] Alexandre Piankoff, *La création du disque solaire*, (Cairo: Institut Français d'Archéologie Orientale, 1953).

第3章

聖書は死の起源についての神話を語るのか?

――ヘブライ語聖書「原初史」を中心にして

岩嵜大悟

はじめに

この章では、ヘブライ語聖書の「モーセ五書」のうち「創世記」という書物の冒頭で語られる「原初史」という部分から、古代イスラエルでの死の神話について見ていきたい。

ヘブライ語聖書とは、キリスト教で「旧約聖書」と呼ばれてきた文書群のことである。この文書群は紀元前に地中海の東岸、古代オリエント世界の西端の地域、古代イスラエル[1]と呼ばれる地域で書かれたものである【図1】。

古代イスラエルは古代オリエント世界の強大国エジプトとメソポタミア（アッシリアやバビロニア）を結ぶ交通の要所にあり、しばしばどちらかの強大国により蹂躙され、あるいはその支配下に入り朝貢を行うことで、何とか生き延びようとしてきた民である。この民がどのようにして一つの集団を形成するに至ったかはさまざまな理論が打ち立てられてきたが、いずれも考古学的知見と合致するものではない[2]。古代イスラエルは神ヤハウェ[3]を主神とする独自の宗教を形作り、それを自らのアイデンティティの一つにした[4]。

そのような民が残した宗教文書はユダヤ教と呼ばれる宗教の「聖典」つまり聖なる文書として読まれるようになり、そ

【図1】古代イスラエルのおおよその位置

の宗教伝統から生まれたキリスト教もこの文書を聖典として受け入れることになった。ヘブライ語聖書での具体的な死の神話を見る前に、筆者が聖書をどのように読むのかという立場について簡単に述べておきたい。

筆者は聖書学の領域で、ヘブライ語聖書を文学的に読み解くことを方法としている。聖書学は当初、歴史的状況を主に探求するものであったが、一九六〇年代以降の構造主義の影響を受けて、聖書の文学的側面に注目する研究が生じた。これには構造人類学の立場から聖書物語（とくに創世記一～四章）を構造分析したエドマンド・リーチ［5］や、記号学の立場から聖書物語をコードで分析したロラン・バルト［6］などから大きな影響を受けた。この研究方法はプロットや伏線、語句の使用やニュアンス、登場人物の描写や心情を聖書テクストにおいて追及するものである。このような方法を採る筆者は、ヘブライ語聖書を読む際、キリスト教的な解釈を知ることは重要だが、他の地域の神話やさまざまな文学作品と同じく自由に解釈することができるもので、必ずしもキリスト教的な解釈に縛られる必要はないと考える。

1　ヘブライ語聖書について

ヘブライ語聖書と旧約聖書

キリスト教がヘブライ語聖書を受け入れることで、本来の意図とは異なる形で、世界中で読まれることとなった。その際、イエス・キリストを救い主であるとする立場による新しい契約に基づく書物としての「新約聖書」との対比で、古い契約についての書物として「旧約聖書」という名前で呼ばれるようになった。このため、イエスによる新しい契約を認めないユダヤ教にとっては「旧約聖書」のみが聖書である。つまり、旧約聖書という呼び方はキリスト教の立場に立った価値判断を含むものである。このため、近年ではヘブライ語聖書という呼び方が聖書学では広まりつつある。

ただ、いくつかの理由から、ヘブライ語聖書という呼び方にも限界がある。第一に、ヘブライ語聖書のすべての書物がヘブライ語のみで書かれているわけではない点である。第二に、キリスト教が旧約聖書として受け入れ、解釈してきた聖書が必ずしもヘブライ語を原語としたわけでない点である[7]。ヘブライ語聖書は、キリスト教に受け入れられたことで、ユダヤ教とキリスト教が共有する神話となった。

「モーセ五書」と創世記

ヘブライ語聖書でもその翻訳である七十人訳でもウルガタでも冒頭の五冊は同じ並び方をしている。これらはモーセによって書かれたと信じられたため、伝統的に「モーセ五書」と呼ばれてきたが、現代の学問的見解ではモーセを著者とする説は否定されている。この五冊は、創世記、出エジプト記、レビ記、民数記、申命記である。

ヘブライ語聖書では冒頭の一語あるいは二語を書名にすることが多い。たとえば、創世記は「初めに」を意味する「ベレシート」と呼ばれ、創世記冒頭の一語から取ったものである。一方、七十人訳では内容に基づく名称を付けており、創世記は「誕生、創造」を意味する「ゲネシス」と呼ばれる。この語は、ギリシア文字からラテン文字に置き換えられ、英語など西ヨーロッパの多くの言語で受け入れられている。邦訳聖書での書名は、申命記や士師記など、すでに翻訳されていた中国（清）での訳語を受け入れて、現在も使用され続けているものもある。

五書の歴史的成立

かつては五書の歴史的成立について四つの文書資料が組み合わされることで成立したという定説が存在した。これは資料仮説とも、あるいは、提唱者の名前をとってヴェルハウゼン仮説とも呼ばれる。これによれば原初史は前一〇世紀に遡り神名にヤハウェを使用する「ヤハウェ（J）資料」と、捕囚期（前五九七～五三八年）に祭司によって編纂された「祭司（P）資料」が組み合わさっていると考えられていた。

しかし、多くの批判的検討を経て、現在ではさまざまな学説が入り乱れる混沌とした状況となっており、五書研究には「もはや君臨する王者はいない」（G・ウェナム）とすら言われる。原初史についても、最終編集が捕囚期あるいは捕囚後のペルシア時代（前五～四世紀）だとする見解が有力であるが、それぞれの物語がどのような伝承をされてきたのか、あるいは、いつの時代に成立したのかについては研究者によってさまざまな学説が唱えられている[8]。筆者は原初史については、本文での多少の違いはあるにしても[9]、ペルシア時代前半（前五世紀頃）に現在の形にまとめられたと考えている。これは原初史の物語が多くの古代イスラエルの近隣のさまざまな神話と取り入れつつも、それらが前提にする多神教的な描写を排除し、神ヤハウェのみが唯一の神であることを前提にして書かれているからである。このため、唯一神教が成立するのと同時代のペルシア時代前半に成立したと考えるのが妥当だろう。

原初史

創世記のうち、冒頭の「原初史」と呼ばれる部分（創世記一章～一一章）は天地と人間の創造から、バベルの塔までの日本でも聞いたことのある物語が多く含まれている。研究者によって、それぞれの物語の範囲については多少の見解の相違はあるが、大まかなものとしてここで見ておきたい。

天地創造の物語	一・一～二・四前半
「エデンの園」物語	二・四後半～三・二四
「カインとアベル」物語	四・一～一六
カインの系図	四・一七～二四
セトの系図	四・二五～二六
アダムの系図	五・一～三二
「ネフィリム」	六・一～四
洪水物語	六・五～九・一七
洪水後のノア	九・一八～二九
ノアの系図	十・一～三二
バベルの塔	一一・一～九
セムの系図	一一・一〇～二六

原初史は、たとえば、創世記一・一～二・三までの「天地創造」物語がバビロニアの神話『エヌマ・エリシュ』をもとにしているように、古代オリエント世界の神話を土台にしつつも、ヤハウェ宗教の立場から換骨奪胎することで、古代イスラエル独自の神話を作り上げている[10]。

ヘブライ語聖書での死の神話

ヘブライ語聖書を通して、人間の死を人間が嘆き悲しむ箇所は多く見られる（たとえば、創世記二三・二、三七・三四～三五、五〇・一他）が、ヘブライ語聖書の物語において神ヤハウェが個人の死を嘆き悲しむ描写は見られない。また、天寿を全うし、手厚い葬りをされることは祝福の結果だと考えられた（たとえば、創世記一五・一五、二五・八、三五・二九他）。

また、ヘブライ語聖書では、超自然的に死を免れた人物は「神と共に歩み、神が取ったので、いなくなった」と語られるエノク（創世記五・二四）と「嵐の中で天に上げられた」と語られるエリヤ（列王記下二・一二）のみであり、極めて特異な例だといえる。

さらに、エステル記やダニエル記、ヘブライ語聖書には含まれず七十人訳に含まれる旧約聖書外典ユディト書には殉教者についての物語が見られる。これらの三つの書物はいずれもヘレニズム時代、とくに前三世紀から前二世紀に成立したと考えられる。このことから、この時期には殉教者についての物語が広く求められていたと考えられる。

2 「エデンの園」物語での「死」についての描写

「エデンの園」物語はヘブライ語聖書の中で最も解釈がされてきた箇所の一つであり、ユダヤ教やキリスト教での多くの宗教文学に取りあげられるのみならず、絵画や映画などの作品に取りあげられたり、あるいは、さまざまなアニメや音楽の歌詞にモチーフとして使用されたりしている。「エデンの園」物語から（生と）死に関連する描写の部分を中心に抜粋したものを拙訳で見てみよう。

（二・六後半）神ヤハウェはその土地から塵で人を形作り、彼の鼻孔に命の息を吹き込んだ。人は生ける存在になった。……（九）神ヤハウェは土から見るに好ましく食べるに良い木すべてと、園の中央に命の木と、善悪を知る木を植えた。……（一六）神ヤハウェは人に命じて言った。「園の木のすべてからお前は大いに食べよ。（一七）しかし善悪を知る木からはお前は食べるな。なぜなら、お前がそれらから食べた日には、お前は必ず死んでしまう。」……（三・一）蛇は神ヤハウェが造った野の生き物の中で最も賢かった。蛇は女に言った。「神が園のどの木からも食べるなと言ったのは本当なのか。」（二）女は蛇に言った。「園の木の実から私たちは食べる。（三）しかし園の中央にある木の実については、神は『お前たちはそれらから食べるな、それに触れるな。お前たちが死なないように』と言った。」（四）蛇は女に言った。「お前たちは決して死ぬことはない。（五）なぜなら、お前たちがそれらから食べたときに、お前たちの目が開かれ、神のように善悪を知っている存在になる、ということを神は知っているのだ。」（六）女はその木が食べるに良く、それが目には望ましく、賢くなるためにその木が好ましいことを見て、その実から取って、食べて、彼女と一緒にいる彼女の夫にも与え、彼は食べた。……（一四）神ヤハウェは蛇に向かって言った。「お前がこのことをしたので、お前はすべての家畜や野の生き物より呪われる。お前の腹の上で歩き、お前の生涯の日々すべてで塵をお前は食べる。……」（一六）神ヤハウェは女に言った。「私はお前の苦痛とお前の妊娠を大いに数多くしよう。苦しみの中でお前は息子らを産む。お前の男に対してお前の強い欲求が向い、お前の男はお前を支配する。」（一七）神ヤハウェはアダムに言った。「お前はお前の女の声を聴いたので、私がお前にそれらから食べるなと命じておいた木から食べた。お前のゆえに、土地は呪われる。苦痛の中で、お前の生涯の日々すべてで、お前はそれを食べる。（一八）大地はお前のために茨とアザミを芽生えさせる。お前は野の草を食べる。（一九）お前の鼻の汗の中でお前はお前が土地に還るまでパン／食糧を食べる。なぜならお前はそれらから取られたから。なぜならお前は塵であり、お前は塵に還るから。（二〇）人は彼の女の名前をエバと呼んだ。なぜなら彼女は命ある《ハイ》ものすべての母であったから。……（二二）神ヤハウェは言った。「人は善悪を知り、私たちの一人のようになった。今、彼が彼の手を伸ばし、命の木からも取って食べ、永遠に生きないように。」（二三）神ヤハウェは彼がそこから取られた土地を耕すために、エデンの園から送り出した。（二四）彼は人を追放し、命の木への道を守るために、ケルビムと回っている剣の炎をエデンの園の東に据えた。

原罪と「エデンの園」物語

この「エデンの園」物語は「原罪」を語っていると長らく理解されてきた。「原罪」とは古代末期のキリスト教思想家アウグスティヌスにより確立された思想で、原初の夫婦アダムとエバが神の禁令を破って禁断の木の実を食べたことで、人間が死ぬべき運命に至った。そして、この運命は生殖を通して全人類に受け継がれているという思想である。この思想をもとに、西欧では原罪をあがなったキリストの誕生を予告する「受胎告知」の絵画の片隅にエデンの園から追放される男女が描かれることも多い【図2】。

しかし、この思想はアウグスティヌスの影響を受けた西方のキリスト教の伝統であり、現在のユダヤ教や東方のキリスト教では受け入れられた見解でない[11]。また現代キリスト教の神学思想でも原罪がどのようなものであるかは根源的に問い直されている[12]。

【図2】「受胎告知」の片隅（左上）に描かれるエデンの園から追放される男女。フラ・アンジェリコ『コルトーナの受胎告知』一四三三〜三四年

原罪と聖書学

原罪を語るものとして「エデンの園」を解釈することは、近年、聖書学の立場からも疑問が呈されるようになった[13]。これにはいくつかの理由がある。

第一に、「エデンの園」物語に「罪」という言葉が使用されないことである。ヘブライ語聖書には「罪」を表すさまざまな言葉が使用されるが、そのいずれもこの物語には見られない。ヘブライ語聖書で「罪」を表す語が初めて使用されるのは次の「カインとアベル」物語(四・七)においてである。

第二に、「エデンの園」での二人の行動のゆえに、全人類が悪に染まった、という記述が少なくとも原初史には見られないことである。たしかに、人間は誰も神の前に正しい存在ではないとはヘブライ語聖書の中で繰り返されるものだが、その原因を「エデンの園」物語に求める箇所はヘブライ語聖書の中では乏しい。

このように、「エデンの園」物語を「原罪」を語るものとして読むことは、キリスト教思想やキリスト教の教義に物語を当てはめた読み方であり、「エデンの園」物語そのものの読み方としては妥当ではないだろう。

「エデンの園」物語の主題

この物語にはさまざまな要素が見出される。たとえば、人間創造(二・七、二一〜二三)、人間がなぜ苦労して働くのかの起源(三・一七〜一九)、楽園追放(三・二二〜二四)などである。ここでは死(と生)に関する描写にしぼって見ていくことにする。

この物語には、登場人物として神ヤハウェ、人(彼女の男/夫)、エバ(彼の女/妻、その女)、蛇が登場する。また、善悪を知る木と命の木という二つの特別な木が存在する。さらに、ここでの「園」という語はヘブライ語では「果樹園」を指すものだが、七十人訳ではペルシア語に由来する「パラデイソス」と訳され、神の「楽園」としての「エデンの園」というイメージはアブラハムの一神教に幅広い影響を与えた。

神ヤハウェが「命の息」を鼻に吹き込むことで、それまでただの「土くれ」(ハーアダマー)であったものが「生ける者」としての「人」(ハーアダム)となる。人工呼吸を知っている現代人から鼻(特に鼻孔)に吹き込むと言われていることに違和感をもつ読者もいるかもしれないが、ヘブライ語聖書では鼻の奥に「命の息」が宿ると考えられていたようである。このため、ここでは鼻の奥に「命の息」が宿るように鼻に神ヤハウェが吹き込んでいる。

二本の木の呼び名

まずこの二つの木について見ていきたい。物語で最初に登場する際には、「命の木と、善悪を知る木」(二・九)と両方が言及される。しかし、続く二・一七以後は「命の木」は言及されず、「善悪を知る木」のみに注意が払われる。「善悪を知る木」(二・一七)という呼び方の他、「園の中央にある木」(三・三)、「その木」(六節)、「食べるなと命じておいた木」(一一節)、「その木」(一二節)、「食べるなと命じておいた木」(一七節)と、この木に対する呼び名も一定しない。

しかも、園の中央にヤハウェは「善悪を知る木」と「命の木」という二本の特別な木を植えたが、女は蛇との対話でこの木を「園の中央にある木」と呼ぶように、物語の中間部分ではあたかも園の中央には一本の木のみが生えているように語られている。

善悪の知識の木

次に二本の木のうち、「善悪を知る木」について考えてみたい。まずこの木の名称について考える。この木は「善悪」を知ると言われるが、ここで使用される「善悪」に当たるヘブライ語は倫理的な「善悪」のみならず、「良し悪し」「美味い不味い」「上手い下手」「美醜」「利害」など、きわめて広範囲の二分法を示す表現である。また「知る」という動詞も知識として「知る」ことのみならず、経験すること、体験することで「知る」こと、さらには性的関係を持つことなどさまざまな事柄を表す。

このように「善悪」「知る」共に広範囲の意味を有すため、この木がその名前で、この木のどのような性格を示しているのか、多くの見解が示されており、学問的な一致は得られていない。

蛇が言ったことは実現したのか

さらにこの木に関連して、蛇が女に語ったことについて見てみたい。蛇は女が言った「死なないように」を打ち消し、「お前たちは決して死ぬことはない」と語る(三・四)。そのうえで、「目が開け、神々のように善悪を知っている存在になる」と述べている(五節)。この発言が偽りであったのかを検討しよう。

一つ目の「決して死ぬことはない」については、実を食べた後も死ぬことはない。この点については後ほど、さらに検討する。二つ目の「目が開ける」については、七節で「彼ら二人の目は開かれた」と語られているように、実現している。三つ目の「神々のように善悪を知っている存在になる」については「人は善悪を知り、私たちの一人のようになった」と神ヤハウェ自身が語っている。この「私たち」が具体的に何を指すのかは議論があるが、いずれにせよ「神々のようになる」という蛇の発言は実現したことになる。

以上のように、しばしば蛇が女を誘惑したと解釈されることも多い蛇と女の対話であるが、蛇が言ったことはすべて物語内で実現したことが確認できた。ではなぜ蛇はこれらのことを知っていたのか、あるいは、ここで登場する蛇は何者かという疑問が生じる。

蛇は何者か

蛇が何者であるかが、これまでもさまざまに議論されてきた[14]。たとえば、保守的なキリスト教の解釈では蛇がサタン（悪魔）の化身だとされることもあるが、ヘブライ語聖書から見る限り、妥当な解釈とは言い難い[15]。また、蛇は脱皮を繰り返すことから、不死で再生する存在だとされ、しばしば命の木に絡みつく姿で図像にされた。さらにメソポタミアの神話『ギルガメシュ叙事詩』に蛇が登場するから、それとの関連も指摘される。

興味深いことに、「腹で歩く」という神ヤハウェの呪いが理由（三・一四）で、現在の蛇の形態になったと考え、それ以前は（他の多くの動物と同じく）手足がある存在であると考える解釈もしばしばなされてきた（第四章「雲南少数民族の死の起源神話」で蛇も触れられている）【図3】。

しかし、ここに登場する蛇が何者かという疑問には「蛇」だとしか答えようがないというのも事実である。ヘブライ語聖書には、蛇を指すさまざまな語が使用されるが、ここで使用される語は最も一般的に「蛇」を指す単語である。つまり、ここでは「手足で歩く蛇」ではなく、「地面を這う蛇」として蛇が語られていると考えられる。

蛇がなぜこの木の実を食べても死なないということを知っていたのかも考えてみたい。これに対する一番簡単で無理のない説明は、蛇がすでに善悪を知る木から取って食べていたというものである。これまでの解釈の中には、このことと「蛇は神ヤハウェが造った野の生き物の中で最も賢かった」(三・一)を関連づけて説明し、このことを知っている点で「賢さ」をみる者もある。

【図3】通常考えられる蛇の形ではなく、手足のある形で描かれる蛇。フーゴー・ファン・デル・グース画『人間の堕落』一四六七-六八年

必ず死んでしまう

「善悪を知る木」から実を取って食べることは「お前は必ず死んでしまう」と言われる(二・一七)。この表現は「死ぬ」という動詞が繰り返される「モート・タムート」という形になっている。この表

現は、ヘブライ語聖書の中ではサムエル記上一四・三九や列王記上二・三七などに見られるように、罪ある行為に対する死刑宣告をする定型表現である。このため、食べた日には死ぬ運命にあることが語られている。

しかし、この解釈は「エデンの園」物語を通して大きな齟齬を生じる。三・四〜五で蛇が「お前たちは決して死ぬことはない。なぜなら、お前たちがそれらから食べたときに、お前たちの目が開かれ、神（々）のように善悪を知っている存在になる、ということを神は知っているのだ。」と語るように、実際に食べた二人は死ぬことはなかった（七節）。つまり、神ヤハウェの言葉は文字通りには実現しなかったのである。

これについて大きく二つの可能性が考えられる。第一はこの神の禁令が偽りであった可能性、第二はここでの死が肉体の死ではなく他のものを指している可能性、である。これまでの聖書学者はしばしば第二の可能性を採用し、ここでの死が肉体の死ではなく、神との関係性の死を指すと考えてきた。しかし、近年ではこの死についての言及を単なる「脅し文句」として理解する解釈もされるようになっている[16]。筆者はこのうち、「脅し文句」と見る意見に賛成する。なぜなら、「死」が人にとって未知のものであれば、ここでの神ヤハウェの発言が意味をなさないからである。つまり、神ヤハウェの発言が意義を有するには、神ヤハウェと人との間で「死」についての共通の前提が必要である。

神の禁令と女の発言

蛇の問いに対する女の発言について、いくつか疑問が生じる。一つ目は神が善悪を知る木から取ることを禁じられたのは人であったのに、なぜ女は知っていたのか。二つ目は神が人に命じた内容と女が蛇に語っている内容がなぜ異なっているのか。

一つ目には大きく二つの可能性があり、人が女に伝えたというものと、物語では語られていないが神ヤハウェが伝えたというものである。

二つ目は女の発言には「触れてはいけない」と神ヤハウェの禁止には含まれていないものが付け加わっており、また、神ヤハウェは「必ず死んでしまう」と厳しい表現を使用しているが、女はその表現をやわらげた「死なないように」となっている点である。このことについて誰が女に伝えたのかで異なるが、男が伝えたとする場合、男が正しく伝えなかったと考える解釈や、神ヤハウェが伝えたとする場合、神ヤハウェが異なる表現で伝えたとする解釈、女が勝手に男あるいは神ヤハウェが伝えた内容に付け加えたり変更したりしたとする解釈がされてきた。

命の木

園の中央に二本の木を生えさせた後、「善悪を知る木」のみに関心が向けられ、物語では忘れられていた「命の木」が三・二二で再び言及される。「命の木」という表象は古代オリエント世界に広く見られるものである。そこでは「命の木からも取って食べ、永遠に生きないように」と、命の木から取って食べる機会を奪うことが「エデンの園」から追い出す理由として語られる。

奇妙なことに、二本の木を神ヤハウェが植えた際に、善悪を知る木については禁じているが、命の木については何も語っていない。言い換えると、これまで命の木が禁じられていなかった理由については、神ヤハウェも語り手も明らかにしない。また、二人がすでに命の木を食べていなかったのかについても語り手は述べていない。しかし、二人を「エデンの園」から追い出す理由としてこのように神ヤハウェが語ることから、二人は命の木からは実を食べていなかったのではないかと推測できる。

他方、ある研究者は「命の木」から実を食べ続けることで、永遠に生きることが可能であると考える。この説明は大変興味深く、しかも前半で神ヤハウェがこの木について禁じていなかったことを無理なく説明できるものである。しかしその一方で、善悪を知る木から実を取って食べると善悪を知るようになったというこの物語での描写（三・二二。五、七節も参照）からは齟齬が生じる。

エバとアダムの由来

三・二〇で人（ハーアダム）は彼の妻に「エバ」（「ハワ」あるいは「ハヴァ」がヘブライ語原語に近い。「イブ」あるいは「イヴ」という呼び方はこの英語訛りである）と名前を付ける。この名前は「命（ハイ）」との語呂合わせになっている。

これとは対照的に「人（ハーアダム）」が個人の名前としてのアダムになる箇所はヘブライ語本文で

もはっきりせず、「土地／塵（ハーアダマー）」との語呂合わせになっている（二・六）他は、その由来も語られない。このため、聖書翻訳でも研究者の間でも、どこからが個人名としてのアダムなのかは見解が分かれている。

「エデンの園」追放の理由

神ヤハウェが「エデンの園」を追放する理由について見てみよう。まず二人が「エデンの園」を出ることについて、「追放する」（三・二四）という厳格で否定的な表現と共に「追い出す／送り出す」（二三節）というより積極的な表現も使用される。

また、命の木から取って食べないようにするため（三・二二、二四）という理由の他に、「取られた土地を耕すため」（三・二三）という理由も述べられている。後者の理由を採れば、善悪を知る木の実を食べたことは後付けの理由で、人が土地から造られた時点で、「エデンの園」の外に出ることは決まっていたとも考えられる。

「エデンの園」物語での人間の創造と死

見てきたように、「エデンの園」物語では死については言及されるにもかかわらず、創造されたとき、人間が永遠に生きるという描写は見られない。また、人には「善悪を知る木」から取って食べると「きっと死ぬ」と厳しい表現を使って言われていたにもかかわらず、「エデンの園」物語では二人が死ぬことはなかった。

このため、「エデンの園」物語はヘブライ語聖書での死の起源を語る神話だと、これまでしばしば言われてきたが、そのようなものとして「エデンの園」物語を読むことには、困難を伴うだろう。

3 「カインとアベル」物語での「死」についての描写

「エデンの園」物語に続いて、「カインとアベル」物語が語られる。この箇所は、ヘブライ語聖書で最初の殺人が語られる部分である。「カインとアベル」物語から抜粋したものを拙訳で見てみよう。

(一) 人は妻エバを知った。彼女は身籠ってカインを産んだ。彼女は言った。「私はヤハウェによって男を得た」。(二) 彼女はさらに彼の弟アベルを産んだ。アベルは羊を飼う者になり、カインは大地を耕す者となった。(三) 時が経ち、カインは大地の実りからヤハウェに捧げ物を持って来た。(四) アベルもまた羊の群れの初子から、その肥えたものの中から持って来た。ヤハウェはアベルと彼の捧げ物に目を留めた。(五) しかしカインと彼の捧げ物に目を留めなかった。カインは非常に憤って、顔が落ちた。(六) ヤハウェはカインに言った。「どうして怒るのか。どうして顔が落ちたのか。(七) もし正しく振る舞うのであれば、〔顔を〕上げるべきだ。もし正しく振る舞わないのであれば、罪が戸口で待ち伏せている。彼の想いはお前に向かい、お前はそれを治めなければならない。（八）カインは彼の弟アベルに言った。彼らが野にいたとき、カインは彼の弟アベルに立ち向かって、彼を殺した。（九）ヤハウェはカインに言った。「お前の弟アベルはどこか。」カインは言った。「私は知らない。私は私の弟の番人なのか。」（一〇）彼は言った。「何ということをしたのか。お前の弟の血の声が大地から私に叫んでいる。（一一）今やお前はお前の手からお前の弟の血を受けるために口を開けた大地よりも呪われている。（一二）お前が大地を耕すとき、再びお前にその力を与えることはない。お前は地上を流離い彷徨う者となる。（一三）カインはヤハウェに言った。「私の罪／罰は重すぎて負うことができない。（一四）あなたは今日、私を追放し、あなたの顔から私は隠される。私は地上を流離い彷徨う者となる。私を見付ける者は誰でも私を殺すだろう。」（一五）ヤハウェは彼に言った。「それゆえ、カインを殺す者は誰でも七倍の復讐をされる。」ヤハウェはカインに彼を見付ける者が彼を撃つことがないように、しるしをつけた。（一六）カインはヤハウェの前から出ていき、エデンの東ノドの地に住んだ。

「カインとアベル」物語は「エデンの園」物語と共に、ヘブライ語聖書でもよく知られた物語であるが理解が難しい部分も見られる。たとえば、この物語では冒頭に新しい生命の誕生が語られる。その際、母になったエバが「私はヤハウェによって男を得た」と述べている。この部分には、「ヤハウェによって」という部分や「得た」という語の意味や、「男」と訳した語が「息子」や「幼児」ではなく、成人した男性ないし夫を意味する「イーシュ」という言葉であるなど、解釈が難しく、研究者によってさまざまな見解が出されている。ただ、ここで母親による誕生の喜びが語られていると考えてよいだろう[17]。

ここでは「カインとアベル」物語の死に関する描写に注目して見ていく。この物語には人やエバも登場するが、主に活躍するのはヤハウェとカイン、アベルである。このうちアベルは誕生と職業が語られ、捧げ物をする他は、カインに殺される際に登場するのみである。

カインとアベルの名前

まずカインとアベルの名前の由来について確認することから、この物語について見ていきたい。カインという名前は先ほどのエバによる発言「私はヤハウェによって男を得た」のうち、「得た（カアナー）」との語呂合わせになっているが、「鍛冶」に由来すると考える研究者が多い。他方、アベル（あるいは「ヘベル」という方がより原語に近い）ついては名前の由来についての説明はなく、「息」「儚さ」などを意味する語に由来する。

カインとアベルの捧げ物の違い

カインがアベルに悪い感情を抱いた原因として考えられるものは、ヤハウェがアベルの捧げ物に目を留めたことである。ではアベルとカインの捧げ物にどんな違いがあったのだろうか。

二人の捧げ物に差異を見出す解釈がしばしばなされるが、後の祭儀規定ではアベルが持って来た動物供犠と共に、カインが持って来た大地の実りもヤハウェへの重要な捧げ物である（レビ二・一以下、申二六・二以下他）。このため、この見解は難しいと思われる。

また、二人の内面からアベルの方が正しいとする解釈も古代以来、好まれてきた[18]。しかし、この物語は捧げる際の二人の内面については何も語っていない。さらに、ここに牧畜民と農耕民の対立を見る解釈も有力であるが、解釈史上では一九世紀半ばに人類学からの影響を受けた比較的新しい解釈だとされる。

アベルの殺害の描写

カインがアベルを殺害する際の描写で、ヘブライ語として少し奇妙なことがある。ヘブライ語聖書では、通常「○○が××に言った」という文の直後には、言われた内容が語られる。しかし、ここではその内容が書かれていない。この部分が書かれていないことで、カインがアベルを誘い出した理由について読者にさまざまな想像をさせることになる。

また、殺害方法について明確にされていない。ただ、その後の描写（一〇節）から流血を伴うようなものであったことが示唆される。また八節の「立ち向かった」という表現と共に、「殺す（ハーラグ）」という動詞が使用される。この語はヘブライ語聖書ではしばしば敵対する者を意図的に殺害する際に使用される。このことから、カインが故意に殺意をもって、アベルを殺害したことがわかる。

アベルの死に対するヤハウェの反応

アベルの死後、ヤハウェは四・一〇〜一二でカインに向かって語っているが、殺害されたアベルについて語るのはこのうちの一〇節のみである。そこでは殺された者の「血の声が大地から叫んでいる」という神話的表象が見られる。ここには「血に命が宿る」（レビ一七・一一）のような古代イスラエルの古い観念が反映されていると考えられる。

ヤハウェはアベルに対しては、その捧げ物に目を留めるだけであった。しかし、カインに対しては二度語りかけて対話し（六〜七節、九〜一五節）、さらにカインを保護するしるしを与えた。このカインを保護する「しるし」が何であったかは不明である。

ヘブライ語聖書での最初の死としての「カインとアベル」物語

「カインとアベル」物語では、人間の創造後、初めて人間が殺害という形で死ぬことになった。つまり、ヘブライ語聖書での人間の初めての「死」は自然死ではなく、殺害によるものであった。

また、「殺人」という行為に対しては罰を伴うことが前提にされているが、死についてヤハウェが悲しむといった描写は見られない。

4 「ネフィリム」物語での人間の寿命

五章のアダムからノアに至る系図と、「ノアの洪水」として知られる聖書の洪水物語の間には、「ネフィリム」についての短いエピソードが語られている。これは他の原初史の物語に比べ、あまり馴染みのない物語だと思われる。短いものであるので見ておこう。

（六・一）人が大地の面に増え始めたときに、彼らに娘が生まれた。（二）神／神々の息子たちが人の娘たちが美しいのを見て、彼らは彼らのために彼らが選り好んだ者をすべて妻にした。（三）ヤハウェは言った。私の息は人とともに永遠にあるべきではない。彼らもまた肉なるものだから。彼らの日々は一二〇年になるだろう。（四）それらの日々に地上にネフィリムがあった。そしてその後の日々にも。それは神／神々の息子たちが人の娘のところにきて、彼らは彼女らに産ませた。彼らは昔の勇者であり、名のある者であった。

ここで語られるネフィリムとはヘブライ語聖書で他に一箇所（民一三・三三）しか使用されない語で、そこでは先住民のアナク人がネフィリムだと言われる。そして、彼らに比べると「自分たちがバッタのように見えた」と言われており、巨人族を指すのに使用されている。このことから、この箇所は、ギリシアなど古代オリエント世界やその周辺で良く知られた巨人に関するモチーフを含むものだと考えられる。

人間の寿命か洪水までの期間か

このネフィリムについてのエピソードには、人間の寿命についての言及が含まれる。三節の最後の一文について、これまで大きく二つの解釈がされてきた。第一は人間の寿命に関するヤハウェによる宣告だと考えるものである。この場合、一二〇年は人間の寿命の最長である。

ただこの解釈を取る場合、ノア以後の多くの登場人物が一二〇歳を超えることが指摘される(例外は一一〇歳で死ぬヨセフなど数名)。人間が一二〇歳で死ぬのは、申命記の最後で死ぬモーセ(申三四・七)に至るまで実現しない。

第二は洪水が起きるまでの改心の期間である。つまり、ヤハウェが洪水を起こすまでの期間で人間が改心し、悔い改めるための猶予の期間だと考える。しかし、この解釈を取る場合、系図との整合性が取れなくなることが古くから指摘されてきた(たとえば、カルヴァンがこの点を言及している)。

つまり、前後のノアの生涯に関する記事との間で齟齬が生じる。この記事の直前では五・三二で五〇〇歳のときのノアに子どもたちが生まれたことが語られる。また九・二八ではノアが洪水の後三五〇年生きて九五〇歳で死んだことが報告される。このことから、洪水が起きたときノアは六〇〇歳であったことが計算できる。つまり、五・三二から洪水までの期間は一〇〇年となり、ここでの一二〇年との整合性が取れなくなるからである。

これに対し、聖書の記事が必ずしも年代順に書かれているわけではないという主張や、洪水までの猶予が当初の一二〇年から一〇〇年へと二〇年短縮されたという主張がされた。

いずれにせよ、このネフィリムについての物語は、「神／神々の息子」が何者かによって、また、ここで述べた一二〇年が指すものによって、意味づけが変わるが、いずれにせよ、人間の悪の増大を語る洪水物語の序奏としてこの位置に置かれている。

5　洪水物語における「死」についての描写

ネフィリムのエピソードに続いて、「ノアの洪水」としても知られるヘブライ語聖書の洪水物語が語られる。洪水に関する神話は古代オリエント各地で知られるが、とりわけ『ギルガメシュ叙事詩』からの影響や比較が行われてきた[19]。

ここでは洪水物語をすべて見ることは困難なので、人間の死に関する描写を中心に抄訳で見ていきたい。

（六・五）ヤハウェは地上に人間の悪が多く、その心が想い図る企てがすべての日々で悪いことだけであることを見た。（六）ヤハウェは大地に人を造ったことを悔やみ、心に痛みを覚えた。（七）ヤハウェは言った。「私は私が創造した人を地の面から消し去ろう。人だけではなく、家畜や這うもの、空の鳥までも。私は造ったことを悔やんだからだ。」

（一一）大地は神の前に堕落した。大地は暴虐で満ちていた。（一二）神は大地を見た。すると、それは堕落していた。なぜなら大地の上ですべての肉なるものがその道を堕落させたからだ。（一三）神はノアに言った。「肉なるものすべての終わりが私の前に来ている。なぜなら彼らのゆえに大地に暴虐が満ちている。私は大地と共に彼らを滅ぼす。」（一七）「私は天の下から大地にあるすべてのもので命の息がある肉なる者すべてを滅ぼすために地上の水で洪水をもたらす。それはすべてを息絶えさせる。」

（七・四後半）「地上から私が造ったすべてのものを消し去ることにした。」

（二一）肉なるものすべて、地上を這っているもの、鳥や家畜、地上で群がるものや人もすべて息絶えた。（二二）乾いた地にある鼻に命の息と霊があるものはすべて死んだ。（二三）地の面にあるすべての生き物、人や家畜、這うものや空の鳥までを消し去った。彼らが地上から消し去られ、ノアと彼と共に箱船にいたものだけが残った。

（八・二一後半）ヤハウェは自らに言った。「人のゆえに大地を呪うことは二度としない。なぜなら人の心が想い図る企ては幼いときから悪いのだ。私がしたように生き物すべてを撃つことを二度としない。」

洪水物語は、言及される動物の数や日数が一貫せず、同じ行動（たとえば、箱船への乗船や下船など）が二度繰り返されることも多い。これについてこの章の冒頭で説明した資料仮説に基づいて、洪水物語をヤハウェ資料と祭司資料という二つの一貫した物語に分けることができる。ただし、資料批判を用いると一貫した二つの物語へと分けることが可能だが、他方、なぜそのような一貫した物語をあえて齟齬が生じるように組み合わせたのかという意図については明確にできない点は注意が必要である。

洪水を決意するヤハウェ

神＝ヤハウェは「滅ぼす」「息絶えさせる」「消し去る」と表現を変えて、大地から命の息がある肉なる者を死に至らしめることを繰り返し語る。しかし、洪水物語での続く部分で、大地の人間や種々の動物たちが死に絶えたことを語るのは語り手であり、このことについて神＝ヤハウェが関心を払ったという描写は見られない。

このように、洪水物語では神＝ヤハウェと語り手の間で、視点と関心が大きく異なっている。もちろん、神＝ヤハウェが地上から悪を消し去るために洪水を起こすという物語の筋のため、神＝ヤハウェが箱船の外に関心がないことは当然という見方も可能である。しかし、この場合、神＝ヤハウェは現代の読者が聖書に期待するであろう「愛の神」としての存在ではなくなる。

洪水の原因と結果

洪水物語で洪水の原因として神＝ヤハウェによる二つの言葉が語られる。一つ目は六・五〜七で語られる部分である。ここでは「地上に人間の悪が多く、その心が想い図る企てがすべての日々で悪いことだけである」（六・五）ことをヤハウェが見、「人を造ったことを悔やみ、心に痛みを覚えた」（六節。七節も同様）という内面的な説明がされる。これに対し、二つ目は六・一一～一三で語られる部分である。ここでは「大地が堕落している」あるいは「大地は暴虐で満ちていた」という大地の状況から説明されている。

洪水後にヤハウェが人間に対して語っている部分が八・二一後半に見られる。そこでは六・五で使用されていた言葉遣いを用いて、「なぜなら人の心が想い図る企ては幼いときから悪いのだ」と語られる。このように、この洪水を通して人間の性向は変わることがなかった。しかし、ヤハウェは洪水を通して、人間の性格が変わらないことを学び取り、ヤハウェが変わることで、世界が存続することを約束する。

洪水物語での関心

洪水物語は「箱船」に焦点を当てて語られていく。言い換えると、「箱船」の外での「死」については神＝ヤハウェの関心が乏しい。洪水時の箱船の外の様子は語り手を通してのみ読者に伝えられる。ヤハウェはノアとその家族（と箱船に乗った動物たち）にのみ関心を集中し、地上で滅び去る人間や動物については直接言及することもない。

先ほどの「カインとアベル」物語では、被害にあったアベルに対して「血の声」に言及するように、少ないながらも殺された者に対してヤハウェは関心があった。しかし、洪水物語では神＝ヤハウェの関心はもっぱら箱船にのみ集中し、洪水によって滅ぼし去られた人々や動物については語り手によって描写されるだけになっている。

まとめ

本章ではヘブライ語聖書に見られる古代イスラエルの神話のうち、しばしば死の起源を語ると理解される「エデンの園」物語を中心とする原初史を取りあげて、死に関連する部分を見てきた。「エデンの園」物語では神ヤハウェが「死ぬ」ことについて人とその女／妻に語っており、「カインとアベル」物語では殺害された人物について「血の声」に言及していた。これに対し、「ネフィリム」物語や洪水物語では人間から命の息を取り去ることや、大地から人間と動物を死に至らしめる理由について神＝ヤハウェはさまざまな表現を用いて、繰り返し語るにもかかわらず、それらが死に絶える様については語り手による報告のみとなっていた。

このように、ヘブライ語聖書ではたしかに死は人間にとって悲しいものであるが、一方で人間は当然死ぬべき存在であると考えているといえるだろう。

†註

[1]この民については、古代イスラエル（Israelite）の他、ヘブライ人（Hebrews）や古代ユダヤ人（Ancient Jews）などと呼ばれることがある。「イスラエル」という名前は創世記の物語ではヤコブの別名とされており（創世記三二・二九）、「エルが戦う」などの語源が提唱されている。この語は、ヘブライ語聖書に広く使用されており、パレスチナとのちに呼ばれる地域に紀元前に存在した集団の自称としても、古代イスラエル周辺からの他称としても使用された名称である。「ヘブライ人（原語ではイブリー）」は「イスラエル人（ブネー・イスラエル）」と同義の場合もあるが、多くはエジプト人やペリシテ人からの他称であり、侮蔑的なニュアンスを含んだ「レッテル」であることも少なくない。これが時代を経て、自称として使用されるようになり、紀元後の新約聖書の時代にはユダヤ人と同義的に用いられている。

ユダヤという名称はペルシアがこの地域の属州名を「イェフダー（ユダ）」としたのが、ギリシア語訳されてイウダイオイあるいはユダアオイという名前になった。つまり、ユダヤという名称はヘレニズム時代以前には存在しない用語であるので、ヘブライ語聖書の民にユダヤ人という用語を使用することは注意が必要である。ユダヤ教については［4］を参照。

[2]イスラエルという語が古代オリエントに初めて登場するのは、エジプトの前一三世紀の「メルエンプタハ碑文」であるが、そこでは国家や都市ではなく、集団であることがわかる。しかし、この集団がいかなる起源を有すのかは不明である。また、この民がどのようにパレスチナに定着したのか考古学的・歴史学的にさまざまな説が提唱されているが、いまだ不明である。主要な学説については、鈴木佳秀「ヨシュア記　解説」『旧約聖書Ⅳ　ヨシュア記　士師記』（岩波書店、一九九八年）二二三～二三一頁を参照。

[3]邦語の聖書翻訳では「主なる神」あるいは「神である主」と訳されることが多い。これは十戒のみだりに神名を唱えてはならない（出エジプト記二〇・七）という規定をより厳格に守るために、神名を「わが主」と読み替えたことによる。この伝統はキリスト教にも引き継がれ、キリスト教による多くの翻訳もこの読み替えを採っている。

[4]この宗教をヤハウェ宗教と呼ぶ。これはヘブライ語聖書での宗教が後代のユダヤ教とは異なるものであることによる。ユダヤ教が成立した契機となったものとして、①唯一神教の成立（捕囚期～ペルシア時代）、②ローマ侵攻によるエルサレム第二神殿の崩壊（後七〇年）により神殿祭儀が行えなくなったことによるラビ・ユダヤ教成立、という二つが主張されている。この点についてはT・レーマー『一〇〇語でわかる旧約聖書（文庫クセジュ）』（久保田剛史［訳］、白水社、二〇二一年）一四四頁も参照。

[5]エドマンド・リーチ『神話としての創世記』（江河徹［訳］、ちくま学芸文庫、二〇〇二年）。

[6]ロラン・バルト「天使との格闘——創世記三二章二三-三三節のテクスト分析」『物語の構造分析』（花輪光［訳］、みすず書房、

一九七九年)五五〜七七頁。

[7]キリスト教が当初受け入れた聖書は「七十人訳」と呼ばれるギリシア語訳であった。七十人訳はヘレニズム時代（前三〜一世紀）にヘブライ語を理解できなくなった人々のために訳された聖書翻訳であるが、ローマ帝国がこの地域を支配するようになり、広い地域で読まれるようになった。この宗教伝統から生まれたキリスト教も当初からギリシア語訳の聖書を使用していた。西方ではのちにラテン語訳の「ウルガタ」と呼ばれる翻訳を使用したが、東方では現在でもギリシア語の聖書を聖典として受け入れている。西方では、宗教改革期に原語・原文を重視する人文主義の影響で、ユダヤ教が保持していたヘブライ語による聖書を原典として受け入れた。

[8]五書の歴史的成立についての主要な研究を概観したものとして、魯恩碩「五書における歴史批判的研究の歴史」(『旧約文書の成立背景を問う――共存を求めるユダヤ共同体』日本キリスト教団出版局、増補改訂版、二〇一九年)一七〜九九頁がある。

[9]本文での異同については死海周辺で発見された死海文書の発見により、前三世紀〜後一世紀の時点で、本文がまだ流動的であったことがわかった。死海文書については、ジェームス・C・ヴァンダーカム『死海文書のすべて』(秦剛平［訳］、青土社、二〇〇五年)、ゲザ・ヴェルメシ『解き明かされた死海文書』(守屋彰夫［訳］、青土社、二〇一一年)を参照。また死海文書での本文の異同については、守屋彰夫「クムラン」(池田裕ほか監修『新版総説旧約聖書』(日本キリスト教団出版局、二〇〇七年)三八三〜三九三頁、とくに三八四〜三八八頁を参照。

[10]『エヌマ・エリシュ』の邦訳として、月本昭男『バビロニア創世叙事詩　エヌマ・エリシュ』(ぷねうま舎、二〇二二年)がある。また、古代オリエントでの神話を邦訳したものとしていささか古いが、杉勇・三笠宮崇仁編『古代オリエント集』(筑摩書房、一九七八年)がある。

[11]初期のユダヤ教では、たとえば、後一世紀の成立とされるラテン語エズラ記（第四エズラ記)七・一一八には見られるが、後代のユダヤ教に継承されることはなかった。また、東方のキリスト教会ではアダムが倫理的な罪を犯したことを認めるが、それが全人類を「遺伝的に」支配しているという思想はない。この点については、J・メイエンドルフ『ビザンティン神学――歴史的傾向と教理的主題』(鈴木浩［訳］、新教出版社、二〇〇九年)二二四〜二三〇頁を参照。

[12]これについてはたとえば、宮川俊行「原罪」『新カトリック大事典　第二巻』(研究社、一九九八年)七八一〜七八四頁を参照。

[13]近年の聖書学の立場から「エデンの園」物語に原罪を読むことを疑問視するものとして、たとえば、月本昭男『創世記Ｉ(リーフバイブルコメンタリーズ)』(日本基督教団出版局、一九九六年)八一〜八二頁、Ｗ・ブルッグマン『旧約聖書神学用語辞典――響き合う信仰』(小友聡ほか［監訳］、日本キリスト教団出版局、二〇一五年)三一九〜三二一頁、トーマス・レーマー『一〇〇語でわかる旧約聖書』(久保田剛史［訳］、白水社、二〇二一年)一〇八頁などがある。

[14]月本『創世記Ｉ』一〇四〜一〇五頁を参照。

[15]聖書本文でも「蛇は神ヤハウェが造った野の生き物」と説明されており、神に対立する存在とは考えられていない。
[16]たとえば、長谷川修一『謎解き　聖書物語』(ちくまプリマー新書、二〇一八年)五四〜五五頁。
[17]この部分に子供を産んだ女性の喜びを読み取るものとして、たとえば、月本『創世記Ｉ』一四〇頁がある。
[18]たとえば、新約聖書ヘブライ人への手紙一一・四。
[19]ギルガメシュ叙事詩の邦訳としては月本昭男『ギルガメシュ叙事詩』(岩波書店、一九九六年)がある。

第4章

雲南少数民族の死の起源神話

――月蝕・脱皮・葬礼

斧原孝守

はじめに

中国の地図を開いてみよう。西南部に張り出すかたちで、西にミャンマー、南にベトナム・ラオスと国境と接する地域がある。それが本章の舞台、雲南省である【図1】。

青蔵高原に発する瀾滄《らんそう》江、怒江、金沙江は雲南北部に集まり、並行して南流する。いわゆる「三江併流」である。このうち金沙江は屈曲を重ねて東に向かい、長江となって東シナ海に注ぐ。いっぽう瀾滄江と怒江はさらに雲南西部を南に流れ、メコン川、サルウィン川となって、それぞれ南シナ海とアンダマン海に注ぐ。大地を刻む川の間には峻険な山々が連なり、複雑な地形を形作っている。

このような地勢をもつ雲南には、中国を構成する五六民族のうち、じつに二五民族が居住している。彼らは言語系統から大きく四つに分かれる。

まずチベット高原を本拠地とするチベット（蔵）族の他、唐代に栄えた南詔国の末裔ともいわれるイ（彝）族、リス（傈僳）族、ペー（白）族などのチベット・ビルマ語群の諸民族。次に古代の「武陵蛮」の末裔といわれ、山地で焼畑を行ってきたミャオ（苗）族、ヤオ（瑶）族などのミャオ・ヤオ語群の諸民族。そして長江以南の「百越」の系譜を引くとされ、低地で水稲耕作を行ってきたチワン（壮）族、タイ（傣）族、マオナン（毛南）族などのカム・タイ語群の諸民族。さらにこの地域の古くからの居住者であるワ（佤）族、デアン（徳昂）族などのモン・クメール語群の諸民族である。

チベット族やイ族、タイ族、ナシ（納西）族などを除き、彼らの多くは文字をもたず、口伝えによって多くの神話や昔話などを語り継いできた。かつてその実態は明らかではなかったが、一九五〇年代から始まる民間文学の調査によって、彼らの語り伝える多様な口頭伝承――神話・伝説・昔話・歌謡など――が初めて明らかになったのである。

　雲南少数民族が伝える数多くの神話のなかには、人間の死の起源を説く伝承も少なくない。本章では、彼らが伝える死の起源神話のうち、複数の民族の間に伝わる三つの神話を取りあげる〔1〕。そして類話の分布と形式の比較を通して、それぞれの神話の系統をたどり、古典神話や周辺諸民族神話との関係を明らかにし、さらには神話を支える宗教的な観念についても考えてみることにしたい。

　中国大陸に住む数多くの民族のなかで、とくに雲南少数民族の伝える神話をここで取りあげる意味については最後に述べることとし、まずは彼らの伝える神話の世界を覗いてみることにしよう。

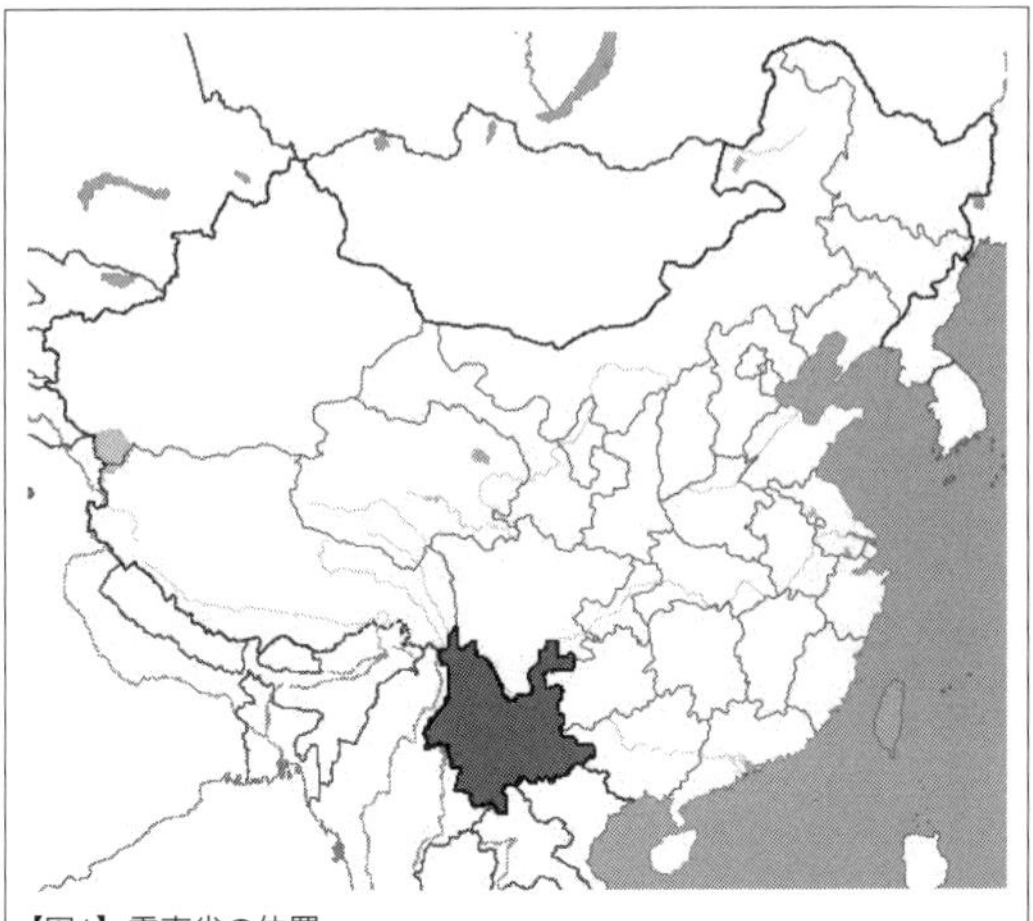

【図1】雲南省の位置

1 月蝕の神話と死の起源

月蝕と不死

なぜ月は欠け、そして満ちるのか。夜空にあって満ち欠けを繰り返す月は、不死と再生の象徴である。また月が突如欠けはじめ、やがて復活する月蝕という現象も、多くの民族の間で月の不死性を示すものと考えられてきた。

世界には月蝕の起源を説くさまざまな神話があるが、雲南少数民族の間にはひときわ興味深い神話が伝わっている。それは天に登った犬が嚙みついたために月は欠けるが、月はその傷を不死の薬によって元通りにする。それが月蝕だというのである。いったいなぜ、犬は天に登って月を嚙むのか。そこには次のような物語があった。

リス族の神話

雲南省西北部からミャンマーに連なる山岳地帯に住むリス族の間には、次のような神話が伝えられている。

貧しいながらも幸せに暮らしている夫婦がいた。あるとき夫が半身不随の病になり、妻は役人の目から逃れるために夫を山の洞窟に隠し、自分が働きに出た。ある日、夫は洞窟に入って来た一匹の蛇を打ち殺した。すると間もなく別の蛇がやって来て、先の蛇が死んでいるのを知ると、蛇はある木に登って葉をくわえて来た。蛇は死んだ蛇の身体をその葉でこすって生き返らせ、二匹はどこかへ去っていった。

これを見た夫がその木の葉で自分の身体をこすってみると、たちまち病は癒えた。喜んだ夫はその木の葉を持って家に帰った。夫は妻の熱病を木の葉で治し、それから多くの人々の病を治しに行くようになった。

ある日、夫は太陽が昇る時と月が出る時には、木の葉を入れた箱を決して開けないよう、妻に言いつけて家を出た。しかし不思議に思った妻が太陽の昇る時に箱を開けたところ、太陽が葉の半分を奪ってしまった。太陽が老いることも死ぬこともないのは、このためである。またある晩、月が出ているときに妻が箱を開けると、今度は月が残りの葉を盗み取ってしまった。

これを知った夫は、不死の木の葉を取り返しに行くことにする。夫は麻ガラをつないで月まで届く長い梯子を作ると、昼には冷水、夜には温水を梯子の根元にかけるよう妻に言いつけ、犬を連れて梯子を登っていった。夫は七日七晩のあいだ梯子を登り、もうすぐ月に着くというところで犬を先に月に登らせ、自分も登ろうとした。ところがちょうどその日、妻は昼に冷水を梯子に注ぐことを忘れ、夜に冷水を注いだため、梯子は倒れてしまう。夫は天から落ちて死に、月に残された犬は主人を思い出すたびに月を噛《か》む。それが月蝕である〔2〕。

不死の薬草を取り返しに行った犬が月を噛み、このために月が欠けるのだという。ここでは述べていないが、犬に噛まれた月が元通りになるのは、人間から盗んだ薬草を持っているからである。言い換えればこの話は、ひとたび不死を手に入れた人間が、太陽と月に不死の薬を盗まれたために再び死ぬことになったという、人間の死の由来を説明する神話でもあった。

このような月蝕と人間の死の由来を説く神話は、中国西南部からインドシナ半島北部、アッサムにかけて居住する諸民族の間に広く伝わっている[3]。リス族の神話とほとんど同じ話は、ペー族やイ族などにも知られているが、早くから日本に紹介されているワ族の話のように、犬だけが月に登り、月蝕ではなく月の満ち欠けの由来になっている例もある[4]。

不死の薬草と月蝕起源神話の形式

雲南少数民族の間に伝わる月蝕の起源神話の基本形式は、次のようにまとめることができる。

1：[蛇の薬草] 男が蛇を殺すと、仲間の蛇が不死の薬草によって生き返らせる。
2：[不死の薬の入手] 男は蛇の薬を用いて死人を蘇生させ、人々の病を治す。
3：[不死の薬の喪失] 妻が箱を開けたため、薬草は月に盗まれる。
4：[天界への梯子] 男は犬を連れて天梯を登り、月まで薬草を取り返しに行く。

5：〔主人公の死〕妻が男の言いつけを守らなかったため、天梯は倒れて男は死ぬ。
6：〔月の犬・月蝕の由来〕犬だけが天に登り月を噛む。それが月蝕である。
7：〔月の不死の由来〕月は不死の薬草で傷を治す。

ここには、世界各地の神話に見えるさまざまなモチーフを見出すことができる。

蛇から得た不死の薬草

まず1・2の部分を見よう。これはある男が蛇を殺したところ、仲間の蛇が不思議な植物を用いて仲間を生き返らせたのを見て、不死の薬を発見したという話である。この部分は国際的には「三枚の蛇の葉」（ATU六一二）という物語で、古代ギリシアにまで遡るものである。アポロドーロスの『ギリシア神話』（紀元後一～二世紀）には、次のような伝説がある。

ミーノース王が蜜の大甕に落ちて死んだ我が子グラウコスを生き返らせるために、占い師のポリュイドスをグラウコスの死骸と共に閉じ込める。蛇が死骸に近づくのでポリュイドスが蛇を殺したところ、他の蛇がある草を持ってきて殺された蛇を生き返らせる。驚いたポリュイドスは、同じ草をグラウコスの身体に当てて生き返らせた――［5］。

類話はドイツのグリム兄弟による『グリム昔話集』（一八一二）にもあって、そこでは夫が見つけた蛇の薬草によって生き返った妻が、夫を裏切るという話になっている[6]。中国でも、蛇が草を用いて仲間の傷を治すのを見て、薬を得たという話は、南北朝に成立した『異苑』（劉敬叔撰・六朝宋）に「蛇銜《だがん》」という薬草の由来として見え[7]、蛇から薬を得るという話は、古くから洋の東西にわたって知られていた[8]。蛇は不死の源泉であったのである。

月に盗まれた不死の薬草

3は、不死の薬を太陽や月に盗まれてしまうという話である。右のリス族の話では太陽と月が盗むが、多くの類話では月が盗むことになっており、それが本来的な形であろう。月が地上に降りて不死の薬を盗むとは、いささか突飛な展開に見えるが、月が降下して水汲みの少女を連れ去り、月面には今も少女の姿が見えるという話は世界的に広く知られているものである[9]。

『淮南子《えなんじ》』（淮南王劉安撰・前漢時代）によると、太陽を射た英雄の羿《げい》が西王母から貰った不死の薬を、羿の妻の姮娥《こうが》が盗んで月に逃げたという[10]。これは不死の薬を盗んだ人間が月に昇る話だが、雲南少数民族の神話のように月が降下して人間から不死の薬を盗むのも同じことで、つまりは不死の薬が人間界から月に移動したということを述べている。

ここで注目すべきことは、古典神話も少数民族神話も、夫が得た不死の薬が月に移動した原因を、妻の裏切り（過失）によるものとしていることである。妻の裏切りは、『グリム昔話集』の「三枚の蛇の葉」でも物語の主題になっており、不死の薬の喪失と妻（女）の裏切りの間には、深いつながりがあったようである。

女の過失と死の起源

4・5の部分は、月に盗まれた不死の薬を取り返しに行こうとして失敗した（つまり不死を失った）ことを説いている。失敗した男の死が、人間の運命を象徴していることは明らかであろう。ここでも妻の過失を説いていることに注意しなければならない。

『旧約聖書』「創世記」のアダムとイヴの話を見ても明らかなように、人類の楽園時代を終わらせたのは一人の女の過失であった（アダムとイヴについては、「第3章　聖書は死の起源についての神話を語るのか？」を参照）。中国の少数民族の間でも、かつて穀物は実れば自ら倉に飛んできていたが、怠惰な女が穀物を罵ったため、穀物は永遠に飛んでこなくなったという神話が広く伝わっている[11]。同じ観念は姿を変えながらも広く生きていたのである。

犬に嚙まれた月の再生

6・7の部分は、月に登った犬が月を嚙むが月は不死の薬で傷を治すという、月蝕の由来について述べている。月の中に犬の姿を見、天の犬または狼が月を嚙んで月蝕を起こすという観念は世界に広く見られるものだが[12]、ここでは月に不死の薬があることで、月の再生をも説明しているのである。

ロシアのアムール地方に住むゴルジ族の伝承でも、月蝕は天神（エンドゥリ）の犬によって引き起こされる。犬に食いつかれた月は、はるか天の隅に逃げて行って薬草で傷を治すという[13]。ゴルジ族は中国東北地方、黒竜江省北部に住むホジェン（赫哲）族と同じ民族である。雲南から最も遠い地方に住む少数民族の間に、同じような観念が生きていたことになる。おそらく中国大陸に古くから伝わっていた神話であろう。

雲南とその周辺の少数民族に伝わる月蝕の起源神話には、このように世界の各地に伝わる蛇と月の不死、そして人間の死の由来をめぐるさまざまな神話伝承が織り込まれていた。それは、本来蛇がもっていた不死の源泉を入手して永遠の命を得た人間が、月に不死の薬草を盗まれたために死ぬことになり、いっぽう月は永遠に生きることになったという、人の死と月の不死を対称的に語る神話であった。

2

脱皮神話と死の起源

脱皮する力を失う

蛇やトカゲが脱皮のたびに若々しい姿を取り戻すことは、古くから観察されていたに違いない。このためこれらの動物は、生命を更新することができると思われてきた。

イギリスの古典的人類学者ジェームズ・フレイザー（一八五四〜一九四一）は、『旧約聖書のフォークロア』（一九一八）において、かつて人間は蛇のように脱皮して若返っていたが、何らかの事情によって脱皮する力を失い、死ぬことになったという神話を世界中から集成している[14]。ここではこのような神話を「脱皮神話」と呼んでおこう。

脱皮神話は東アジアにも知られている。東アジアの脱皮神話は、大きく二タイプに分かれ、「人間はかつて脱皮して不死であったが、その能力を失った」と説くタイプと、「人間はかつて脱皮する能力を与えられるはずであったが、与えられなかった」と説くタイプがある[15]。雲南少数民族には、その双方の例を見ることができる。

ミャオ族の死の起源神話

ここではまず、雲南省東北部に住むミャオ族に伝わる神話を紹介しよう。ミャオ族は貴州省を中心に湖北・湖南省からインドシナ半島北部にまで居住する大きな集団で、かつては山地で焼畑を生業としていた民族である。

むかし人間は死ななかった。このため老人が多くなり、その世話が大変であった。そこで人々は犬を天宮に派遣し、天神に相談することにした。天神は老人が皮を脱いで若返るようにしようといい、それから人間はみな脱皮して若返ることになった。

あるとき一人の老婆が皮を脱ごうとしたが大変痛いので、「死んだほうがましだ」と叫んだ。これを聞いた天神は犬を下界に派遣し、「若者は死なず、老人だけが死ぬことにしよう」と人間に伝えさせた。

ところが下界に下りた犬は、糞虫（フンコロガシ）の踊るのを見ていて天神の言葉を忘れ、「人はみな病死する」と伝えた。このため人は死ぬようになった[16]。

この話では、最初に人間の脱皮能力の由来が語られる。そもそも人間は老いても死ななかったのだが、老人が増えて困ったため、天神に願って脱皮つまり若返る能力を獲得したというのである。その次が脱皮神話で、人間が脱皮する能力を失うに至ったいきさつが語られる。脱皮する際の苦痛を訴えたために人間が脱皮能力を失うというのは、中国大陸でとくに発達した説き方である。そして最後に、老人だけが死ぬという神の命令を犬が伝えそこねたため、老いも若きも死ぬようになったという話が付け加わっている。これはフレイザーのいう「正しく伝わらなかった神託の物語」で、メッセンジャーが神の命令を誤って伝えたせいで人間は死ぬようになったという、世界的に知られた話である。ここで犬が糞虫の踊りを見ていて神の言葉を忘れたことになっているのは、中国南部には糞虫をメッセンジャーとする神話が広く伝わっているからである。

糞虫の失敗によってもたらされた死

雲南省東南部からその東の広西壮族自治区に住むチワン（壮）族には、「プロトとミロチャ」という長大な創世神話が伝わっている。そのなかで神の命令を忘れ、人間に死をもたらすことになっているのは糞虫である。

かつて天地の間は近く、地上の人が手を伸ばせば天を触ることができるほどだった。地上の人の排泄物の臭いは天上の人と地下の人を苦しめたので、彼らはそれを天神のプロトに告げた。プロトは糞虫に命じ、人間は三日に一度食べ、蛇は老いて死に、人間は老いれば脱皮して若返るよう、地上の人間に伝えさせた。ところが糞虫は途中でプロトの命令を忘れ、人間は一日に三度食べ、また人間は死に、蛇は脱皮せよと伝えた。このため人間の糞はますます多くなり、死んで埋葬された人間の匂いもひどくなった。これを知ったプロトは糞虫を罰し、糞を掃除させることにした。それでも天上と地下の人々は不満を訴えたので、プロトは天を高く上げるとともに、地下を深く下げ、これによって三界の人はお互いに顔を合わすことがなくなった［17］。

糞虫が伝令を誤ったため、人間が脱皮して若返ることができなくなったという神話である。同時に人間の排泄物が増えたために神が天と地の間を遠くしたという、天地の分離を説いている。糞虫がメッセンジャーとして失敗する話は、チワン族の間では広く伝えられているものだが［18］、ここで注目すべき点は、それが「人間の死」と「蛇の不死（脱皮）」を対にして語っているところである。

脱皮と死との交換

「人間の死」と「蛇の不死」を対比して語る神話のなかには、人間が持っていた脱皮能力を蛇に譲るという話がある。雲南省東部の宣威県に住むミャオ族の伝承を見よう。

むかし天神は天地を作った後、泥をこねて人や虫を作り、麦粉をこねて家畜や野獣を作った。人は老いて体が衰えても死ななかったので、そのわけを天神に問う。天神は、人は泥でできているので皮を脱げば若返るが、動物たちは麦粉でできているので時がたてば死ぬという。人々は足から皮を脱ごうとしたが、皮が股のところでひっかかり、頭から脱げば肩でひっかかって脱げず、一向に若返らない。これを見ていた蛇は人間の脱皮と自分の死を交換しようともちかける。人が蛇に脱皮させてみると蛇はうまく脱皮し、これを見ていた人は死ぬ。それから人は死ぬようになった[19]。

ここでは先の話のように人間から脱皮する力を奪う絶対者は登場せず、人間が脱皮する能力を失ったのは、それを蛇に譲ったからだという。

雲南省西北部の山岳地帯に住むプミ（普米）族にも同じような神話がある。脱皮する能力を蛇に譲ったために若返ることができなくなった人間がこれを悔やみ、蛇に脱皮能力を返してもらいに行った。しかし蛇はこれを断ったので、人間は死ぬようになった。そのために人々は蛇を恨み、蛇を見ると打つようになったという[20]。

またイ（彝）族の支系（下位集団）であるアシ（阿細）人の伝承のように、蛇は人の皮を盗んで脱皮できるようになり、そのために人は皮を脱ぐことができなくなったと、蛇をさらに邪悪な存在とする神話もある[21]。

蛇が人間から不死の薬を盗むことによって不死になり、代わりに人間は死ぬこととなったという観念は、すでに古代オリエントの『ギルガメシュ叙事詩』に見え、きわめて古い時代にまで遡る観念である[22]。それが雲南少数民族の間には、今も生きた形で伝わっていたのである。

いっぽうこれらの伝承とは反対に、蛇が人間を助ける場合もあった。雲南省昆明市官渡区に住む、イ族の支系のサメ（撒梅）人の伝える神話である。

むかし大洪水が起こり、ひとりの娘が山頂に逃げた。水はそこにも押し寄せて来たが、大きな蛇が彼女を樹の上に救いあげてくれる。水が引いたあとで村に帰った娘は、それから何十年も一人で暮らすことになった。

ある日、彼女は草の中に見つけた拳骨ほどの卵を食べたところ、身体の皮がむけて若い娘になった。何日かたった頃、蛇がやって来て卵を知らないかという。娘が食べたというと、蛇はそれは自分のもので、それを食べたお前は死ぬことはなく、自分は死ぬことになるという。娘がこの世にたった一人で死ぬことのない身を嘆くと、蛇はお前が脱いだ皮を自分に着せてくれれば、お前は死に自分は死ぬことはなくなるというので、娘は自分の皮を蛇に着せてやる。

娘はやがて一二人の娘を生み、彼らの子孫がやがて一二の民族になった。このため人間は老いれば若返らないが、蛇は皮を脱いで若返る[23]。

洪水で生き残った娘が蛇の卵を食べて不死になったが、蛇に依頼して死ぬようになったという話である。先に紹介した月蝕の起源神話と同様、ここにも不死の源泉が蛇にあるという観念が現れている。人間が脱皮した皮を蛇に着せると、人間が持っていた脱皮能力が失われて蛇のものになるというのは、蛇が人間の皮を盗んで脱皮できるようになった、というアシ人の神話と同じことである。しかしこのサメ人の話が面白いのは、蛇が邪悪な存在ではなく、一人で永遠に生きることに耐えられないと訴える娘に対し、脱皮する能力を引き受けてくれるところである。

またこの話は娘が一二人の娘を生み、それが一二の民族になったという民族の起源神話でもある。娘の出産の事情は明らかではないが、おそらく蛇との婚姻を暗示するものであろう。娘は蛇と結ばれることによって一二人の娘の母になり、その血脈を永遠に伝えることになったのである。雲南省のイ語系の諸民族の間には、日本の『古事記』に見える「三輪山神婚伝説」のような蛇神との婚姻譚があり、蛇を始祖とする民族もあった[24]。ここにはそのような伝承とのつながりを見ることができる。

3 「猿の葬式」と死の起源

動物の葬儀

雲南少数民族の間には、月蝕の起源神話や脱皮神話とはまったく異なった、次のような死の起源神話が伝わっている。

かつて人間は死ななかった。しかしある人がたまたま死んだ動物の葬儀を行ったために神の怒りに触れ、人間も死ぬようになった——。最初に死んだ動物を猿という場合が多く、ここではこのような話を「猿の葬式」と呼んでおこう。

雲南省西北部のミャンマー国境地帯に住むヌー（怒）族には、次のような話が伝わっている。

むかし人間や動物は死ななかった。あるとき鳥がつついた松かさが一匹のリスの頭の上に落ち、そのリスは死ぬ。これを知った人々は松の木の下に集まって、リスの死を悼んだ。みんなは泣きながら木の葉で葬衣を作り、板で棺を作って葬式を行った。このことを知った天神は、人間のところへやって来て「お前たちがこれほど死に関心があるのなら、今後はお前たちに老いや死をもたらそう」と言った。これより人は死ぬようになり、人が死ぬと葬儀を行うことになった[25]。

まだ死というものがなかった時代、初めて死んだリスの葬儀をしたために、神は人間に死を与えたというのである。雲南省東北部、昭通市に住むイ族の伝承はこうである。

むかし人は死ななかった。老いても毎年決まった日になると黒髪が生え、若返った。その頃、人々は葬式というものをしてみたかった。そこで老いた猿が死んだとき、木箱に猿を入れてみんなでそれを担ぎ、銅鑼を鳴らして葬送した。これを聞いて不思議に思った神は犬を派遣して調べさせた。犬の報告を聞いた神は、葬式がしたいのなら、今後人は老いれば死ぬことにし、それを犬に命じて人間に告げに行かせた。ところが下界に下りた犬は小麦粉を舐めたために女に蹴られ、そのひょうしに神の命令を間違え、老人も若者も子どもも死ぬと人間に伝えた。このため人間は老いも若きも死ぬようになった[26]。

最初に死んだ動物が猿になっただけで先のヌー族の神話と同じような話だが、前節で紹介したような、犬の伝令が失敗する話が最後についている。ここで面白いのは、犬の伝令を誤らせたのが、やはり一人の女のせいであったというところである【図2】。

伝令の失敗と人間の死

雲南省西北部の麗江市永勝に住むイ族支系のタリュ（他留）人には、さらに発達した話があった。

むかし人は死ななかった。ある時、猿の群に畑を荒らされた男が、畑で見張っているうちに寝込んでしまった。やがてやって来た猿の群れは男を山に運び、崖の上から投げ落とそうとした。このとき男が大声を出したので猿たちは逃げ、その時に一匹の子猿が崖から落ちて死んでしまった。

人も猿も子猿の死を悲しみ、木で棺を作り、子猿に七枚の衣服を着せ、牛や羊や鶏を殺し子猿の葬式をした。葬式の騒がしさが天まで届いたので、不審に思った天神がカラスを派遣して様子を探らせた。カラスは葬式の御馳走を食べて報告を忘れる。次に雉、カササギ、コウライウグイスが順に派遣されるが、これらの鳥たちはみな言いつけを忘れてしまう。

神は最後に鼠を派遣する。鼠は棺桶を囓って中に入り、子猿が葬られていることを神に知らせた。

【図2】イ族の女性

神は人間が死を喜ぶとは知らなかったと言って、人間に死を与え、派手に葬儀をさせるようにした。鼠はその功績で人間と一緒に住むことを許されるようになった[27]。

冒頭の子猿の死を説くくだりは、日本でも知られている昔話「猿地蔵」である。先のヌー族やイ族の話と同様、この話でも人間が動物の葬儀を行ったことを知った天神が人間に死を与えたという。ただここでは伝令の失敗を説かず、天界から遣わされた鳥たちがことごとく復命せず、最後に鼠だけが復命したことになっている。人間の葬儀を不審に思った神が、多くの鳥を順番に派遣するが、鳥たちはことごとく失敗するというくだりも、この神話の大きな興味になっていたようである。

雲南省南部に住み、イ族と同じチベット・ビルマ語群に属すハニ（哈尼）族には、復命の失敗に続けて、さらに伝令の失敗を説く話がある。

むかし人は老いても死なず、老人は枯れ木のように干されていた。ある日、猟師が老いた猿を間違えて射殺してしまう。猿の死を悲しんだ猟師は大工に棺を作らせて猿を入れ、巫師を呼んで葬儀を行った。人々の泣き声は天柱を揺るがせた。

これを知った神は目と耳の良い鳥摩神を派遣して見に行かせたところ、葬儀をしているという。そこで鷹を派遣する。鷹は棺を見つけるが中が見えないので、人が死んだと報告する。神は怒って鷹を天から追放する。今度はバッタが派遣される。バッタも人が死んだと報告し、追放される。今度は蝿が派遣される。蝿は棺にもぐり込み、死んだのは猿であると報告した。

怒った神は猟師と大工と巫師を呼び出す。猟師は老人が死なず枯れ木のようになって干されている状況を伝え、猿の葬儀を行ったことを述べる。神は納得して新しい決まりを発布し、人は百年生きて老いれば死ぬが、若いときには死なないと決める。

彼らはこれを聞いて喜んで帰るが、途中で牛糞を踏んで転んだ拍子に神の決定を忘れたので、記憶力の強い巫師がもう一度神に聞きに行く。神の決定を覚えた巫師が帰ろうとすると、蜂が自分の寿命の長さを教えてほしいという。巫師が答えないので蜂は巫師の頭を刺す。巫師は頭の蜂を叩いた拍子に神の言葉を忘れ、人は老いて死ぬが若いときにも死ぬと人々に伝える［28］。

この神話では、原古において人間は死ななかったが、それは必ずしも喜ばしいことではなく、老人は枯木のように干されるという悲惨な状況であったと説いている。葬送の事情を探るために複数の鳥や昆虫が派遣されるのは、先に見たタリュ人の伝承と同じである。そして神の新たな命令を伝えるために派遣された伝令が失敗するというのは、昭通市のイ族の神話に等しい。「猿の葬儀」は伝令や復命の失敗の話と結び付いた形で、雲南少数民族の間に広く伝わっていたのである。そこには人間と神を媒介する者の失敗が人間の死を招いたという観念があるようである。

雲南少数民族に伝わる「猿の葬式」の基本形式は、以下のようにまとめることができる。

（1）かつて人間は不死であった。

（2）あるとき猿が死んだので、人間は葬儀を行った。

（3）これを神が知ることになった。（複数の鳥や昆虫などが派遣される）
（4）神は人間に死を与え、人間は猿に行ったような葬儀を行うことになった。

このような神話は、「月蝕の起源神話」で妻が夫の言いつけを守らなかったことや、また「脱皮神話」において一人の女が脱皮の苦痛を口走るのと同様、人間がしてはならないことをしたために死がもたらされたというものである。では動物を葬送することが、なぜ人間に死をもたらすようになったのか。おそらく葬送儀礼を日常的に行うことに強い禁忌があり、それを犯したために最初の死がもたらされたのであろう。

死を招く泣き真似

雲南省に近い西蔵自治区東南部に住むロッパ（珞巴）族は、中国の西南少数民族の間でも古風な文化を伝える集団である。彼らの神話には、原古に人間が真似をしてはならないことをしたために、死ぬようになったという観念が鮮明に現れている。

むかし人は死なず、蛇のように皮を脱いで若返っていた。ある日、強い風が吹いて大樹の枝が折れ、ある鳥の巣が壊れて雛が死んだ。狩りに出ようとしたアパタニ（ロッパ族の始祖）は母に止められるが、アパタニは従おうとしない。母は山で鳥が泣いているが、彼らが助けてくれと言っても決して助けてはならないという。

アパタニが山へ行くと、アカチプ鳥が卵を探していてアパタニに助けてくれという。アパタニは母の言いつけをきかずに探してやる。アトオト鳥が泣いているが、アパタニを見ると泣くのを止める。何を泣いているのだというと、子どもが死んだという。アパタニはお前の泣き声は良いので泣き方を教えてくれという。アトオト鳥は泣き方を教えたら人は死ぬようになるというが、アパタニは教えてくれなければ打ち殺すぞというので、鳥は泣き方を教える。

アパタニが家に帰ると、母が死にかけている。母はアパタニを罵って、自分だけではなくみんなも死ぬようになるのだと言い、葬式の方法を教えて死ぬ。人々はアパタニが鳥から教わった哭歌をうたって母の死を悼み、翌日母を埋葬した。それから中毒死や水死、焼死、難産死や病死など、あらゆる死が起こるようになった[29]。

ここには永遠の生命をもっていた人間が、鳥（動物）の泣き方（葬礼）を真似たため、死ぬことになったという観念がよく現れている。おそらくアパタニが泣き声を真似た鳥は、葬礼と強い結びつきがあるに違いない。この神話は原古の時代に鳥の泣き方を真似たために死が始まったことを述べると共に、その鳥が葬送に関与する由来を説明するものであろう。

おわりに

三つの死の起源神話

雲南に伝わる死をめぐる三つの神話は、いずれも人類の不死、あるいはあり得たはずの不死が、人間が犯した過失によって永遠に失われてしまった、ということを述べるものである。ここで簡単に、それぞれの神話の東アジアの神話における位置をみておくことにしよう。

「月蝕の起源」は、蛇と月という不死の象徴、そして女性の過失による楽園時代の喪失という汎世界的な神話的観念を天体現象の起源と結び付けて語る壮大な神話である。類話は西南中国からインドシナ北部にかけて、主にチベット・ビルマ語群の諸民族に分布している。いっぽうでは中国の古典神話や日本の琉球諸島の神話とも通底し、本来的には中国大陸に広く伝わっていたものであろう。

「脱皮神話」は、蛇の脱皮能力（不死）の起源を人間の脱皮能力の喪失（死）と対にして語る神話である。同型の話は世界的に知られているもので、中国大陸では華南を中心に分布している。蛇が人間の脱皮能力を盗んだという神話は日本の琉球諸島にもあり、大林太良は日本本土にも何らかの脱皮神話があったのではないかと述べている［30］。

「猿の葬式」は、不死の時代に動物の葬儀を行ったために人間が死ぬことになったという神話で、人間の死と同時に葬送儀礼の起源を説くものである。今のところ類話は中国西南部にしか見えないが、私は『古事記』のアメワカヒコ（天若日子）の神話はこれと無関係ではないと考えている。

東アジアの古層の神話

中国は古典神話の乏しい国である。知識人は儒教的な価値観によって、積極的に神話を記録しようとはしなかった。このため中国には日本やギリシアのような体系的な神話は残らず、ただ諸書に記された神話的伝承の断片が残されているだけである。

しかし中国の周辺には、文明の中心から波及した文化が吹き溜まりのように保存されている地域がある。なかでも雲南は多種多様な文化が重層的に堆積する地域で、この地に住む少数民族の伝える神話を他地域の神話や古典神話と比較することによって、われわれは東アジアの古い神話の姿を見ることができるのである。ここに見た三つの神話も中国辺境に生まれた特殊な神話ではない。それはかつて中国大陸を中心に東アジアに伝わりながら、記録されることなく失われた、古層の神話を今に伝えるものであろう。

註

[1]雲南少数民族の間には、ここに取りあげる三つの神話の他にも死の起源神話がある。たとえばイ族には、原古には共に不死であった石と人間が互いに争っていたが、神の裁きにより、石は永遠に動くことも増えることもできず、人間は増えることはできるが死ぬことになった、という神話がある。またワ族には、原古に人間が自分たちの命運をトカゲに委ねたため死ぬようになった、という神話がある。

[2]祝発清、左玉堂、尚仲豪（編）『傈僳族民間故事選』（上海文芸出版社、一九八五年）一七〜二一頁。

[3]斧原孝守「雲南少数民族の月食神話」『比較民俗学会報』第一三巻第三号（比較民俗学会、一九九二年）一六〜二七頁。

[4]「天上怎様有的月蝕」『民間文学』一九五九年一一月号、四七〜五四頁。「月はなぜ欠けるか」（千田九一・村松一弥［編］『少数民族文学集』（平凡社、一九七二年）三七六〜三八二頁。

[5]アポロドーロス『ギリシア神話』(高津春繁［訳］、岩波書店、一九六二年)一二五頁。
[6]グリム兄弟「三枚の蛇の葉」『グリム昔話集（一）』(関敬吾・川端豊彦［訳］、角川書店、一九七一年)一三三〜一三八頁。
[7]李昉等［編］『太平廣記』第九冊（中華書局、一九八一年)三三〇四頁。
[8]小島瓔禮［編著］『蛇の宇宙誌』(東京美術、一九九一年)一一八〜一四一頁。
[9]石田英一郎『桃太郎の母』(講談社、一九六六年)一九〜二五頁。
[10]楠山春樹『新釈漢文大系54 淮南子（上）』(明治書院、一九七九年)三一七頁。
[11]斧原孝守「東アジアの諸民族の『穀霊逃亡神話』」、小島瓔禮［編］『新嘗の研究 第七輯』(慶友社、二〇二一年)一七九〜一八〇頁。
[12]斧原、前掲書、一九九二年、一七頁。
[13]ウノ・ハルヴァ『シャマニズム』(田中克彦［訳］、三省堂、一九八九年)一七一頁。
[14] James George Frazer, *Folk-lore in the Old Testament; Studies in Comparative Religion, Legend and law*, Vol.1.,(London: Macmillan, 1918),pp.66-77.、『旧約聖書のフォークロア』(江河徹ほか［訳］、太陽社、一九七六年)三五〜四四頁。
[15]斧原孝守「東アジアの『脱皮型 死の起源神話』――その分布と系統について」『モノ・コト・コトバの人類史』(大西秀之［編］、雄山閣、二〇二二年)一二九〜一四四頁。
[16]陳建憲［選編］『人神共舞』(湖北人民出版社、一九九四年)二五四〜二五六頁。
[17]農冠品［編注］『壮族神話集成』(広西民族出版社、二〇〇七年)五七頁。
[18]斧原、前掲書、二〇二二年、一三五〜一三六頁。
[19]張紹祥・張光照［編］『太陽月亮守天辺』(貴州民族出版社、一九九一年)一九〜二〇頁。
[20]王震亜［編］『普米族民間故事選』(上海文芸出版社、一九九四年)二五五〜二五六頁。
[21]李徳君［採録・編著］『彝族阿細人民間文学作品採集実録』(中央民族大学出版社、二〇〇九年)三二九頁。
[22]『ギルガメシュ叙事詩』(矢島文夫［訳］、筑摩書房、一九九八年)一三五頁。
[23]王剛［主編］『中国民間故事全書　雲南昆明・官渡巻』(知識産権出版社、二〇一二年)六〜七頁。
[24]斧原孝守「中国西南少数民族の『三輪山型説話』」『比較民俗学会報』第二八巻第四号（比較民俗学会、二〇〇八年)九〜一五頁。
[25]左玉堂・葉世富・陳栄祥［編］『怒族独竜族民間故事選』(上海文芸出版社、一九九四年)二一頁。
[26]昭通市文化局・民族事務委員会［編］『雲南民間文学集成　昭通彝族巻』(一九九六年)二四〜二五頁。
[27]沙蠡［主編］『中国民間故事全書　雲南・永勝巻』(知識産権出版社、二〇一〇年)一一〜一三頁。

［28］雲南省民間文学集成弁公室［編］『哈尼族神話伝説集成』（中国民間文芸出版社、一九九〇年）三五三〜三六二頁。

［29］李堅尚／劉芳賢［編］『珞巴族門巴族民間故事選』（上海文芸出版社、一九九三年）一〇三〜一〇五頁。

［30］大林太良『正月の来た道』（小学館、一九九二年）一一三頁。

第5章

最初の死
——古代チベット土着宗教儀礼説話に見る死の起源

石川巌

はじめに——チベットとポン教

チベットの領域

現在の中華人民共和国チベット自治区はダライラマ政権がかつて実効支配していた領域でもあった【図1】。『セブン・イヤーズ・イン・チベット』や『クンドゥン』といった映画作品が日本でも上映されているので、このことは世間にもよく広まっていると思うが、大戦後、ダライラマ政権のチベットは中華人民共和国の圧倒的な力により制圧され、一九五九年には、ダライラマ一四世はインドに亡命するに至ったのである。

文化圏としてチベットを考えるならばもっと広くなり、自治区の東隣の青海省や四川省西部、そしてヒマラヤ山麓の中国外の領域のかなりの部分もチベットと呼ばれることが多い。歴代のダライラマは政治指導者であるばかりでなく、チベット仏教の最高権威者でもあるので、その宗教的権威はそれほどの広大な領域に通用しているのである。

チベット仏教におけるラマ

チベット仏教はラマ教とも呼ばれるが、この呼称はその宗教の師に対する

【図1】チベット

絶対的帰依という側面を如実に表している。僧を尊んでラマと呼んでいるわけであるが、後半の「マ」は「〜を所有するもの」という意味の接尾辞である。前半の「ラ」には「上」という意味があり、ラマが「上人」と訳されていたりもするが、この語は、それによって何ものかをあらしめるような霊的存在をも表す。ラは人の内部に宿るだけでなく、外部にも宿りうるもので、たとえば樹木にとある人のラが宿っていれば、その木を切り倒すことがその人の死に繋がる、というふうに古来――おそらくチベットに仏教が流入する前から――信仰されているのである。つまりラマとは、「生命を支える霊的なものを保持している人」という意味にも解しうる。

自分が師事するラマこそが仏教のすべてであるかのように讃え、彼に自分の身口意《しんくい》、つまり身体と言葉と心のすべてを捧げるとする趣旨の韻文が詠われるような仏教がチベットにあるのである。しかしこれはインドの後期密教の傾向でもあった。インドでそれが滅び、チベットに受け継がれた結果、チベットのラマ崇拝の仏教が際立って他と異なるように見えるということなのだ。

仏教的な輪廻思想における死後

では、ラを失って死んだ場合、ラに生かされていた存在はどうなると考えられたのであろうか。仏教化以後のチベットでは仏教的な輪廻思想に基づき、死後の運命が考えられた。現在、我が国でも仏教流の死者供養が普及しており、人が死ねば四九日の間、喪に服するというのが一般的な習俗となっているが、輪廻思想によれば、死の直後の四九日の間に次の生が何かが決定されるということなのである。有情《うじょう》、すなわち心ある存在は、その記憶を伴って逝くことは滅多にないが、死と生を永続的に繰り返すものであり、死と生の狭間に四九日があるとされている。その四九日のことを仏教では中有《ちゅうう》と言う。チベット語で言えば、バルド bar do である。「チベットの死者の書」と通称されている『バルドトゥードゥル』Bar do thos grol（中有聴聞解脱）とは、中有の期間の死者供養のため、チベット仏教ニンマ派（古派）に伝えられてきた仏教経典であり、死者を善趣、すなわち善い境涯の来世に導く功徳があるとされている。

ニンマ派は、八世紀にインドからやって来た密教行者、パドマサンバヴァを祖師としている古代からの仏教伝統である。当時のチベットは強大な軍事力を誇る帝国であった。帝国の領土はチベット高原を超え、東トルキスタンや河西回廊地域まで広がっており、多民族を統治するに適う新たなイデオロギーが求められた時代であった【図2】。強大なチベット帝国が繁栄していた八世紀後半に仏教の国教化がなされた。それは、一七世紀中葉に成立したダライラマ政権の時代などよりもはるか昔のことであった。

私が「仏教的な輪廻思想」という言い方をしたのは、チベットに仏教でない仏教的な宗教もあるからである。それがポン教である。ポン教は、その起源をチベットに仏教が流入する以前とし、チベット民族古来の伝統を伝えており、少数派ながら現在まで存続している。ポン教の教義内容はチベット仏教ニンマ派と類似対応が認められ、ポン教流の「死者の書」も存在している。

【図2】古代チベット帝国

チベット社会の仏教化の過程で、ポン教の伝統が仏教を取り込み、ニンマ派仏教が土着的な伝統を取り込み、チベット的な輪廻思想が形成された。結果として互いに似通ったということであろう。このポン教の主張によれば、仏教が起源を南アジアとするのに対し、ポン教は西アジア起源であり、古くにシャンシュンと呼ばれた西チベット地域のさらに西、ウルモルンリンのシェンラプ・ミボなる人物が開き、シャンシュンにその教えを伝えたのだという。

古代チベットの土着宗教の死後

では仏教・ポン教の両宗教が保持してきた土着的伝統には輪廻思想があったのだろうか。じつは、チベットの古代においては根本的に異なる死生観が抱かれていたとうかがえる。古代の土着宗教の者が自身の教義を説明するために何か残すということはなかったが、土着宗教の葬儀のおりに語られた説話類が、河西回廊西端のオアシス都市、敦煌出土のチベット語古写本中に残されており、そこからその死生観を垣間見ることができる。私はその説話類を古代チベット土着宗教儀礼説話と呼んでいるが、そこにおいて、死とは世界の創世期のとある時に初めて発生した現象であり、その発生により死者を、葬儀を通じて、死者の国へと赴かせなければならなくなったという思想が見出されるのである。

本稿ではそのような「最初の死」の神話の好例として「レウ・ヤンカジェの物語」[1]を取りあげる。私は、宗教史家の立場のもと、その和訳と解説を通じて「古代の土着的(仏教前)チベット」の死生観を、比較神話のみならず比較文化的視点の議論を交えながら、明らかにしていきたい。古代チベット土着宗教儀礼説話と「仏教伝播を通じて形成されたチベット」仏教における死者供養儀礼との通時的連続性を解明したいと思う。資料的制約のもとでの神話説話研究と儀礼研究との接点を通して、死を巡る神話研究の新たな観点の探究を試みるのである。

1 古代チベットの土着宗教における死の起こり

最初の死の神話「レウ・ヤンカジェの物語」

最初の死の神話である「レウ・ヤンカジェの物語」の書き出しはこのようになっている。

［これは］「レウ・ヤンカジェの物語」である。

昔々のあるときに、大昔のあるときに、禍いの時代の前に、空の上で、天の上で、［神］グンツンチャという者は妻がおりませんで、妻を求めたところ、魔王（ドゥーの王）ツェントクキュルの娘、タンガ・ドゥーモタンという者を妻として娶った。そのおり交わり、子作りしたところのご子息がご長子として生じた。ご子息の列にお生まれになった子の名がつけられ、ご子息の御名がつけられた。

この神話で用いられているいくつかの表現について説明をしてみたい。

まず、この神話冒頭に「禍いの時代の前」という文句がある。それは、死が存在しない遥かな昔の良き時代のことであり、それ「以後」と言えば、死が存在する時代、われわれが生きるこの時代を意味するのである。死が存在しなかった時代とは、創世期もしくはその直後に相当する。そのような時代の天上界がこの物語の主要な舞台のようである[2]。

しかし、通常、「禍いの時代」という表現で、われわれがすぐ連想するのは、さまざまな宗教に含有される終末思想における世界の終末期であろう。ゾロアスター教、キリスト教、イスラム教などで語られる最後の審判の時代、ヒンドゥー教、仏教などで説かれる壊劫《えこう》など、多くの相違点はあるが、世界の終末の概念は世界的に広まり、信仰されている。実際、道教や仏教の影響を受けた古代チベット土着宗教の預言書類でもそのような意味で使われているが、これはチベットの宗教の土着的な用語法にはなかったものである。ここで取りあげた神話はより古層のものであり、死の発生以前という意味で「禍いの時代」が使用されている。

次に、天上にいたグンツンチャという名の者について考えてみよう。禍いの時代の前に存在したグンツンチャとは神のことである。じつはグンツンチャという名は、ヤプラダクドゥクという神の別名である。そして、ヤプラダクドゥクは、敦煌出土のチベット語古写本(八世紀後半から一〇世紀頃の書写)に含まれる史伝の類によれば、最初の王、ニャティツェンポの父である神とされている。この神の別名がグンツンチャであることは別な土着宗教儀礼説話が示している。

敦煌のチベット語古写本ではグンツンチャという名前の綴りが後代のチベット語と若干違うが、

「グン」は「守護者」、ツンは「祖先」を意味する。「チャ」は敦煌文献に限らず、古代チベットに関する神話伝説に登場する神の名であり、普通名詞としては「兆し」、「運」を意味する。この語の綴りは今日まで変わらず、Phya か Phya である（チベット文字は表音文字だが、現代語においてはスペルと発音が著しく乖離している）。チベット語において通常子音のあとに -y- を続ける場合は二通りある。一つは本来句形同音だが、意味の違う語を区別するときに使われる。もう一つは、他の言語の音写の際に見られる。それ故、この「チャ」という神の名は、もともとは外来語であったと考えうる。

この「チャ」は、八世紀後半から一〇世紀ごろの敦煌文献の時代に、普通に使われるチベット語として通用していることから、相当に古い時代に外来語として綴りが確定されたのではないかと推測される。おそらく、チベット語の文字記録がされ出した七世紀ぐらいのことであろう。最近、別稿で書いたが[3]、チベット語の文字記録がなされ出したころはチベット語文字表記と発音とが一致していたと考えられ、中国の創世神、伏犠《ふくぎ》に対する古い時代の中国語音がいくぶん訛って、「チャ」の Phya か Phya というような綴りに転写されたのではないかと私は考えている。中国神話では、易の八卦の発明が伏犠に帰せられ、「チャ」が普通語としては「兆し」「運」であることに符合する。このように考えるならば、グンツンチャとは創世の神であり、古代チベット王家の祖先神であることに違和感はない。

さて、中国神話では、伏犠には女媧《じょか》という配偶神がおり、共に創世事業をなしていく。ところで、チベット版の伏犠であるグンツンチャには、——この神話に従えば——悪魔（ドゥー）の王女である妻がいる。ドゥーの語は仏典の翻訳において、ブッダを誘惑し、悟りを妨害したとされるマーラ（魔羅、天魔）の訳語に使用されており、実際マーラと共通点が多い。仏教の宇宙論において、マーラがわれわれの住むとされる欲界の最上部に住まうように、ドゥーは天と結び付けられ、一般に他の悪魔の類いよりも上格で強力な種族とされる向きがある。シンボルカラーは黒であるが、その理由は、多くの地域で凶兆とされる蝕現象と同一視されることにあるようである。外来の宗教の伝来によって作られたと思われる預言書の一つには、日蝕や月蝕について「太陽や月にドゥーが降り立った」と叙述されている。チベットの天災の代表に雹害があるが、雹が降るとき空が暗くなるということにも関係がありそうである。

レウ・ヤンカジェの死

続く箇所の翻訳を示そう。

［ご子息］レウ・ヤンカジェは神威盛んにして強固さは不壊であり、野蒜の花は岩盤が不壊であった［4］。強さは競うことへと弾け、速さは駆ることを求め、外祖父とご武勇を競い、外祖父の悪魔とご武勇を競った。悪魔と繰り返し廻り、苛まれたことは外祖父の悪魔のために苛まされ、レウ・ヤンカジェは天から悪魔（ドゥー）が断ち切り、地から死魔（スィ）が起き上がって、お亡くなりになり、いなくなった。

グンツンチャとタンガ・ドゥーモタンの婚姻により誕生した強力な神、レウ・ヤンカジェであったが、その強大さのゆえに暴走してしまったわけである。青春の暴走というところであろうが、相手が悪すぎた。事もあろうに外祖父の魔王に競馬で挑戦してしまったのである。魔王は言わば死の体現であり、レウ・ヤンカジェがいかに強大であろうが、勝てるわけがなく、追いすがられて敗北してしまう。

ここにある「天から悪魔が断ち切り、地から死魔が起き上がって」という文句に読者諸氏は当惑したかもしれない。この文句は土着宗教儀礼説話類において死の発生を告げる定型表現であり、天の悪魔ドゥーと地の死魔スィの力で敗北したレウ・ヤンカジェに死がもたらされたことを示している。なお死魔スィは敦煌の写本ではほぼこのような紋切り表現にしか登場しない。古代の土着宗教儀礼説話類は葬儀の起源に関するものがメインであるので、このような劇的な表現による最初の死の提示が散見するわけである。

治療の失敗と死の判定

後に残された父のグンツンチャは息子の死にどう対処したのであろうか。続けて読んでいこう。

翌日の明け方、空が明るくなったころ、お父君がご覧になった。グンツンチャがご覧になったところ、子はお起きにならない。ご子息はお起きにならず、いない。お父君は、グンツンチャは、

「子よ、何に対して御失望なさっているのか。何に対して胸中暗い（?）のか。低地の城がお望みならば、お召しになってお発ちなさい。下手の国がお望みならば、お召しになってお発ちなさい」と言いましたが、子はお起きにならない。ご子息はお起きにならない。「それなら、強者の従者十人と家畜の首領の類九匹をお望みか、あるいは十九の純良な国で山羊や羊の兄弟姉妹をお望みならばお召しになれ」と言いましたが、子はお起きにならず、いない。それでグンツンチャがご覧になると、お目を見れば黒水晶よりも黒く[5]、体表を見れば、絹よりも白い。グンツンチャのところには熟達した神官や強力な聖者はおらず、子のレウ・ヤンカジェは懐に抱かれて三日間、蘇生を試みても子は再生せず、[身体を]引き伸ばしても、再びお亡くなりになって、いない。ラを食べるのだと呼びかけても[6]再びお亡くなりになり、お目を開いても再びお亡くなりになり、いない。お父君は、グンツンチャは「強さは勝利あること、速さは駆ることを求め、外祖父と武勇を競い、悪魔と駆り競って廻ったために、外祖父の悪魔に殺められたのならば、この死人を治療すれば治癒するのか治癒しないのか。このかけらになった石を組み合わせれば、組み合わさるのか組み合わさらないのか」とおっしゃった。

天の果て、天の端に、子としては神の子、孫としては悪鬼（スィン）の孫、ポンシン・シェンダクという者がいたので、彼を呼び、グンツンチャと二人で治病儀式をなさいまして、「死人は治療で治癒しない。かけらになった石は組み合わさらない。葬儀を大いに行い、陵墓を大いに築く」と言いました。

グンツンチャはさまざまに蘇生を試みるが成功せず、天の果てに住まう神官、ポンシン・シェンダクを招く。境域に住まうということ、それは異界に接して過ごしていることを匂わせるから、そのこと自体、異界との仲介者じみている。ポンシン・シェンダクは悪鬼（スィン）の血を引く神の子とされているので、生と死の原理を内に秘めていることになるから、最初の葬儀を執り行う者に相応しいキャラクターに違いあるまい。もっとも、レウ・ヤンカジェも神と悪魔（ドゥー）の子であった。スィンにせよ、ドゥーにせよ、悪魔の類は死の象徴としてチベット文学に現れる。グンツンチャが魔王の娘と婚姻を結んだということですでに、生ある者は死出の旅に出るよう運命づけられたということになろう。

なお悪鬼スィンであるが、悪魔ドゥーより下に見られがちとはいえ、狡猾、冷血、残忍という性格と食人の習性のため、人間にとってドゥーより脅威的な魔族たりうる存在であるかもしれない。スィンは仏典の翻訳においてはラークシャサ（羅刹《らせつ》）の訳語となっている。名称以外の諸点が酷似しているからであろう。敦煌文献のみならず後代の典籍においてもスィンの住まう国の名が伝わっており、ナクパ・グスル（黒所たる九峡谷）とされている。シンボルカラーは、血の色、赤である。

そのような魔族、スィンの血を引く神官と共に治病儀式がなされたわけであるが、逐語訳すれば、「トがなされ、チェーがなされた」である。トとチェーは、ポン教にも今日伝わっている儀式であり、魔払いや治病を目的とするものであるが、敦煌写本の葬儀伝承においては、この話のように、死んだと思しき者に対する診断と処方を導く儀式として登場する。死亡と診断された結果、その処方として葬儀をなして墓を建造することになったわけである。

2　チベットの葬法

先の訳文の末尾において、私が「陵墓」と訳したセドゥシという語を逐語訳すれば「不朽の四方」となる。古代チベットにおいては、古代の北アジア、中国、日本と同じように、土を盛って権力者やその縁者たちの墳墓が作られていたのである。識者の間でチベットの王家の谷として知られるヤルルン渓谷のチョンゲーをはじめ、チベットのあちこちに古代墳墓が現存している。チョンゲーなどにある大きめの墓は、上から見れば、対角線五〇〜一〇〇メートル程度の方形や台形をしており、今日まで姿を留めているので、まさに「不朽の四方」という言葉通りのものとなっているわけである。

墳墓の内部には、少なくとも大型のものの場合、墓室があり、墳墓の主たる死者や殉死者、犠牲動物、絹織物などの高価な副葬品が安置されている。土着宗教儀礼説話類は、葬儀の構成要素や墳墓の内容物に焦点を当ててその起源を語り、その効果を保証し、同様の効果が葬儀で発揮されることを期した呪文の類いと捉えうる。とくに犠牲動物について焦点を絞った説話が目立ついっぽう、人間の殉死者について語る説話は見えない。単に殉死者に関する説話が残らなかっただけなのかもしれないが、死後において死者を助けられるのは犠牲動物であり、人間は助けにならないと語る土着宗教儀礼説話付随の散文詩があるので[7]、殉死者について葬儀で語るべき意義はなかったのかもしれない。

さて、今日、古代チベットの墳墓から見出される遺体は人骨でしかないが、埋葬されたときの状態はどのようであったのであろうか。とりあえず今日の遺体処理について見、参考としよう。

チベットは鳥葬で知られる地域である。一九六〇年、文化人類学者の川喜田二郎が、チベット文化圏辺縁部、ネパールのドルポ地方調査回想録である『鳥葬の国』[8]を世に出し、ハゲワシが食べやすいように遺体をバラバラにして遺棄するというチベットの葬法が日本中に知れ渡ったからである。研究者の間では鳥葬の起源をイラン方面のゾロアスター教の風葬に求める向きがあるが、遺体を他の生物に食料として与えるという行為が仏教的宗教の利他行に合致するため、チベット人たちにとって鳥葬は仏教的な実践である。このような鳥葬は広く行われていたが、社会階層や地域などにより例外が出てくる。

その例外に大ラマが死んだ場合がある。大ラマの遺体はミイラにして祀る。たとえば、ラサのポタラ宮には歴代ダライラマのミイラが保存されている。おおむねチベットは乾燥しており、塩湖が豊富というエジプトと近似した風土であるから、ミイラを作るというアイデアが生じえたのであろう。ただし古代エジプトのミイラとは違い、美しいミイラである。一九〇〇年にチベットに入った河口慧海の報告によれば、遺体を塩漬けにして乾涸びた状態にしたあと、「よい泥と白檀の木を粉にした物を一緒に捏ねてその痩せこけた死体に塗るのですが、それには何かチベットの外の薬も混って居るのです。それですっかり旧の通りにまず顔を拵え、それから身体も拵えて全くの立派な木造のようにしてから金箔を置きますので、ちゃんと出来上りますとそれを像と」するということである[9]。

このような今日知られる遺体処理法を考慮したならば、古代の支配層の人々もミイラ化されたのではないかと疑いたくなるが、そのような出土例はない。とすれば、塩漬けミイラの造法を知っていても敢えてそれを取らなかったのかもしれない。たとえば、辰砂《しんしゃ》の注入により生けるがごときに長期保存できないかと考えたのかもしれない。辰砂は水銀と硫黄の化合物であり、水銀には防腐作用がある。そのことは古代中国で知られていたし、日本の即身仏ミイラからも水銀が検出されている[10]。辰砂は古代チベットでも顔料としてよく利用されていたことが知られているので、成功はしなかったかもしれないが、辰砂による長期保存が試みられたことがあってもおかしくはない。

先史時代に埋葬された権力者の事例に、自然の力に頼り、遺体を恒久保存しようとしたのではないかと思わせるような記述もある。先史時代の英雄的王、プデグンゲルの墓はダンモ・ナムセと名付けられたという。「冷たい所、天の不朽」というような意味であり、高山上方の凍土内への埋葬をほのめかす。古代の遊牧勢力が北アジアはアルタイのパジリクに残した墳墓の内部から保存状態の良い遺体が出土しているが、これは高緯度地域の低温の風土、つまり大自然の巨大冷蔵庫の威力によりなされえたことである[11]。チベットは低緯度ではあるが、もし高山の上方の凍土の中に埋葬したならば、冷凍による恒久的保存は無理ではないように思われる。何にせよ広大なチベットである、今後いかなる発見がなされても不思議ではないので、今後の考古学的成果に期待したい。

3 最初の犠牲馬の誕生

葬儀における犠牲動物

「レウ・ヤンカジェの物語」に戻ろう。葬儀の挙行が決定され、グンツンチャがその準備を始めようというところからである。

そのとき、気に入りのお馬を地所に入れた。すなわち、兄タンギョクと弟イーギョクを房に入れた。

葬儀の準備の一環として、グンツンチャは「気に入りの馬」として二頭の兄弟馬を用意する。馬を地所に入れたとは供犠の準備を示している。他の土着宗教儀礼説話でも犠牲馬はそのように呼ばれているが、ここからは延々と馬の話である。馬だけが葬儀の犠牲動物ということではない。この神話が犠牲馬に焦点を当てているためであり、他の犠牲動物について説かれた神話もいろいろある。残念ながら、土着宗教の者たちが自身の葬儀を体系的に説明したものはないが、敦煌写本には、土着宗教の葬儀を批判しつつそれに代わる仏教的儀式行為を称揚するという死者供養祈願文があり、そのなかに土着宗教の葬儀における犠牲動物について説明されており、知ることができる[12]（葬送儀礼と動物供犠については、「第9章　インドネシア――死と天界と生まれ変わり」でも触れられている）。それらは死者を死者の楽園に送るための手段として犠牲に捧げられたのであり、馬は死者の乗り物、羊はガイド、ヤク（チベット高原に生息する牛の類）は護衛となると信仰されていたことがはっきりしている【図3】。

これら三種の動物には食肉に利用できるという共通項があることに注目すべきである（馬肉を食することは中央アジア・北アジアの牧畜民にとっては普通である）。葬儀の要部は、殺害による犠牲動物の聖化であり、葬儀参与者がその屠られた犠牲動物の肉などを共食し、その特別な力に与ることでもあったと思われる。共食については、いかな古代史料も明文化していないが、葬儀が大宴会であったことは知れるので、犠牲動物の共食をしていなかったはずがない。チベット高原の北方、北アジアの古代遊牧勢力の葬儀でもそうした共食がなされていたことがわかっている。

【図3】ヤク　©Pixabay

馬についてはこれから多く語られるので、他の犠牲動物について説明しよう。死者供養祈願文には、「人よりも羊が賢く能力が大きい」とあり、羊は死者の国まで故人一行の先頭に立ち、道案内をし、岩で道が塞がれていたらば、それを砕いて道を開いたりするとされている。一行の先頭に立つその羊は、キプルクと称される。「キプ」とは「避難所」の意味であるが、危機に瀕したとき頼りにする者についても当てられる語である。「ルク」は「羊」の意味である。故人が頼みとしてすがりつく偉大な存在が犠牲羊なのである。

ヤクについて死者供養祈願文には、「格好は角が鋭い。身体は威厳よし」とあり、また「方便に精通する鋭い角と、恐れることのないヤクの勇気と、美しいヤクの身体に似た大福徳の、鎧が得られるようになりますように」と祈願されたりもしており、ヤクが強い勇士のようにイメージされているのがわかる。「レウ・ヤンカジェの物語」では悪魔が死をもたらす者として登場するが、ヤクが死をもたらす土着宗教儀礼説話も間々見えるから、死をもたらす強者が故人の護衛へと逆に転用され、それで勇士のように称えられているのであろう。当時の社会通念として長旅には護衛が必須と考えられたから、護衛役が要請されるのは自然なことである。しかし、故人の死後の道程において出現しうる怨霊への対策という意識もあったかもしれない。

土着宗教儀礼説話付随の散文詩によれば、故人は目的地の楽園に到達するまでの道中で「歓びと幸福の国」と「苦痛と不幸の国」を見るのだという。前者は真っ当な死を迎えた者たちの領域、後者は葬儀もなされなかったような急死者や変死者の領域である。今日のチベットでは、真っ当でない死に方をしたならば、怨霊になるという信仰があるが、おそらく古代でもそうだったのであろう。土着宗教儀礼説話の葬儀対象は急死者や変死者が大勢を占めている。葬儀において死者の冥福を祈る裏に、故人の怨霊化に対する遺族たち生者の恐怖が透けて見えるようである。故人が楽園に到達し、善き祖先となることを妨げるような怨霊との遭遇に備えようという意識があってもおかしくはないかと思われる。

さらに、おそらくオプション的な葬儀の犠牲動物だったのであろうが、インコについて語っている土着宗教儀礼説話もある〔13〕。一羽のインコを多くが共食することは不可能かとは思うが、ユーラシア中で珍重され、経済的価値の高い鳥であった。副葬品の絹織物などに匹敵する価値があったことだろう。役割はとくに明示されていないが、息子の嫁になったインコが父の葬儀に供せられるという説話であるから、侍女として死者を世話することが期された可能性がある。

死者はこれらの仲間たちと共に死者の楽園を目指す旅をすると信じられた。行く手には峠や浅瀬などの難所が多くあり、難所の間に死者たちの居する領域があるが、故人が行くべき目的地の楽園ではない。故人はそこに迷い込むことなく、羊に正しく案内されなければならない。難所は飛翔力ある馬が死者を乗せて越えて行く。怨霊などに備えてヤクが随行し、故人に細々した奉仕をするインコもいる。これらの動物たちの協力により、故人はつつがなく目的地の楽園へと到達しうるのである。

4 珊瑚の魔力

先の引用のあと、友愛の契りの遵守による救いを暗示するかのような、独立的寓話が挿入されるが、直接的にはこの神話には関係しないので、そこは略して後を続けていこう。

すなわち、グンツンチャの「気に入りの馬」、タンギョクとイーギョクの珊瑚《さんご》の結界と清浄なる窪地の寄宿所が建てられた。

兄弟馬に珊瑚の結界と窪地の寄宿所が用意されたとある。馬を閉じ込めるため、窪地を柵で囲ったものを「窪地の寄宿所」と呼んでいると思われる。では「珊瑚の結界」とは何のことであろうか。ここで私は、「セ」という語を「珊瑚」と訳しているのであるが、じつは「セ」の語義は「不朽」である。先述の先史時代の英雄的王、プデグンゲルの墓であるダンモ・ナムセという墓名や、陵墓に対するセドゥシという呼称の構成要素となっている。陵墓が不朽という属性を有するから、そのように呼ばれるのである。古代チベット土着宗教儀礼説話では普通名詞をあえて使わず、それが有する属性で呼ぶような傾向が顕著である。たとえば、人間やインコの属性は話すことにあると思われるので、どちらもマ、「話すもの」と呼ばれたりしている。

珊瑚はチベット語で通常、ヂルとかヂュルとかと呼ばれるが、古代史料では仏典関係にしか見えず、考古史料においても珊瑚の出土品の話は聞かない。しかし、めぼしい遺跡は早くから盗掘されているため、チベットにおいては珊瑚に限らず宝飾品の出土自体が希少である。チベット人の珊瑚愛好を示す最古の記録は、私の知る限り、マルコ・ポーロの『東方見聞録』（一三世紀末頃成立）の記録である[14]。チベット人は女性や仏像の首を珊瑚で飾ることを好むため、珊瑚は他地域より高価であると述べられている。おおよそ今日知られるチベットの珊瑚事情と一致する。それ以外にチベット人の珊瑚愛好の古さの証拠となりそうなものと言えば、ポン教の儀礼書である。ポン教が伝える非仏教的性質の強い儀礼では珊瑚が使用されることがある。たとえば、ある儀礼書においては災厄を引き受ける穀物製の身代わり人形が登場するが、その人形は歯を子安貝、舌を珊瑚で作ると規定されている[15]。

さらに、法螺貝が古代から愛好されていたことは、はっきり古代史料から読み取れるので、同じく貴重な海産物である珊瑚も古代の時点でチベット人に愛好されていたと考えて矛盾はなさそうである。

じつは、珊瑚は、海産物であるにもかかわらず、人類時代より遥か遠古の時から不朽のものとしてチベットに存在してきた。大昔、ヒマラヤ地帯は大海原であったが、インド亜大陸がユーラシアに衝突し、盛り上がって陸地となった。それゆえヒマラヤは山珊瑚、つまり珊瑚の化石を豊富に産出する。それらを採掘して整形し、紅色に着色して装身具とすることは現代でも見られる。珊瑚もセ、「不朽」と呼ばれるに値するのである。そして珊瑚の化石を採掘する際、他の海棲生物の化石も当然目撃されうる。そこから、珊瑚は生き物を石のように縛り付けて動けなくしたり、死を与えたりするという信仰も発生しうるであろう。

ギリシア神話には生き物を石に変える女性のモンスター、メデューサの血から珊瑚が生まれたという伝承があるが、案外同様の発想がその伝承の形成に作用したかもしれない。ギリシアは石灰岩が大変豊富な地であるが、地質学者の蟹澤聰史によれば[16]、それらは主にジュラ紀から白亜紀に形成されたのであり、その当時ギリシア付近は熱帯の浅い海あるいは海辺であったという。そのような太古にあっては、ギリシア付近は大珊瑚礁の形成にうってつけの環境であったわけであり、珊瑚礁から石灰岩が形成されていくこともよく知られている。つまり珊瑚などの海棲生物の化石は、チベット同様、ギリシアでも珍しくないのである。

ともあれ、先の場面においては、二頭の馬を閉じ込めておくために、生物を動けなくする魔法の珊瑚による結界が作られたと私は考えている。しかし、現実の葬儀に際して、珊瑚の原木が植えられたとは、さすがに考えがたい。せいぜい赤い珊瑚の象徴として木製の柵を辰砂の塗料で朱に染める程度かと思う。朱で塗られた木片や木版の出土例は古代チベット関連の遺物において珍しくはない。さらにこの説話を読み進めれば、再び珊瑚の呼称としてセが使われているのに出くわし、その可能性がさらに強められる。

5 グンツンチャの捕馬行

ユの泉にて

しかしお馬タンギョクとイーギョクの二頭は逃げて行った。グンツンチャが追いかけるに追いつけず、捕らえるに捕らえきれなかった。高い峠に逃げても、追いかけるに追いつけず、低い浅瀬に逃げても、追いかけるに追いつけなかった。大平原で追いかけても、捕らえきれず、閉ざされた隘路に逃げても、捕らえきれなかった。

少しして、天の果て、天の端っこに、ヤク一頭分ぐらいのユの巨岩がございまして、［彼らは］ヤク一頭分ぐらいのユの巨岩の向こう側、ユの泉で水を飲んでおりました。ユの泉の岸辺には珊瑚の木が植えられており、岩塩の宝が一山播かれていた。兄タンギョクと弟イーギョク二頭はユの泉で水を飲みつつ岩塩の宝の一山を舐めにいらっしゃった。そこで珊瑚の木にぶつかって、兄タンギョクと弟イーギョク二頭は縛られるばかりで縛りに縛られたが、枝を外してばらばらに逃げた。二頭の馬はそこから逃走し、グンツンチャも追うが追いつけない。しかし彼はユの泉で彼らを捕獲するチャンスを得る。

ユは通常「トルコ石」と訳される語であるが、古代の場合、必ずそうとは限らないようなので、あえて音写表記した。しかし青系統の色をした高価な貴石であったことは確かであり、E・H・シェーファーは古代においてはラピスラズリを指したとしている[17]。しかし、おそらくブルーサファイアが本来的な「ユ」だったのではないだろうか。ブルーサファイアはサンスクリット語でインドラニーラと呼ばれることがある。「インドラの青」の意味であるが、インドラは神々の王としてインドのバラモン教時代後半期に最高に崇められ、即位儀礼であるラージャスーヤにおいて新王はインドラに見立てられた。ユは古代チベット王家の身分を示す貴石であり、王権の象徴であるので、インドラニーラと重なる。このあとでも見るように、ヒマラヤの壁の向こう側からの文化的影響は先史時代からあったと思われるので、古代チベットにおいてもインドラニーラを王権の象徴としたが、鉱物資源の豊富なチベットとは言え、ブルーサファイアの産出までは見なかった。しかし王権の象徴を示さなければいけない機会は数多くあったため、代用としてラピスラズリやトルコ石が使用され、現実の物品として「ユ」と示されるものはそれら代用品となったということが真相ではないかと、現在私は考えている。

何にせよ、青い宝石の水が溢れた泉があり、その岸辺には宝石の岩塩があり、天上の馬たる彼らはそれらを飲食していた。その岩塩のそばに「セの多なる支分」なるものが植えられていたという。私はそれを「珊瑚の木」と訳した。不朽なる物体で多くの枝分かれがあり、すべてのものが宝石で成っているような情景に似つかわしいものと言えば、珊瑚原木に違いあるまい。グンツンチャの仕掛けた罠であったのか、珊瑚の木にぶつかった馬たちはそこで縛り付けられるが、枝を外してそこからさらに逃走する。

捕馬の成功

［グンツンチャは］山谷の双方で［二頭を］追いかけるに追いつけず、ユの泉で捕らえて、捕らえきれず、金の泉で捕らえて、捕らえきれず、銀の泉で捕らえて、捕らえきれず、真鍮の泉で捕らえて、捕らえきれず、青銅の泉、鉄の泉、銅の泉で捕らえて、捕らえきれず、［二頭は］山へ逃げて行ったが、ムの高山に逃げて行ったとき、ム王の七つの網で山の斜面が包み隠され出して、ムの大平原に召し出され、ムの秘密の輪縄で捕らえられて、野ヤク用の繋ぎ綱で繋がれ、珊瑚の結界の中に入れられていた。

グンツンチャは手綱を取って、お泣き声ばかりでお泣きになって、「我が一人子は役立っていたが亡くなり、美しかったが砕かれたので、兄タンギョクと弟イーギョクの二頭はご武勇を峠で発揮するかしないか、軽やかさを浅瀬で跳躍させるか跳躍させないか」と言いました。［二頭は］大きな報いを口で取り、大きな毒を唇で飲んだ。

捕馬行はムと呼ばれる地でム王なる者により二頭が捕らえられたことでついに終わりを迎えたのである。ではム王とは何者であろうか。

次のような別の土着宗教儀礼説話がある。ム王の治めるムの国は険しい山岳により周囲から遮られた常住不変の世界であった。原初の昔、そこにチャ神の使者がチャとムの間に姻戚関係を築くためにやってきた。チャ神は世界創造事業の一環として超越的なムの力の取り込みを計ったのである。ム王は外界からの来訪者とは信じられず、長い問答が続いた。最終的に使者は信用を勝ち取り、ム王は婚姻の申し出に同意した。

またポン教聖典『セルミク』によれば、ポン教の開祖シェンラプ・ミボの父方祖父母はム氏とチャ氏であったという。シェンラプ・ミボの時代というのは大変な昔に想定されているから、敦煌文献が伝える原初の昔のムとチャの婚姻の説話がシェンラプ・ミボの家系に関する伝承に反映されているのかもしれない。じつはシェンラプ・ミボという名の土着宗教の神官が土着宗教儀礼説話類にも見られ、彼こそがポン教の開祖の方のモデルとなった人物のようにも思われる。ともあれ、この神話でもム王とチャの仲は悪くないようであり、ムの超越的な力によりグンツンチャは彼の二頭の馬を取り戻したのである[18]。

グンツンチャが二頭に泣いて願った文言は、二頭に対し故人と共に死者の楽園への旅に出て欲しいと懇願するものである。その楽園への途上には峠や浅瀬などの難所があるので、それらの難所で力を振るうかどうかという言い方をしているわけなのだ。それに応えて二頭は服毒して殉死したのである。

6 葬儀の遂行

父グンツンチャは、その座を、城は鉄の城、多くの頂あるものの中に置き、稲穂を食物にして、青物の茎の粉食を箱に入れ、糖蜜を注ぎ、頭に角を付けたならば鳥の角が生えてきた。そこでポンシン・シェンダク、子としては神の子、孫としては悪鬼の孫、人の神官、神の神官、インドの神官の供物の力により、八王綱は天からかけられ、陵墓は地に建立された。境界に王が任命され、谷に陵墓が建立された。「死者の石塚、近しき子」が築かれ、「碑銘の拠り所、基盤たる娘」が置かれた。松の木が四本植えられ、身を立てた鳥が四羽ずつ上げ置かれた。

二頭の殉死の後、グンツンチャは稲穂、植物の茎を砕いた粉食、糖蜜といった特別な供物や、付け角で彼らの遺体を聖化するいっぽう、ポンシン・シェンダクは「八王綱」と称する八本の注連縄〔19〕や陵墓（セドゥシ「不朽の四方」）を建立したとあり、葬儀もついに挙行されたことがわかる。

馬の頭に角を付けるというのは、中国の鳳凰やインドのガルダに相当するチベットの聖鳥キュンに角があるとされていたからであろう。だから「鳥の角」と表されるのである。キュンの角を備えたことにより、楽園への途上の峠や浅瀬を飛翔して越える力が備わるとされていたに相違あるまい。

こうした馬の聖化に類するものは古代インドのアシュヴァメーダの祭儀にも見られる。これはバラモン教の祭礼で最大規模のものであり、祭礼は一年ほど続くとされるが、最終的に犠牲馬が殺され聖化される。殺される前にその馬が受ける好待遇についてN・M・ペンザーはこう述べている。「[王の]最初の三人の妻たちが、その地位に応じ、必要不可欠な式文を唱えながら、[馬の]前、中、後ろの部位に聖油を塗る。同時に百一の黄金の飾りをたてがみと尾に織り合わせる。その時、穀物の供物が馬に供される」[20]。古代インドでも特別な装身具と食物をもって、死に臨む犠牲馬に供していたのである。このような慣わしがヒマラヤの壁の北側であるチベットにまで少なからぬ影響を及ぼしたであろうと思われる。古代チベットで犠牲馬に供されている供物や装備品はアシュヴァメーダのものとは異なってはいるが、その延長上にあるとみなしうる。稲穂も糖蜜もチベットにないものであるが、インドのような南方の農産地域には普通に見られるということにも注目されたい。

さらに、ポンシン・シェンダクがどのような資格を持つかを、同格名詞句を列挙して、示しているが、「インドの神官」と呼ばれていることにも刮目すべきである。「ギャの神官」(rGya bon) とあるところの「ギャ」を「インド」と訳しているのであるが、敦煌文献でも古典作品でも単独で「ギャ」(広大なる国)というときはたいてい「中国」の意味である。それにもかかわらず、ここで「インド」と訳す理由は、このジャンルに限っては、「ギャ rgya」はインドに間違いないとはっきりしたからである。このジャンルの神話であるにもかかわらず、「ギャ」を「中国」と訳してしまったこともかつてあったが、それらも「インド」と訳すべきであったと現在は考えている[21]。

綿布の起源を説く別な敦煌写本の神話においては、判読しがたい箇所があるものの、その起源地はギャのデンサンというところであり、そこで綿が採取され、ギャの女性、ムンの女性、ロの女性、ネパールの女性により綿布が織られたと記されているようである[22]。ムンとロが中央チベット南辺ヒマラヤ沿いのマイノリティー民族であり、ヒマラヤを越えた先のネパールまでもが織り手の地として挙げられているのであるから、ギャが綿布の特産地、インドであることは疑いあるまい。ギャのデンサンは他の土着宗教儀礼説話にも間々見えており、その話だけ特別ということはない。考えてみれば、中央チベットからは中国よりインドがずっと近いのであるから、この種の説話舞台である先史時代のころ、「ギャ」（広大なる国）と言えばインドに違いないのである。土着宗教とはいえ、チベットはユーラシアのど真ん中に位置するわけであるから、ユーラシア中の文化要素がその構成要素として入り乱れて当然なのであるが、「インドの神官」の文句はそこにおいてインド的要素がひときわ強かったことを匂わせる。

ポンシン・シェンダクが創り上げた谷の陵墓に関しては、すでに古代チベットの墳墓について説明しているので、読者諸氏も想像できるかと思うが、「八王綱」についてここで論及せねばなるまい。

古代チベット土着宗教儀礼説話は対句や対応句をなす傾向が強い。引用訳文における「八王綱は天からかけられ」と「陵墓は地に建立された」の二句は対句となっており、そのあと「境界に王が任命され、谷に陵墓が建立された」という対句をさらに続けている。そして両対句の前半と後半はそれぞれ対応関係にあるから、「八王綱は天からかけられ、境界に王が任命されるいっぽう、陵墓は地に建立され、谷に陵墓が建立された」と訳し直しうる。とすれば、綱は境界を定めうるものであり、その綱が張られたところに境界を守護する「王」がいるとみなされていたようである。八本の綱が上の方から張られ、それら八本の綱それぞれに王がいるから「八王綱」というわけである。墓域の境界を定め、守護する綱なのであろう。

残念ながら、そういう遺物らしきが発見されたということはないが、今日のチベットにおいて、聖なる場所に石塚を築き、石塚の頂部などに竿を立て、そこから小さな旗がたくさん付いた綱を張るという慣わしが見られるから、墳墓の各所に竿を立てて綱を張るということがあっておかしくはないように思われる。

石塚や石板のような遺物が墳墓の上や墳墓付近で発見された例はある。ここで言われている「死者の石塚、近しき子」と「碑銘の拠り所、基盤たる娘」も石塚と石板を指すのだろう。大きな墳墓全体に対して尊崇の念を向けるのは難しいから、尊崇の念を向けるポイントが作られたのである。今日のチベットにおいて聖山に対する崇拝のポイントとして石塚があるのと同様かと思われる。

次に述べられるのは松の木であるが、今日の墳墓にその痕跡はない。墳墓建立の時代から少なくとも一千年以上経過しているのであるから、実際に植えられたとしても痕跡が残らなくて当然と思われる。松の木を飾る「身を立てた鳥」とは、精巧なものか鳥型の板程度かわからないが、模型であろう。

7 死者の国への旅立ち

キプルクへの委譲

駿馬が列に並べられることには、「気に入りの馬、白き天馬(?)」、兄タンギョクと弟イーギョクの二頭が列に並べられた。頭頂のたてがみは絹で縛られ、しっぽは風として取り付けられた。あらゆる親戚が見て、あらゆる神官が詠唱し、グンツンチャが［二頭を］キプルク・マルワに託したことには、「本日以降は、キプルク・マルワに託すのだ。我が子は役立っていたが亡くなり、美しかったが砕かれた。亡くなった者を埋葬しなければ、生者の喉は蹴られ、砕かれた者を求めなければ、家畜の囲いの中は空になってしまう。さあ、兄タンギョクと弟イーギョクの二頭は、高き峠を越えるも人畜共々キプルク・マルワが導けよ。浅瀬を渡るも人畜共々キプルク・マルワが導けよ。本日以降は、兄タンギョクと弟イーギョクとレウ・ヤンカジェの三名は、小ガラスの羽に等しい真っ暗闇に投げ捨てられるのだ。キプルク・マルワが導いたならば、レウ・ヤンカジェ、兄タンギョク、弟イーギョクの三名は、天の九層の上で逞しい清い神［たること］を欲してあらせられるのも、人畜共々［そう］欲してあらせられる。鹿やディのごとく傍に連なっているのも、人畜一緒に［そう］傍に連なっている」［と託したのである］。

墳墓の準備が整ったところで二頭の馬の遺体は「鉄の城」から出され、墳墓の上か墓室内かに並べられたようである。死者の国へと旅立つ直前であるので、たてがみを絹で縛って気合いを入れ、風を象徴するような付けしっぽが取り付けられた。馬たちの速力が上がることを期待したのだろう。

そうして、グンツンチャは導き手たる犠牲羊キプルクに故人と二頭の犠牲馬を委譲する。キプルクはこの説話においてはマルワという形容辞を伴っている。マルワとは「赤い者」という意味である。現在でも特別視される羊は角などにカラフルな布を縛り付けられたりするから、赤い布をどこかに巻かれたか、辰砂で化粧された羊かもしれない。しかしこの時点ですでに犠牲動物たちは肉体を失い、模型化している可能性もあるから、赤い羊の模型ということもありうる。食用向けの犠牲動物たちは美味しく食べられるうちに解体され、共食されたはずである。

興味深いが、難解なチベット王家の葬儀マニュアルが敦煌の写本の中にあり[23]、そこには「キプルクの毛は白い小麦が赤い塊に貼り付くようにして作ります」とある。今日のチベットの儀式でも、大麦を挽いて粉にして煎り、バターを溶かしたお茶と練り合わせ、ツァンパと呼ばれる食材をなし、それでさまざまな造形の供物を作る。古代のキプルク模型の本体となる部分もツァンパの類かもしれないし、あるいは粘土のようなものかもしれないが、それを赤く染め、その上に白い小麦の実を貼り付けて、羊毛を表現したのであろう。

ここでキプルクに語られる言葉から、先述したキプルクのガイド的役割が読み取れるが、それ以外に注目すべきは、葬儀が単に故人を幸福に導くためのものではないことがはっきり示されていることである。葬儀をしなければ、「生者の喉は蹴られ」、「家畜の囲いの中は空になってしまう」と述べられている。つまり、死者に対して葬儀を行わなければ、生ある者は呼吸を止められて死んでいき、家畜も死に絶えるということである。古代チベット人は死の伝染を恐れ、それを防ぐためにも葬儀が必要と考えていたのである。

説話の結び

むかし、誰に対して利益があり兆し良かったかと言えば、レウ・ヤンカジェに対して「気に入りの馬」が利益があり兆し良かったのだ。

この文句で説話が締められる。この説話は葬儀の場で語られたものであるが、過去成功した葬儀としてレウ・ヤンカジェの事例が語られ、それに倣って馬の供犠をすれば効果があるとその場で示したわけである。また、同じように供犠が成功するようにという祈願も含んでいるのであろう。

なお、この説話が語ったことすべてが葬儀の全体像では決してない。他の史料のさまざまな儀式の記述からそれは明らかである。つまり、この説話は葬儀における馬供犠の部分のみのピックアップである。

おわりに――古代チベット土着宗教儀礼説話の宗教史的意義

ここで紹介した「レウ・ヤンカジェの物語」のように、死と葬儀の先例を語る土着宗教儀礼説話の基本的な筋は、アクシデントの発生と死の到来、死から故人を救う手段の模索、その手段の獲得、葬儀の達成という流れである。説話ごとにさまざまなアクシデントが語られ、それぞれの説話が主題として扱う葬儀要素もさまざまであるが、必ず最後には葬儀が遂行されて事態が治まる。そうした話を葬儀で語ることにより、その葬儀も同様にうまくいくことを保証しつつ実際にそうなるようにと祈願したのであろう。

さまざまな話があるが、互いに目立った矛盾はなく調和しており、一体系に収まりうる神話群である。おそらく神話の語り手がある神話を語るとき、他の神話も意識しながら語ったのであろう。現代の恐怖小説に「クトゥルー神話」と称する小説群があるが、あれはH・P・ラブクラフトの小説に触発された作家たちが、そこに調和するように執筆していった結果、一体系に括れるようになったかと思われる。そのような現象が古代チベットにおいても自然と生じたのであろう。その結果もあってか、死のない時代、アクシデントによる死の発生、最初の葬儀といったコンセプトはこの神話群には普遍的なものとなっているのである。

調和のうちにはあるが、上述の類型と異なるものもないではない。じつは「レウ・ヤンカジェの物語」は、一本の長大な巻子本中に記載された死の先例のうち、最後に提示された例であり、それが語り終わったあとで諸先例のまとめの説教に進み、さらにそのあとに死者の楽園への道程を歌った散文詩が続いて巻子本を締めている。詩的象徴に満ち、基本構造が同一の段落が繰り返されるという、言わば散文の歌である。長い歌で七番まであって、それぞれが異なる地域を描写しており、一地域につき「七日の道」(snying ma bdun)〔24〕であると述べられている。七地域をすべて踏破すれば、四九日となり、仏教の中有を想起させるが、この文献には仏教用語はまったく見えない。

仏教以外において、冥界への旅で「七」がキーワードとなっているものと言えば、メソポタミア神話「イナンナ/イシュタルの冥界下り」が想起されよう。そこでは女神が七つの門を通り冥界へと赴く。敦煌チベット語文献の書写時期は八世紀後半から一〇世紀であるが、それ以前のどの時期にどこから西方的な冥界路信仰がチベットに伝播し、土着宗教の一要素となったかわからない。しかし、この歌はユーラシアにおける文化伝播における何らかのリンクを示しうる可能性があろう。

何にせよ、仏教的輪廻思想への遷移という道を取る基盤を古代チベット土着宗教の死後観は内包していたのである。敦煌チベット語文献の死者供養のための仏教説話に『生死法物語』[25]というものがあるが、それが土着宗教儀礼説話に類似した筋構造をしているということも注目に値する。それは天上界における王の死、王子の賢者への相談、救済方法探索への旅、ブッダの教示により救済手段の仏頂尊勝《ぶっちょうそんしょう》ダラニの獲得という流れになっており、まさに土着宗教儀礼説話の仏教化とみなしうるのである。

さらに別な敦煌チベット語文献、死者に兜率天《とそつてん》への道を示す『神国道説示』[26]という仏教の死者供養文もある。死後の旅路に言及するという点から考えて、先の土着宗教儀礼説話の散文歌に代わるものとして仏教徒が創作したのではないかと思える。そこに「中有」(bar do)の語は見えないが、その儀礼説話としての機能の観点から、これは冒頭で紹介した「チベットの死者の書」の先駆とみなしうるものである。土着宗教儀礼説話は先駆的なチベット製死者供養仏教文献の発生土壌であり、今日でも持て囃される「チベットの死者の書」に繋がっていくものであったのである。

†註

[1] フランス国立図書館所蔵のPt1134と番号が付された巻子本に含まれている。すでにR・A・スタンが要旨を示して分析して

おり、それに基礎付けられた諸氏の研究が現在も展開中である。Rolf Alfred Stein, "Du récit au ritual dans les manuscrits tibétains de Touen-houang", in Ariane Macdonald, ed., *Études Tibétaines dédiées à la mémoire de Marcelle Lalou* (Paris: Adrien-Maisonneuve, 1971), pp.479-547.

[2] 拙稿「古代チベットにおける霊神祭儀の物語：敦煌文献P.T.126第二部の分析」『中央大学アジア史研究』二四号（二〇〇〇年）一六九～一八六頁を参照されたい。

[3] 拙稿「ナムとは何か――古代チベットにおける民族統合の一側面」『中央大学アジア史研究』四六号（二〇二二年）二〇五～二三六頁。

[4] 大部なチベット語辞典などに、g.ya' sgog「岩に生える野蒜」という見出語があるぐらいであるから、岩の裂け目から花を咲かせる可憐な野蒜の花に喩えられているのであろう。

[5] 辞書通りに訳せば、「チンよりも蒼く」(mcing / bas sngo)である。チンとは貴石の類らしく、権威的なイェシュケJäschke の蔵英辞典は"glass jewel"と記している。チベットは黒水晶の特産地であるから、ここでいう「蒼」とは黒色を指し、瞳孔が開いて真っ黒になった瞳のことを記しているかと考える。

[6] 冒頭で説明した生命の根本、ラを体内に取り込んで生き返れ、と呼びかけたということであろう。

[7] Pt1134の最終部分、スタンは同文献の第六部としている。スタンの前掲論文参照。

[8] 現在は講談社学術文庫版が利用しやすい。川喜田二郎『鳥葬の国――秘境ヒマラヤ探検記』（講談社学術文庫、一九九二年）。

[9] 河口慧海『チベット旅行記』3（講談社、一九七八年）。

[10] 松田壽男『古代の朱』（筑摩書房、二〇〇五年）の第五章「日本のミイラ」六二～七四頁が参考となろう。

[11] 林俊雄『スキタイと匈奴――遊牧の文明』（講談社、二〇〇七年）を参照されたい。

[12] フランス国立図書館蔵のPt239などである。多くの研究で取りあげられているが、私の訳注と西田愛らによる最新の和訳と分析のみ記載しておこう。石川巌「敦煌チベット語文献P.T.239表訳注――古代チベットにおける前仏教的葬儀とその仏教化に関する一証言」『西域歴史語言研究集刊』第三輯（二〇一〇年）五五～七四頁、西田愛・今枝由郎・熊谷誠慈「古代チベット人の死後の世界観と葬送儀礼の仏教化――敦煌出土『生死法物語』『置換』『神国道説示』三部作の研究」『神戸外大論叢』七〇巻一号（二〇一九年）八七～一三〇頁。

[13] 大英図書館所蔵のITJ731, verso、ITJ732である。ごく最近の拙稿を参照されたい。「ギムポ・ニャクチクの花嫁――古代チベット土着宗教儀礼説話への招待」『性愛と暴力の神話学』（木村武史［編著］、晶文社、二〇二二年）九九～一二七頁。

[14] マルコ・ポーロ『東方見聞録』Kindle版（青木富太郎［訳］、インタープレイ、二〇一二年）。

[15] AM・ブロンドーがカロン・サンドゥーと呼ばれる儀式においてそのような身代わり人形が用いられることを紹介している。

Ann-Marie Blondeau, "The mKha 'Klong gSang mDos: Some Questions on Ritual Structure and Cosmology", in *Senri Ethnological Reports*, 15, (2000), pp. 249-287.

[16]蟹澤聰史『文学を旅する地質学』(古今書院、二〇〇七年)の第八章「地中海東部の地質とギリシア神話」第三節「ギリシアの地質と地史」一四九～一六七頁。

[17]エドワード・H・シェーファー『サマルカンドの金の桃』(吉田真弓［訳］、勉誠出版、二〇〇七年)の第一五章「宝石」の注八八(四一八～四一九頁)を参照されたい。

[18]ムとチャ及びシェンラブ・ミボとの関係についての詳細は、[2]、[3]で示した拙稿を参照されたい。

[19]この注連縄については、拙稿「マミテツンポとマミデツンポ：古代チベット土着宗教儀礼説話に見る分身の神話」篠田知和基『分身の神話・その他』(楽浪書院、二〇一八年)四九～五六頁参照。

[20] Norman Mosley Penzer, "Note on the Aśvamedha, or Horse-sacrifice", in *The Ocean of Story: Being C.H.Tawney's Translation of Somadeva's Kathā sarit sāgara*, v. 4, (London: Charles J, Sawyer, 1925), pp.14-16.

[21]したがって拙稿「闇に関する遠古の記録：古代チベットの土着宗教とヨーロッパの暗黒」『東方』二九号(二〇一四年)二〇七～二二〇頁で取りあげた解毒治療譚の神話舞台は中国からインドへと修正される。

[22]大英図書館所蔵のITJ734中の神話である。概要が[1]の論文で示されている。

[23] Pt.1042と番号付けされている巻子本であり、次のM・ラルーの訳注を嚆矢として、いくつかの研究が進められた。Marcelle Lalou, "Rituel bon-po des funérailles royalles", in *Journal Asiatique*, 240, (1952-3), pp.339-361.

[24] snyingを辞書で引けば、「心臓」とあって、それに接尾辞maが付されたのがsnying maであり、bdunは「七」の意味であるから、snying ma bdunは「七つの心臓(を有するもの)」となりそうに思われるかもしれない。しかし、このジャンルでは「日」を意味する後代のnyinやnyin moに相当する語としてsnyingやsnying maが使用されている。

[25]今枝由郎『敦煌出土チベット文『生死法物語』の研究――古代チベットにおける仏教伝播過程の一側面』(大東出版社、二〇〇六年)で詳細に訳註されている。

[26][12]の西田らによる訳注がある。

第6章

不死なる神ヴィシュヌの化身神話

——人獅子と魔物の物語

大木舞

はじめに

インドにおける神話の世界は、古代より口頭で伝承され始め、現代に至るまで豊富に残されている文学にその広がりを見ることができる。その起源は紀元前一五〇〇年頃にインドに移住したと推測されるインド・アーリヤ諸部族に端を発し、彼らの最古の文献である讃歌集『リグヴェーダ』の編集は紀元前一二〇〇年から一〇〇〇年頃に遡ると考えられている［1］。古代インドの神話と伝承は、ヴェーダ文献、叙事詩文献とプラーナ文献群、グプタ朝時代のカーリダーサなどの詩人による文学作品、ジャイナ教や仏教の説話など、多くの文献に盛り込まれており、言語はヴェーダ語（古インド・アーリヤ語）とそれが古典語化したいわゆるサンスクリットが用いられている。

これらの文献の成立年代を特定するのは難しい。おおよその基準として、ヴェーダ文献が紀元前一二世紀頃から紀元前五世紀頃（讃歌集『リグヴェーダ』と呪文集『アタルヴァヴェーダ』、ブラーフマナと呼ばれる祭式の記述を扱った文献を中心とする）、叙事詩文献が紀元前四世紀頃から紀元後三世紀頃とされる。プラーナ文献群に関しては、一部のプラーナは三世紀頃までに成立したとされるいっぽう、近世に成立したとされる新しいプラーナまで、その成立年代は広範にわたる［2］。

筆者はインド古典学とヒンドゥー教図像学の領域で、文献資料と彫刻作例等の図像資料を用いつつ、古代インドの神話の中からヴィシュヌの化身神話に着目し、不死なる神のイメージを扱うことを主眼とする。化身とは不死なるヴィシュヌが一時的に動物や人間等の姿をとってこの世界を救済するために出現することであり、化身神話では不死なる存在である神々と死すべき運命にある魔物や人間との対比が示唆される。まず古代インドの死生観を概観し、ヴィシュヌの主要な化身について図像を用いて紹介したあとに、死を掻い潜って不死になろうとする魔物を殺す人獅子の化身神話を取りあげて考察を加えることで、死を巡る神話研究の新たな一面を提示したい。

1 古代インドの死生観

ヤマの発見した死後の世界

古代インドの人々は死をどのように捉えていたか。最古の文献である『リグヴェーダ』には「死者たちの歌」と呼ばれる一連のヤマ讃歌が見られ、死者の葬礼や祖霊祭、火葬を主題とする讃歌が扱われる(一〇・一四～一六)。ヤマは死者の道を発見し、死後祖霊たちの世界に行き着いた最初の人間である。この祖霊界は水場を伴い、豊かに草が生い茂った「牧牛地」であり、高い山の上部に位置する明るく快適な場所であると想定されている[3]。祖霊界は、天の最高部・中央部に位置するとも示唆されており、天上の楽園を連想させる。ヤマの世界に至る死者の道には二頭の番犬が存在しており、他の伝承においては古代イランのゾロアスター教の神話で死後裁きにかけられる「償う人の橋」を護る二頭の番犬が言及される[4]。その他、ギリシャ神話においては冥界の番犬としてケルベロスが登場する。のちに来世観の変化に伴ってヤマの領域は天上から地下へと移り、その位置づけは冥界の王に転化し、仏教の閻魔天として地獄で罪人の審判を司るに至る。

「不死の共同体」である神々の世界

人間は死後祖霊として、あの世とこの世を行き来すると考えられていた（同様の観念は、「第14章　北米先住民宗教における死の神話」でも見られる）。その後、「不死の共同体」である神々の世界に入り、天における「再死」を免れることが理想とされるようになる。死後天界に赴いても、果報が尽きれば再びこの世に生まれ変わってしまうとされるが、この生死の繰り返しから解き放たれることが「不死」であり、のちに仏教やジャイナ教における解脱の理念へと繋がっていく。常に太陽が光り輝く「不死の共同体」である神々の世界には、太陽と祭火を両端とする道を通ってたどり着くことができると考えられ、太陽が沈むがゆえに昼と夜が存在する人間の世界と対比される。

2 ヴィシュヌの神話

ヒンドゥー教の成立

物質文化の観点から見ると、ヒンドゥー教の信仰が今日に繋がるような形で現れるのは、クシャーナ朝時代（紀元後一世紀〜三世紀頃、現在の北西インドから中央アジア）であると考えられる。今日ヒンドゥー教の主要な神々として名を馳せているのはヴィシュヌとシヴァ等であるが、クシャーナ時代の遺物にはこのような神々に対する信仰に基づき、造像活動が活発になった痕跡がうかがわれる。神々の像が制作され、それらが設置される場が神殿として固定されるようになった点を、ヒンドゥー教とそれ以前のインドの宗教を区分する一つのメルクマールと考えることができよう［5］。

ヴィシュヌ信仰の形成

ヴィシュヌはクシャーナ朝時代以降頻繁に造像され、次第にヒンドゥー教の主要な神格として定着する。ヴェーダ文献の時代は、神々の像を作る習慣はなく、造像活動も行われなかったと一般に考えられている。最古の讃歌集『リグヴェーダ』においても、祭火であるアグニや、英雄神インドラに対する讃歌が多く詠まれたいっぽうで、ヴィシュヌに対する讃歌はそれほど多くはなかった。

ヴィシュヌ信仰の形成にあたり、大まかに次の五つの要素が混淆すると考えられる。(一)三歩で三世界を測る等の事績を持つヴェーダ文献における一柱の神としてのヴィシュヌ、(二)バーガヴァタ派と呼ばれる宗徒による最高神ヴァースデーヴァへの信仰、(三)ヴリシュニ族のヴァースデーヴァ・クリシュナとサンカルシャナ・バララーマの兄弟、あるいは彼らを含むヴリシュニ族の五人の英雄(パンチャヴィーラ)たちへの崇拝、(四)牛飼いとしてのクリシュナ伝説、(五)のちにパーンチャラートラ派(タントラ系のヴィシュヌ教の一派)の最高神となるナーラーヤナへの信仰である。これらの要素がヴィシュヌ信仰に統合される過程は非常に複雑であり、不明な部分が多い。

文献史の流れからたどると、『リグヴェーダ』から(紀元前一二〇〇年頃)、叙事詩『マハーバーラタ』(紀元前四世紀頃〜紀元後二世紀頃)とその叙事詩『マハーバーラタ』の第六巻に挿入されたヒンドゥー教の聖典『バガヴァッドギーター』(紀元後一世紀頃まで)、叙事詩『マハーバーラタ』の補遺である『ハリヴァンシャ』(古層は紀元後二世紀〜三世紀頃)を経て、初期のプラーナ聖典の一つである『ヴィシュヌプラーナ』(紀元後五世紀〜六世紀頃)に至る頃には、前述した五つの要素が融合する形で、絶対神ヴィシュヌへの信仰が成立していたと推測される。

化身の思想

ヴィシュヌ信仰の特徴の一つに位置づけられるのは、神であるヴィシュヌがこの世界に出現するという化身の思想である[6]。世界が魔物などに苦しめられて災難に見舞われた際、不死なるヴィシュヌは一時的に動物や人間などの姿をとり、世界を救済するため、地上に現れる。第一章で述べたように、紀元前のヴェーダ文献の時代より、原則として神々は不死なる存在であり、天上の神々の世界において不死の共同体を構成するのに対し、人間は死すべき運命を背負い、地上の世界で生きているというのが古代インドの死生観であった。不死である神が地上の人間の世界に出現するという考え方は画期的であり、化身の思想の一起源は生死を繰り返す輪廻説にある可能性が指摘されている[7]。ヒンドゥー教の聖典『バガヴァッドギーター』には、次の記述が見られる。

聖バガヴァッド（ヴィシュヌ・クリシュナ）は告げた：

「私には多くの過ぎ去った諸の生がある、君にもだ、アルジュナよ。私はそれら全てを知っている。［しかし］あなたは知らない。敵を責め苛む者（アルジュナ）よ。私は不生であり、その本性は不変であり、万物の主であるけれども、自己のプラクリティ（原因）に依拠し、自己のマーヤー（幻力）によって出現する。実に、ダルマ（正法）の衰微が生じ、アダルマ（非法）の生起が［生じる］度に、私は自身を創出する。バラタ族の者（アルジュナ）よ。善人らを救済するため、悪行者たちの根絶のため、ダルマ（正法）の確立を目的として、私はユガ（世期）ごとに出現する。」

『バガヴァッドギーター』四・五〜八[8]

ヴィシュヌは過去に多くの生を経ていると述べるが、あくまで自分の力と意志によって変幻自在に自身を出現させるという点で、否応なく生死を繰り返す定めの人間であるアルジュナとは明確な線引きが示されている。

ヴィシュヌの十化身

ヴィシュヌの化身の数と内容については、時代や文献によってさまざまなヴァリエーションが存在する［9］。一般的には十化身として、魚（マッツヤ）、亀（クールマ）、猪（ヴァラーハ）、人獅子（ナラシンハあるいはヌリシンハ）、小人（ヴァーマナ）、パラシュラーマ（斧を持つラーマ）、ラーマ、クリシュナあるいはバララーマ、仏陀、カルキがよく知られている［10］。この十化身の組み合わせについては八世紀頃までに固定されたと考えられる［11］。

十化身の図像が一つの彫刻作例にまとめて表現される場合、中心にヴィシュヌやヴィシュヌの化身等の立像が大きく表され、その周囲に十化身像が配置されることが多い【図1】。中世インドにおける一大造像拠点であったパーラ朝の領域（八世紀～一二世紀頃、現在のベンガル地方とビハー

【図1】ヴィシュヌの猪の化身（ヴァラーハ）。10世紀頃、カルナータカ州、インド、玄武岩。Chhatrapati Shivaji Maharaj Vastu Sangrahalaya, Mumbai:S 72. 中心のヴァラーハ像は四臂で左手に円輪を持ち、横向きで左脚と左腕を上げ、その上に大地の女神を座らせている。その左右に五体ずつ十化身が配置される

ル州を中心とする北東インド）からは、夥しい数の彫刻作例が見つかっている【図2】。

ヴィシュヌの十化身に対する言及として、叙事詩『マハーバーラタ』の一部の南方系写本には、次の記述が見られる。

聖なる主は告げた：

「偉大な聖人であるナーラダよ。諸顕現（化身）を正しく聞け。魚（マツヤ）と亀（クールマ）と猪（ヴァラーハ）と人獅子（ナラシンハ）の［顕現］と小人（ヴァーマナ）とラーマとラーマとラーマとクリシュナとカルキン、それらが十［顕現］である。はじめに、私は魚になり、生類を立たせるであろう。私は大海に沈みつつある諸ヴェーダと諸世界を支えるであろう。第二の私の亀（クールマ）の姿は、ヘーマクータ山のようであると伝えられる。アムリタ（霊薬）のため、私はマンダラ山を支えるであろう。バラモン達の中で最上の者よ。恐ろしい大海に沈んだ、重荷に圧迫されたここなる彼女（大地）を、再び。生類に全ての肢体を押し潰され、海を帯とする大地が消え去ったのを、猪（ヴァラーハ）の姿をとり、本来の場所に連れて来るだろう。」『マハーバーラタ』一二・三二六・七一・八三五＊・三〜一〇・七二［12］

【図2】ヴィシュヌ。パーラ朝時代、Sagar島、西ベンガル地方、インド、石。Ashmolean museum, Oxford: EAAM.169. 中心のヴィシュヌ像は四臂で円輪、棍棒、貝と蓮の花という、中世以降の典型的なヴィシュヌの持物を持つ。その左右に五体ずつ十化身が配置される

人間の化身たち

この叙事詩『マハーバーラタ』において言及されている三人のラーマは、それぞれアルジュナ・カールタヴィーリャ王を殺してクシャトリャ（武人・王侯）階級からバラモン（祭官）階級の復権をもたらしたパラシュラーマ（斧を持つラーマ）、叙事詩『ラーマーヤナ』の主人公でありコーサラ国の王子である英雄ラーマ、クリシュナの兄であるバララーマ【図3】を指す。

前述した箇所では仏教の尊格である仏陀の代わりにクリシュナが言及されているが、インドのマッディヤプラデーシュ州のカジュラーホーから出土したとされる一〇世紀から一一世紀頃のヴィシュヌ立像【図4】の周りには、人々を異教の教えで惑わすために出現

【図4】ヴィシュヌ。前掲図3と同一作例。図3、5～6、9～11の全体像

【図3】バララーマ。10世紀から11世紀頃、カジュラーホー、マッディヤプラデーシュ州、インド、砂岩。The British Museum, London: 1872, 0701, 41. 複数の蛇の頭がついた光背はバララーマの図像の特徴の一つである

した仏陀と【図5】、将来の世界を救済するために生まれると予言されている化身のカルキが馬に騎乗した姿で表される【図6】。

魚の化身神話と洪水伝説

魚の化身の神話は、マヌがジャシャという魚の予言に従って船を作り、洪水を免れて生き残ったブラーフマナ文献の物語にその淵源を遡ることができる[13]。このマヌは人類の祖先、すなわち最初の人間と考えられており、旧約聖書におけるノアの箱舟の物語など、洪水伝説が世界各地に残ることは

【図5】仏陀。前掲図3と同一作例。螺髪で出家者の装束を纏う

【図6】カルキ。前掲図3と同一作例。馬に騎乗する人物として表現される

よく知られる。インドのウッタルプラデーシュ州のイラーハーバード（現在Prayāgrāj に改名）からは、中世の制作とされる砂岩の彫刻が出土しており、中心に大きく横向きで魚が表されている【図7】。

【図7】ヴィシュヌの魚の化身。9世紀から10世紀、イラーハーバード、ウッタルプラデーシュ州、インド、砂岩。The British Museum, London: 1872, 0701, 50. 周囲にも修行者らしき多数の小人物や、坐る犬、乳飲み子を抱えた女性、大蛇アナンタに横たわるヴィシュヌとその足元に佇む彼の配偶ラクシュミー女神、彼の臍から伸びた蓮の花から生じるブラフマー神、シヴァ神のリンガ（男根の象徴）らしきものが表された樹など、多くのモティーフに富む

亀の化身と乳海攪拌の神話

亀の化身は、神々とアスラたちがアムリタ（不死の霊薬）を巡って大海をかき混ぜる際、亀が支点となったという叙事詩文献やプラーナ文献群に見られる乳海攪拌の物語と関連する。カンボジアのアンコール・ワット寺院には、この乳海攪拌の場面を表した浮き彫りが残されており、王冠を被り、剣と円輪を持つヴィシュヌを中心として、軸となるマンダラ山を支える亀が配置され、神々とアスラたちが縄のように大蛇ヴァースキを引っ張っている様子が描かれている【図8】。

猪と人獅子と小人の化身

猪と人獅子と小人の神話については、叙事詩『マハーバーラタ』において、神々がヴィシュヌに庇護を懇願し、彼を讃えるに際して発せられた台詞の中で次のように言及される。

「君は以前猪（ヴァラーハ）の姿をとって、世界のために、消えていた大地を海から持ち上げた。蓮の眼をした者（ヴィシュヌ）よ。原初のダイティヤ（ディティの子孫）である強力なヒラニヤカシプを、君は人獅子（ナラシンハ）の姿をとって殺した。至上のプルシャ（ヴィシュヌ）よ。そし

【図8】乳海攪拌の場面におけるヴィシュヌと亀。12世紀頃、アンコール・ワット寺院第一回廊、シェムリアップ、カンボジア

て、全ての生類の中で打ち殺すことが出来ない、偉大なアスラであるバリを、君は小人（ヴァーマナ）の姿をとって、三世界から落下させた。」

『マハーバーラタ』三・一〇〇・一九～二一［14］

このように、ヴィシュヌが猪の姿をとって大地を海から持ち上げ【図9】、人獅子の姿をとってヒラニヤカシプを殺し【図10】、小人の姿をとってアスラであるバリを倒した事績が述べられている【図11】。

【図10】人獅子の化身。前掲図3と同一作例。獅子の頭部を持ち、人間の胴体を持つ人獅子が、四臂のうち二本の手で小人物の腹部を引き裂いている

【図11】小人の化身。前掲図3と同一作例。小人の化身はずんぐりとした体型で、傘を伴って表現されることが多い

【図9】猪の化身。前掲図3と同一作例

次に、この人獅子の化身神話を取りあげる。

3 人獅子の化身神話

人獅子（ナラシンハ）はサンスクリットでナラ「人」とシンハ「獅子」から成る複合語で、獅子の頭部と人間の胴体を持ち、半身が獅子で半身が人間の姿をとるとされる。叙事詩『マハーバーラタ』の補遺『ハリヴァンシャ』には、ヴィシュヌが魔物ヒラニヤカシプを殺した人獅子の化身神話が詳述される。次に概略をまとめる。

叙事詩『マハーバーラタ』の補遺『ハリヴァンシャ』における人獅子の描写

かつて、クリタ・ユガの時、力に驕った神々の敵であるヒラニヤカシプは、最上の苦行を行った。彼は一万五千年の間、立ち続けて沈黙するという誓いを立て、水による断食を行った。彼の自己抑制と苦行により、ブラフマーは満足し、ハンサ鳥を備えた輝く乗り物で自らやって来て、次のように言った。

「私は信者である君のこの苦行に満足した。よく誓願を守る者よ、望みを選べ。望み通りに望みを得よ。」

ヒラニヤカシプは言った。

「神々もアスラ達もガンダルヴァ達も、ヤクシャ（夜叉）達も蛇達もラクシャス（羅刹）達も、人間達あるいはピシャーチャ達も、私を殺せないようにして欲しい。神々の中で最上の者よ。苦行の力を備えた聖仙達も私を呪えないようにして欲しい。刀剣類によっても飛び道具によっても、あるいは山によっても木によっても、乾いたものによっても湿ったものによっても、また他のものによっても、私が殺されないようにして欲しい。」

聖なる神であるブラフマーは言った。

「これらの神的な驚くべき望みを、私は君に与えた。君は願いを全て得るだろう。」

［他の］神々は言った。

「［貴方（ブラフマー）が］望みのものを与えたことによって、ヒラニヤカシプは我々を殺すだろう。故に、君は恵み深くあれ、聖なる者よ。彼の殺害を熟考なされよ。」

ブラフマーは、［次の］言葉を全ての神々の群れに言った。

「確かに、神々よ、彼（ヒラニヤカシプ）により、苦行の成果は得られるべきである。彼の苦行の力が尽きる時、聖なるヴィシュヌは［彼を］殺すだろう。」

ブラフマーのこの言葉を聞いて、全ての神々は喜びに満たされ、自身の神的な諸の住処に去った。そして望みが得られるや否や、望みのものを与えられて傲慢になったヒラニヤカシプは、全ての生類を圧迫した。

そこで、神々は偉大な力を持つヴィシュヌに［助けを求めて］向かった。

「我々をヒラニヤカシプによる殺戮から守れ。神々の中で最高の者よ。」

ヴィシュヌは告げた。

「恐れを棄てよ、神々よ。私は君達に安全を与える。君達は天界に素早く足を踏み入れよ（戻れ）。私は軍団を引き連れ、傲慢になり、神々の長達に［も］殺され得ないヒラニヤカシプを殺す。」

このように言って、聖なるヴィシュヌは、神々の長達を去らせて、ヒラニヤカシプの謁見の間にやって来た。人間の半身と獅子の半身をとり、ナラシンハの姿で掌を［ヒラニヤカシプに］触れ、傲慢なヒラニヤカシプを、片方の掌で殺した。『ハリヴァンシャ』三一・三一～六八（要約）[15]

ヒラニヤカシプは苦行を積み重ね、その成果としてブラフマーに「神々もアスラ達もガンダルヴァ達も、ヤクシャ（夜叉）達も蛇達もラクシャス（羅刹）達も、人間達あるいはピシャーチャ達も、苦行の力を備えた聖仙達も私を殺せないようにして欲しい。刀剣類や飛び道具、山や木によっても、乾いたものでも湿ったものでも、また他のものによっても、私が殺されないようにして欲しい」という願いを叶えて貰う。その結果増長した彼は生類を苦しめ、困った神々はヴィシュヌに庇護を求める。そこでヴィシュヌは半身が人間で半身が獅子の姿をとって彼を殺す。この人獅子の姿は、人間でも獅子でもなく、ヒラニヤカシプが苦行の成果として叶えられた「神々にも人間達にも蛇達等にも殺されないようにしてくれ」という望みの盲点を突いているという訳である。

インドラがナムチを退治する物語

この人獅子がヒラニヤカシプを殺す物語は、ブラーフマナ文献において英雄神インドラがナムチを退治する物語の流れを汲む[16]。『シャタパタブラーフマナ』一二・七・三・一〜三では、神々と争うアスラであるナムチに対して「昼にも夜にも、棍棒でも弓でも、掌でも拳でも、乾いたものでも湿ったものでも君を殺すまい」と誓ったインドラが、夜明けで太陽がまだ昇っていない時に、水の泡でナムチの頭を刎ねる[17]。発されたことばの効力が重んじられた古代インド世界においては、神であるインドラであっても自らの誓いの言葉を破ることはできないが、夜明けの太陽が昇る直前は昼でも夜でもなく、水の泡は乾いたものでも湿ったものでもないので誓約に反しない、という理屈である。神々に敵対する魔物が死を掻い潜ろうとするものの、誓約の条件の穴を突かれて最終的には殺されてしまうという物語の特徴が、時代を越えてインド神話に共有されていることがわかる。

プラーナ文献における人獅子の描写

ヴィシュヌ派のプラーナ文献の代表例の一つである『バーガヴァタプラーナ』(紀元後一〇世紀頃以降に成立か)には、次の人獅子の描写が見られる。

これは様々な化身達の受容器であり、不滅の種子である。その各部分から神々や動物達や人間達などのものたちが創られた。（中略）第十四番目のナラシンハ（人獅子）の［姿を］とる彼は、強力なダイティヤ達の長（ヒラニヤカシプ）を、指の諸の爪によって胸において引き裂いた。『バーガヴァタプラーナ』一・三・五〜一八［18］

パーラ朝時代に制作されたヴィシュヌ立像には、向かって右下部分に人獅子の化身が表されている【図12】。人獅子は二本の腕で円輪と棍棒を持ち、残り二本の手で膝の上に載せた小人物の鳩尾あたりを切り開いているように見える【図13】。これは『バーガヴァタプラーナ』に見られる、人獅子の姿をとるヴィシュヌがヒラニヤカシプの胸を指の爪によって引き裂くという描写と粗方一致を示す。

おわりに

人獅子の神話において、ヒラニヤカシプは「神々

【図12】ヴィシュヌ。11世紀頃、パーラ朝時代、東インド、石。The British Museum, London: 1872, 0701.33/1872,0701.72. 図13の全体像

【図13】人獅子の化身。前掲図12と同一作例

もアスラ達もガンダルヴァ達も、ヤクシャ（夜叉）達も蛇達もラクシャス（羅刹）達も、人間達あるいはピシャーチャ達も、私を殺せないようにして欲しい」という望みを達成するため、苦行を重ねた。ここにはヒラニヤカシプの死に対する強い忌避を読み取ることができる。

では、なぜそれほどまでに不死を志向するのか。

その背景には、古代インドの死生観が横たわっている。死後は天界に赴くだけでなく、「再死」によって地上世界に生まれ変わらないよう、不死を獲得して神々の世界に入るのが古代インド人の理想であった。そこには厭世的な現世観がうかがわれるかもしれない。魔物であるヒラニヤカシプは神々と対立する運命にあるが、不死を獲得せず、また生まれる限り、このような運命を繰り返してしまう可能性がある。不死の志向とは、単なる死の恐怖などではなく、生死を超越した別の次元に到達し、そのような一切の煩わしさから解放されたいという強い希求の表れではないだろうか。

［付記］本研究はＪＳＰＳ科研費（20J21702）の助成を受けたものである。掲載した図版はすべて筆者の撮影による。

†註

［1］後藤敏文「古典的インド学」『論集｜古典学の再構築』（中谷英明［編］、二〇〇三年）九七〜一〇三頁、後藤敏文「インド・アーリヤ諸部族のインド進出を基に人類史を考える」『国際哲学研究』三（東洋大学国際哲学研究センター［編］、二〇一四年）四三〜五七頁。

［2］初期のプラーナ文献の一つである『マールカンデーヤプラーナ』の古層は、三世紀頃までに成立したとされる。プラーナ文

献群の成立年代については包括的な研究が乏しく、今後新たな研究成果が期待される。現在参照が可能なまとまった研究としては、Ludo Rocher, *The Purāṇas*, (Wiesbaden: Otto Harrassowitz, 1986)等が挙げられる。

[3]阪本純子『生命エネルギー循環の思想：「輪廻と業」理論の起源と形成』(龍谷大学現代インド研究センター、二〇一五年)を参照。第一節の記述は本書に多くを拠る。

[4]後藤敏文「古代インドイランの宗教からみた一神教」『一神教と多神教：インドの〈一神教〉理解について』(部門研究一第四回報告会、「一神教の再考と文明の対話」研究会、同志社大学、二〇〇六年)八六〜一一一頁。

[5]紀元前に遡るヴェーダ文献の時代は神々に対する儀式（祭式）の方法が異なり、祭場には祭火が設置され、原則としてその場も一度限りのものであった。

[6]「化身」と翻訳されるサンスクリットの原語はアヴァターラ（avatāra）であり、ava-tar-「降りて来る」という動詞語根に起因する（tar-は「通り抜ける、貫く・通る、通り越す・渡る」の意である。Manfred Mayrhofer, *Etymologisches Wörterbuch des Altindoarischen*, Band I-III., (Heidelberg: Universitätsverlag Carl Winter, [1992, 1996, 2001]) におけるtar-の項目を参照)。

[7]「化身」思想の萌芽に際して、初期には「顕現」や「姿」といった語も用いられて来た。Paul Hacker, "Zur Entwicklung der Avatāralehre," *Wiener Zeitschrift für die Kunde Süd- und Ostasiens* 4, (Vienna: Verlag der Österreichischen Akademie der Wissenschaften, 1960), pp.47-70.を参照。

[8]底本は叙事詩『マハーバーラタ』の批判校訂版を参照した。Vishnu S. Sukthankar and S. K. Belvalkar, ed., *The Mahābhārata, the Bhīṣmaparvan*, (Poona: Oriental Research Institute, 1947)。日本語の翻訳としては、辻直四郎『バガヴァッド・ギーター』(講談社、一九八〇年)や上村勝彦『バガヴァッド・ギーター』(岩波文庫、一九九二年)等が挙げられる。

[9]ヴィシュヌの化身の組み合わせについては、Mai OKI "The Enumeration of Viṣṇu's Manifestations in the Epic and Purāṇic Literature," *Journal of Indian and Buddhist Studies* Vol. 70, No. 3, (March 2022), pp. 1049-1052.を参照。

[10]各化身の神話の詳細については、上村勝彦「第三章 ヴィシュヌ神話」『インド神話』(東京書籍、一九八一年)等を参照。

[11]マハーバリプラム（タミルナードゥ州、インド）の石窟寺院に残されたパッラヴァ朝時代の碑刻文のうちの一つがヴィシュヌの十化身に言及する。Hosakote Krishna Sastri, "Two Statues of Pallava Kings and Five Pallava Inscriptions in a Rock Temple at Mahābalipuram," *Memoirs of the Archaeological Survey of India*, No. 26, (Calcutta: Government of India Central Publications Branch, 1926).

[12] Shripad Krishna Belvalkar, ed., *The Mahābhārata*, Volume 16, The Śāntiparvan, Part III: Mokṣadharma, B. Being the Twelfth Book of the Mahābhārata, the Great Epic of India. (Poona: Bhandarkar Oriental Research Institute, 1954).

[13]辻直四郎「ニマヌと大洪水の物語」『古代インドの説話：ブラーフマナ文献より』(春秋社、一九七八年)を参照。

[14] Vishnu Sitaram Sukthankar, ed., *The Mahābhārata*, Volume 3, The Āraṇyakaparvan, Part I. Being the Third Book of the Mahābhārata, the Great

Epic of India. (Poona: Bhandarkar Oriental Research Institute, 1942).

[15] Parashuram Lakshman Vaidya, ed., *The Harivaṃśa Being the Khila or Supplement to the Mahābhārata.* 2 Vols. (Poona: Bhandarkar Oriental Research Institute, 1969-71).

[16]辻直四郎、前掲書、「一三ナムチの物語」を参照。

[17]「水の泡をヴァジュラ（インドラの武器）として注いだ」とある。 Albrecht Weber, ed., *The Çatapatha-Brâhmaṇa in the Mâdhynandina-Çâkhâ with extracts from the commentaries of Sâyaṇa, Harisvâmin and Dvivedaganga. The White Yajurveda,* pt. 2. (Berlin: Dümmler–London: Williams and Norgate, 1855)。

[18] Hariprasad Gangashankar Shastri, ed., *The Bhāgavata: Śrīmad Bhāgavata Mahapurāṇa*, Critical Edition, Volume I, Skandhas I to III. (Ahmedabad: Adwait Computer Services, 1996).

第7章

中世南アジアのスーフィズムにおける「死」と「死者」

二宮文子

はじめに

本章が紹介するのは、神話のようなスケールの大きな話や異界に関わる物語ではなく、市井の人々による、身近な人物の死や死者についての語りというきわめて卑近な話である。語り手は、デリー・スルタン朝時代（一二〇六〜一五二六年）の北インドに生きたムスリム、とくにスーフィズムの実践者であり、その語りはペルシア語で書かれたスーフィーの伝記類に記録されている。彼らの語りの内容は日常に根ざしたミクロな視点からのものだが、大きな世界観と無縁というわけではない。死や死者に関する認識は、われわれが生きている世界のあり方についての認識、世界観と深い関連がある。本章では、中世南アジアのペルシア語スーフィズム文献の翻訳を通して、当時のムスリムが、アッラーによる世界の創造や最後の審判、来世といったイスラームの基礎的な生死観や世界観を踏まえながら、日常で触れる死や死者をどのようにその世界の中に位置付けていたかという具体例を、筆者が研究対象としているスーフィズムや聖者崇拝の解説と合わせて示していきたい。

1 語りの背景

南アジアのイスラームとデリー・スルタン朝時代

まず、本章の語りの舞台となるデリー・スルタン朝時代と、その語りと関係が深いスーフィズムの概要、そして主要な登場人物や史料の基礎的な情報を整理しておこう。

八世紀初頭、ウマイヤ朝から派遣された軍がインダス河口から北上し、現在のムルターン近郊までを征服して支配下におさめた。一般に、これが南アジアへの最初のイスラーム伝来とされる。ただ、これから一一世紀までの間は、ムスリムはインダス流域を越えて勢力を伸ばすことはなく、南アジア全体の歴史には大きな影響を及ぼさなかった。この海からのムスリム流入から数世紀の後、中央アジア、イラン方面からの山越えのルートを通して、南アジアへのムスリムの流入が始まる。アフガニスタンのガズナ朝は一一世紀初頭からインドへの侵攻を繰り返し、一二世紀半ばにはパンジャーブ地方に都をおいた。ガズナ朝を滅ぼしたゴール朝は、一一九二年のタラーインの戦いで、当時北インドを支配していたチャウハーン朝を破り、ムスリム勢力はその後十数年で東のベンガルまで到達した。一二〇六年にはデリーを都とするムスリム政権が成立する。これ以降、一五二六年のムガル朝成立までの間にデリーを都としたムスリム政権をまとめてデリー・スルタン朝と呼ぶ[1]。

初期には北インドの一政権であったデリー・スルタン朝は、一三世紀の末から一四世紀の半ばにかけて領土を大きく拡大し、一三三〇～四〇年代にはインドの最南端を除く地域を支配下におさめた。この最盛期は短く、一四世紀半ば以降、デカン高原やグジャラートなどに地方王朝が次々と成立し、デリー・スルタン朝は地方王朝の一つとなった。デリー・スルタン朝時代、イスラームは南アジアの広い地域に伝わり、各地で独自のインド・イスラーム文化が発達した。また、ムスリムが南アジアに持ち込んだ制度や文化の一部は、非ムスリムの間にも広まった。

スーフィズムとは

スーフィズムは、九世紀半ばに生まれた、イスラームにおける内面的な信仰を重視する思想・宗教運動である。スーフィズムの実践においては、修行などによって自らを律し内面を変容させることを通して、アッラーへの信仰を確信し、唯一の真実在であるアッラーの存在を感得し、さらにはアッラーとの霊的な神人合一（ファナー）の境地に至ることが目指される。九～一一世紀にかけて、このような内面の変容や神秘体験に関する理論や修行論が体系化された。代表的な修行法として、音楽を用いてトランス状態を得るサマーや、クルアーンの章句など決められた短いフレーズを繰り返し唱えるズィクル（唱名）、閉鎖空間に四〇日間など特定の期間籠る隠遁（ハルワ、チッラ）が挙げられる。南アジアでは、逆さ吊りなど特殊な姿勢を取って行うズィクルのように、ヨーガの手法を取り入れた修行法も発達した[2]。また、南アジアのスーフィー音楽として有名なカウワーリー（Qawwali、カッワーリー）は、サマーの際にも用いられる。なお、一部のスーフィーは、トランス状態を得るために麻薬など酩酊作用がある物質を用いることもある。このような人々は「ビー・シャルー」(bi-shar、非シャリーア)と呼ばれる【図1】【図2】。

スーフィズムの内面重視の傾向は、礼拝など外形的な儀礼の軽視として表れることもあり、また、神人合一の境地はイスラームでは異端とされる神の受肉と解釈されうるものであったため、スーフィズムとイスラーム法学や神学などとの間には緊張関係が存在する。このような緊張関係が表面化した事例として、ハッラージュというスーフィーが神人合一の境地の最中に「我は神(真実)なり」と発言し、不信仰者宣言を受けて九二二年に処刑されたという出来事が挙げられる。しかし、一一世紀以降、体系化され整えられたスーフィズムはイスラームの正統な宗教的営為として認められ、知的エリートだけではなく民衆が実践するものとして広がっていった。このような大衆化と並行して、一一世紀半ばから一二世紀にかけては

【図1】17世紀イランで描かれたスーフィー(メトロポリタン博物館所蔵)

【図2】ムガル帝国シャー・ジャハーンの絵画アルバムに収められたサマーの様子(メトロポリタン博物館所蔵)

スーフィズムの組織化が進み、有名なスーフィーの名前を冠した教団・流派（タリーカ）が現れる。教団・流派の核になるのは師弟関係であった。スーフィズムの実践を志す人々は、導師・師匠（シャイフ、ピール）に弟子入り（入門）をして指導を受け、一部の弟子（ムリード）は導師の後継者（ハリーファ）として弟子の指導を任されるようになる。流派独自の教えや修行法も師弟関係を通して継承された。一二世紀以降、各地にさまざまな教団・流派が成立し、地域独自のスーフィズム実践が発達した。スーフィズムは、イスラームが伝来した多くの地域において、イスラームの定着やイスラーム文化の発達に大きく寄与している。

史料の紹介

本章で示すエピソードの多くは、一三世紀から一四世紀にかけてデリーで活動したスーフィー、ニザームッディーン・アウリヤーの語録『心の講話』（*Fawāʾid al-Fuʾād*）におさめられている[3]。ニザームッディーン・アウリヤーは、チシュティー派という流派のスーフィーである。チシュティー派はアフガニスタンのチシュトという町に発し、特定のスーフィー導師ではなく、町の名前が流派名の由来になっている。チシュティー派の導師の一人、ムイーヌッディーンがラージャスタンのアジメールに移住したことが、チシュティー派が南アジアに広がる端緒となった【図3】。ニザームッディーン・アウリヤーの導師ファリードッディーン・マスウードは、ムイーヌッディーンの孫弟子にあたる。ニザームッディーンは、一三世紀の半ば、北インドのバダーウンという町に生まれ、早くに父を亡くして母方の祖父に養育されたという（正確な生年は、一二三六年、一二三八年、一二四三年など諸説ある）。一〇代の後半に母と姉妹と共にデリーに移住し、そこで勉学を続けるなかで導師ファリードッディーンのことを知り、彼の修行場があるアジョーダン（現在のパキスタンにあるパークパタン）に通って教えを受けた。二三歳の若さで導師として認められた後はデリーで長年活動し、多くの弟子を育成して、一三二五年に生涯を終えた。彼が活動した一三世紀後半から一四世紀初頭、デリー・スルタン朝の領土は北インドから急速に拡大した。ニザームッディーンはそれらの地域に弟子を送り込み、その結果、チシュティー派は南アジアで最も広い地域に古くから存在し、南アジアに最も順応した流派と言われるようになった。また、デリーにあるニザームッディーンの墓廟はインド有数のムスリム聖者の参詣地になっている[4]【図4】。

ニザームッディーンの住居兼修行所にはジャマーアト・ハーナと呼ばれる建物があり、信徒や訪問者はそこに集い、ニザームッディーンの講話を聞いていた。『心の講話』は、ニザームッディーンの信徒であった詩人アミール・ハサンが、自分が参加した講話の内容を記録したものである。記録されている講話は合計一八八回分に及び、期間は

【図3】アジメールのムイーヌッディーン廟。筆者撮影

【図4】デリーのニザームッディーン廟。白い屋根の下に墓がある。筆者撮影

ヒジュラ暦七〇七年シャアバーン月三日（西暦一三〇八年一月二八日）からヒジュラ暦七二二年シャアバーン月一二日（西暦一三二二年八月二六日）の間にまたがっている[5]。編者ハサン・スィジュジーはニザームッディーンと同郷で彼の熱心な信徒であり、ハルジー朝やトゥグルク朝の宮廷に仕えた詩人でもある。ニザームッディーン自らは著作を残しておらず、『心の講話』はニザームッディーンがスーフィズムについて語ったことの貴重な記録である[6]。

2 イスラーム一般における死

最後の審判と来世

一四世紀南アジアの話に入る前に、イスラームにおける死生観を簡単に整理したい。まず、イスラームにおいては、この世、現世はいつか終わりを迎えるものであり、その後に訪れる永遠の「来世」での生こそが本来の生であるとされる。人はみな現世で一回限りの人生を生き、現世の終わりに神が主宰する最後の審判においてその人生の行いをもとに裁かれ、楽園あるいは火獄へ送られることになる。つまり、現世における死は、現世での生の後、最終的な運命を決める最後の審判までの待機期間の始まりである[7]。イスラームの聖典『コーラン』に現れる楽園や火獄のイメージは比較的単純なもので、楽園は気候が穏やかで快適な木陰があり、住人は豊かに実を付ける果樹や清らかな川に囲まれて飲食に困ることはなく、見目美しい少年や乙女に傅《かしず》かれる。火獄はその名の通り炎が燃え盛りひたすら熱く、不味い食物や煮え湯を口にしなければならない。このようなイメージはあまりに俗世的であり、また男性中心であるという批判も見られるが、平穏で安楽な生活が送れる楽園、苦痛に満ちた火獄というイメージは、感覚に強く訴える力を持っている［8］（「第9章　インドネシア――死と天界と生まれ変わり」では、イスラームの影響を受けた天国の説話について語られている）。

『コーラン』の中で天が七つと言われていることから、楽園（あるいは天界）も七つあるいは七層あるとされる。イスラームの預言者ムハンマドは、生前にこの天界を訪れたという伝承がある。ムハンマドがメディナに移住する前の六二一年頃のある夜、ムハンマドは天使ガブリエルに連れられて一夜のうちにエルサレムまで移動し、さらにそこから天に登り、天の各層で先達の預言者らと面会して最後にアッラーと対面する。エルサレムまでの移動は「夜の旅（イスラー）」、天界の移動は「昇天（ミウラージュ）」と呼ばれる。死ななければ訪れることができない天界を生きたまま訪れたというこの経験は、預言者ムハンマドの身に起きた奇跡とみなされ、ミウラージュを題材とした多くの文学作品や写本挿絵が作成されてきた【図5】。ミウラージュの物語は、ダンテの『神曲』にインスピレーションを与えたとも言われる。

【図5】16世紀初めのイランで描かれたミウラージュの図像（メトロポリタン博物館所蔵）

原理的には、現世での生の終わりには、最後の審判での運命は決まっていることになる。死を迎えつつある人の来世での運命は、本人や親しい人々にとって大きな関心事であった。ニザームッディーン・アウリヤーは、自らの母の死について以下のように語っている。

師（ニザームッディーン）は語られた。「死の時は困難な時であり、人が信仰者として死ぬか、不信仰者として死ぬかということを知るのも困難である」。この後、以下のように語られた。「信仰が健全であることの印として、瀕死の人物の手が死の際に黄色くなる、額に汗が玉のように浮かぶ、というものがある」。これに関連して、師は自らの母についてお話しされた。「私の母は、亡くなるときにこのような幸運の印を示していた」[9]

信仰者として死ぬということは、楽園に行けることを意味すると考えられる。他の時代地域における、このような「印」についての認識の存在は確認できていないが、この語りからは、親しい人に良い来世を迎えてほしいという切実な気持ちを読み取ることができる。

死と魂

現世における死は肉体と魂（nafs、rūḥ）の分離と理解されている[10]。現世での死によって魂と肉体が分離すると、肉体は滅びるが、魂は滅びることはない。死後に肉体を失って最後の審判を待っている魂の状態については、さまざまなイメージが存在する。よく見られるのは、悪人の魂は墓の中で天使から詰問され責め苦を受け、善人の魂は安楽に過ごすというイメージである。死者のために祈ると、墓の中で死者の魂が責め苦から守られるとも考えられており、墓参りは死者の魂の安寧を祈る機会である[11]。また別のイメージとして、死後の魂は、最後の審判まで、現世と来世の間の狭間の世界(barzakh、バルザフ)と呼ばれる場所で待機するとも言われる。なお、人間は魂と肉体から構成されるが、もともと肉体を持たない霊的な（魂だけの）存在もいる。イスラームの霊的な存在としてよく知られているのは天使だが、精霊・悪鬼などと呼ばれることもあるジンも同様の存在である。ジンは人間にはない不思議な力を持つが(「アラジンと魔法のランプ」に登場するランプの魔神はジンである)、人間と同じく善良であったり邪悪であったりという性格があり、男女の性別もあるとされる。

人間は死んでも魂はどこかに存在するというのはムスリム一般が広く共有する認識と言ってよいが、その魂の居場所や、現世に現れうるのか、現れるとすればどのような姿をとるのか、といった点については さまざまなバリエーションがあり得る。たとえば、ペルシア語の文学作品や伝承の中には、魂は鳥の姿をしているというイメージが見られる。以下の引用は、北インドのスーフィー導師、アブドゥルクッドゥース・ガンゴーヒー(一四五六~一五三七年)の伝記に見られるエピソードである。

私(伝記の作者ダットゥ・サルワーニー)は目が覚めた。明け方になっており、軍はマーンドゥの砦の方に向かった。次の日の夜、我々は食料を見つけることができなかったが、馬は草を食べ、翌朝には出発した。あちこちから地元民が襲撃してきて、騎兵の馬をほとんど奪って行った。夜、我々は馬を降り、馬の餌を見つけて、休みを取ることができた。私は夢で、森の中にある円蓋付きの墓を見た。墓の上には色とりどりのさまざまな種類の鳥が飛び交っていた。男が現れ、「これは鳥ではない。ムガルが殺したスルタン・バハードゥル軍の兵士たちの魂が鳥の姿をとっているのだ」と言った。私は、「この中に（友人の）バルマズィードの魂が無ければいいが」と思った。男は言った。「シャイフ・アブドゥルクッドゥースが助けに行かなかったなら、バルマズィードの魂もこの中にいただろう」[12]

アブドゥルクッドゥースはアフガン系の人々に多くの信徒を持っていた。この伝記の作者ダットゥ・サルワーニーも、ローディー朝に仕えたアフガン系の兵士であった。一五二六年、ローディー朝はムガル朝の創始者バーブル（在位一五二六～一五三〇年）に倒される。ダットゥ・サルワーニーはローディー朝の残兵としてムガル朝に抵抗を続け、一五三五年にはグジャラートのスルタン・バハードゥル（在位一五二六～一五三五年、一五三六～一五三七年）の軍勢に加わったが、ラージャスタンのチットール砦でムガル朝のフマーユーン（在位一五三〇～一五四〇年、一五五五～一五五六年）に敗れた。敗走中のダットゥ・サルワーニーは、南下して中部インドのマーンドゥに向かう道中、夢の中でムガル軍に敗れた兵士たちの魂が鳥の姿で飛んでいる様子を目撃する。友人バルマズィードの安否を心配するダットゥ・サルワーニーに、彼らが信じる導師アブドゥルクッドゥースの護りがあり、友は無事であることが告げられる。このエピソードには、一六世紀初めの北インドの政治的動乱の中を生きた一兵卒の経験や心情世界が生き生きと描かれている。

魂と夢

眠りの最中には魂が一時的に体を離れることがあるとされる〔13〕。夢は体を離れた魂が経験したことと解釈されるので、夢の中で亡くなった兵士の魂を目撃するという経験は、体を抜け出した魂が、一時的に死者の魂が集まる場所に至ったということかもしれない。夢の中で死に関連する不思議な経験をしたという話として、以下のようなものもある。

師（ニザームッディーン）は、聖者や導師のそばに葬られたいと願う人々について話された。「バダーウンに、マウラーナー・スィラージュッディーン・ティルミズィーという名士がいた。彼は、もしメッカで神のご意志が下れば（＝死ねば）そこに葬られるだろうと期待して巡礼に出かけた。ところが、彼はカアバを詣でる幸運を得た後、バダーウンに戻ってそこで暮らした。ある人が『あなたは、彼の地で死んでそこに葬られるつもりで出かけたのではないですか？』と尋ねると、彼は答えた。『そうです。しかし、私は彼の地で、ある夜に夢を見ました。夢の中では、葬式行列があちこちからやってきて、亡骸がメッカの周りに埋葬されていました。同時に、メッカの周辺に葬られている亡骸のいくつかが掘り出され、運び出されていたのです。私は、何が起こっているのか、と尋ねました。すると、ここに相応しい人々は、遠くで亡くなっても神の命によってここに運ばれてくるのだが、ここに相応しくない人々は、ここで亡くなっても神の命によってここから運び出されるのだ、と答えが返ってきました』。マウラーナー・スィラージュッディーンは語った。『私はこの夢の意味を悟り、バダーウンに戻ってきたのです。もし私がそれに相応しければ、自分の目的を達成できるでしょうから。神がお望みならば（＊イタリック部分はアラビア語）』」[14]

このエピソードの冒頭の、「聖者や導師のそばに葬られたい」という願望は、後述する聖者崇拝でよく見られるものである。イスラームでは、メッカのような聖域に葬られていると、死後にも安寧に過ごせる、あるいは最後の審判の際に聖域ごと楽園に入れるという考え方がある。そのため、モスクの近くには墓地があることが多く、メッカ神殿のすぐ北側やメディナの預言者モスクの聖域の中にも墓地がある。ここに登場するスィラージュッディーン・ティルミズィーという人物は、まさにこの考えに則り、巡礼を終えた後もメッカに滞在し、そこで死んで葬られるつもりであったと考えられる。しかし、彼は不思議な夢を見た結果、故郷のバダーウンに戻ってきた。夢の中の、亡骸がメッカに運ばれてきたり、逆にメッカから運び出されていたりというのは、もちろん現実に起こったことではなく、霊的な次元での話と解釈される。この様子を見たスィラージュッディーンは、たとえバダーウンで死んでも、自分がメッカにふさわしければ霊的な次元ではメッカに葬られるのだと理解し、現実世界においてメッカで死ぬ必要はないと考えたのである。この逸話も、夢と霊的な世界、死者の世界の近さを示すものといえる。

3 スーフィズムにおける「死者への弟子入り」

本節では、スーフィズムの文脈において、死や死者がどのように位置づけられ、語られるかを見ていきたい。イスラーム神秘主義とも表現されることがあるスーフィズムは、人間の精神的・霊的な側面を重視する宗教的営為である。スーフィズムで目指されるファナーの境地は人間の内面、魂や霊的な次元での経験であり、ファナーに至るまでの修行は魂を浄化し、その階梯を高めるものと理解される。また、スーフィズムは次節で扱う聖者崇拝との関わりも深く、聖者に関する理論はスーフィズムの中で発展してきた。

スーフィズムにおいて、導師への弟子入りは死に擬えられることがある。弟子入りの際に一度死ぬと表現されたり、弟子は、死体洗い人(=導師)に身を任せる死者のようなものであると言われたりするのである[15]。これは、スーフィズムの修行の道に入ることは、俗世で無自覚に生きてきたそれまでの自分と訣別することであるという側面を強調する表現であろう。一五世紀のチシュティー派の弟子入り儀礼(バイア)では、葬式の際に行う礼拝(ジャナーザ礼拝)と同じ形式で礼拝を行っていた。

死者への弟子入りは、スーフィズムでしばしば問題とされる事柄である。前節で述べたように、イスラームにおいては死後も魂は存続しているとされる。そして、次節の聖者崇拝の例に見られるように、亡くなった聖者の魂は現世の人々と交流し、現世に影響を及ぼすこともできると考えられていた。そのため、すでに亡くなった高名な導師の魂に直接弟子入りするという発想をする人々がいても不思議ではない。しかし、組織化されたスーフィズムにおいては、そのような行いは一般に禁忌とされ、非難の対象であった。

バイアの作法を知らない人々の話になった。ある人物にバイアをし、さらに他の人にも帰依する人々や、またシャイフ達の墓にイラーダ（＊発心）を示す人々もいる。この（話の）間、この下僕（＊編者の自称）は申し上げた。「シャイフ達の墓に行き、頭を丸めて弟子になっている人々もいます。このバイアは正しいのですか」。師は「いいや」と答えた後、以下のようなお話をされた。「シャイフ・ファリードッディーンの長男は、シャイフ・クトゥブッディーン（＊ファリードッディーンの導師）の墓の前で剃髪をした。その知らせがシャイフ・ファリードッディーンの耳に入ったとき、導師はおっしゃった。『シャイフ・クトゥブッディーンは我々の御主人様であるが、このバイアは正しくない。バイアとはシャイフの手を取ることだ』」[16]

ここでニザームッディーンは、自らの導師であるファリードッディーンの息子が死者に弟子入りしたことを非難している。弟子にとって、導師の子孫は敬意を払うべき存在である。本来なら敬意を払うべき人物を非難していることから、ニザームッディーンが死者への弟子入りを強く忌避していたことがうかがえる。ニザームッディーンにとって、弟子入りはあくまで生きている導師に対して行うものであった。このような批判は時代地域を超えて繰り返し見られたものであり、それはすなわち、実際には死者に（霊的に）弟子入りしたという主張がよくあるものであったことを意味する。教団や流派の組織や形式を維持しようという指向と、過去の著名なスーフィーとの直接の繋がりを求める心情のせめぎ合いが広く存在したのである。

死者との一方的なバイアは忌避されたが、生前に弟子入りしていたならば、導師が亡くなった後にその導師に対して弟子入り儀礼を改めて行うことはむしろ推奨された。このような儀礼はバイアの更新と言われる。バイアの更新は、導師の墓や、導師が残した衣類や杖などを導師に見立てて行われた[17]。以下の引用は、ニザームッディーンの弟子、アミール・ホルドが、導師の死後にまとめた伝記『選良たちの記録』(*Siyar al-Awliyā'*)の中に見られるエピソードである。

(ヒジュラ暦)七五八年ラビーII月二三日(一三五七年四月二二日)の夜は、金曜日の夜であった。金曜日の夜の明け方、私はシャイフたちの王(ニザームッディーン)の夢を見た。(夢で見た場所は)よく整えられた集会のようであり、新しい敷物が敷かれていた。……(中略)……ちょうどそのとき、その集会から立ち去ろうとしている集団がいたが、師はその場に留まっていた。他にも二人尊敬すべき人物がおり、出ていく準備をしていたところで、私はやってきた。私の心中にはある願いがあり、この夢の中でニザームッディーンさまの足元に接吻したときにそれを申しあげようと考えた。実際にニザームッディーンさまの足元に接吻したとき、私が自分の願いを申し上げるより前、ニザームッディーンさまの手をとったそのときに、ニザームッディーンさまは「バイアの更新をせよ」とおっしゃった。[18]

この後、アミール・ホルドは夢の中でニザームッディーンとバイア儀礼を行う。導師の死後三〇年以上経っても、弟子は導師を夢で見て、生前と同じように交流することができた。このエピソードは、然るべき儀礼を行った師弟の間の紐帯の強さを示すものでもある。次節で見る聖者崇拝においても、夢の中での聖者の霊との交流はよく見られる。

4 生者と混在する死者——聖者崇拝と死者

イスラームにおける聖者

一般に、イスラームはアッラー以外を神と認めない厳格な一神教であると認識されている。このような認識は、崇拝の対象としてアッラーに並ぶものを想定しないという意味では正しい。しかし、アッラー以外への崇拝を一切認めないのは近代以降に存在感を増したイスラーム原理主義に強く見られる傾向であり、歴史上、世界各地のムスリムは、多様な存在に人知を超えた力があると認め、そのような存在を恐れ敬ったり、奉ったりしてきた。とくに、通常の人間よりもアッラーに近い存在とみなされる聖者（ワリー）は、広い地域で崇拝対象となっている。キリスト教と異なり、イスラームには聖者を認定する組織は存在せず、誰が聖者として扱われるかは、それぞれの時代地域の社会文化の文脈に大きく依存する。アッラーへの近しさとして人々に認められる要素は、礼拝を欠かさないといった敬虔さ・信心深さや宗教的な知識を備えていること、預言者ムハンマドの子孫という血統を持つこと、殉教者であることなど多様であり、それらはしばしば複合的に働いた。スーフィーは修行によってアッラーとの合一を経験するという認識は広く共有されてきたため、一般にスーフィーはアッラーに近い存在と位置づけられやすく、聖者として崇拝を集める人々の中で大きな割合を占めている。

なお、聖者として崇拝されるのは実在の人物とは限らない。実在が疑わしいが、広い地域で「聖者」として崇拝されている存在として、『コーラン』に登場する「緑の男」（ヒドル Khidr、ハディル、ヒズル）が挙げられる。彼は旅の途中のモーセ（ムーサー）を導く不思議な人物であり、隠された真実を明らかにする存在とされる。また、生命の水を飲み不老不死になったという伝承も見られ、現世が最後の時を迎えるまで世界を放浪していると考えられている【図6】。ヒドルは地中海東岸地域やアナトリアからイラン、中央アジア、南アジアにかけての広い地域で信仰されており、とくに水に関係が深いとされているため、航海の守護者や川の神と位置付けられていることも多い。ニザームッディーン・アウリヤーは、『心の講話』の中でヒドルに会うための祈願について語っている[19]。

【図6】生命の水の泉にアレキサンダー大王を案内するヒドル（16世紀イランの絵画、ウォルターズ美術館所蔵）

聖者と死

アッラーに近い存在である聖者の死は、一般の人々とはやや異なるものと考えられていた。ニザームッディーンの講話の中に、以下のような話が見られる。

聖者たちの死や、死後の状況についての話になった。その中でこのように語られた。「死ぬまでの聖者たちは、眠りの中におり、恋しい人がその傍にいる人のようである。その眠りの中にある人がこの世を去るとき、彼は突如夢から覚め、生涯をかけて探し求めた恋しい人が隣に居るのを見つけるのである。その喜びを考えてみよ」。その場にいた一人が尋ねた。「この世でもかのお方(神)に見える幸運に恵まれた聖者はいるのですか?」師は答えた。「いるとも。ただ、そのときには一瞬しか示されない恩恵が、あちら(死後)では完全に示されるのだ。それは、以下の伝承に言うごとく、眠っていた人が目覚め、自らの床に愛する人を見つけるようなものだ:人は眠っており、死んで目覚めるのである。つまり、すべての人々は(この世では)眠っており、死んだときに目覚めるのである、と。この世で何かを求めていたら、その強さに応じて、死後にその求めていたものが与えられるのだ」[20]

生前に真摯にアッラーを求め、合一の境地にまで至るようなスーフィー聖者は、死んで魂のみの存在になったとき、アッラーが近くにあることを感得する。その様子は、恋人の隣で目が覚めた人に擬えられている。このようなイメージをさらに発展させたのが、スーフィーの命日をアッラーとの婚礼と位置付けて祝う命日祭「ウルス」（'urs）である。ウルスはもともとアラビア語で婚礼という意味であり、ニザームッディーンもそのような解説を行っている[21]。命日祭としてのウルスはおそらくホラーサーン地方発祥と考えられるが、南アジアのスーフィズムにおいて大きく発展した。南アジアで聖者として崇拝されているスーフィーの多くについては、ヒジュラ暦に基づいてウルスが祝われている。たとえば、ニザームッディーン・アウリヤーのウルスは、彼の命日であるヒジュラ暦ラビーⅡ月一八日を挟み、一六日から二〇日の間に行われる。

聖者は、死の際の経験が一般の人々と異なるだけではなく、死後に魂のみの存在になっても、普通の人々よりも自由に振る舞うことができる。

その後、師は聖者の死についてお話を続けた。「私には、バダーウンにアフマドという名の友人がいた。彼は非常に善良で信心深く、アブダール（＊聖者の位階の一つ）の資質を持っていた。彼は文盲だったが、イスラーム法に関する議論とその履行について理解しようと日々努めており、あらゆる人にそのことについて聞いていた。私がデリーに引っ越したとき、彼もデリーに来た。ある日、我々は街角で出会った。私を見るや否や、彼は質問を浴びせてきた。その後、彼は私の母の様子について尋ねた。彼は私の母が病気になったことは知っていたが、彼女の死は知らなかったのだ。私は、私の母は神の慈悲に連なった（亡くなった）、と彼に告げた。彼は、あなたは長生きしますように、と返し、動揺して泣き出した」。師は、ここまで話したとき、自分も泣き出し、私は師が言っていることがよく分からなかった。師は、泣きながら詩を口ずさんだ。その詩をアフマドから聞いたのか、そうではないのかよく分からない。以下のようなものである。

何も策を講じなかったことは私の後悔　契りの夜を繋ぎ止めなかった
友よ、あなたとの契りがあってもなくても　別れが無くなることはない

その後、師は語った。「しばらく後、アフマドはこの世から去った。彼が亡くなった後のある夜、私の夢に彼が現れた。彼は生前と全く同じようにイスラーム法の解釈と適用について私に質問してきた。私は『なぜそんなことを聞いてくるのか？　生きている間は役に立つだろうが、死んだ後まで必要ないだろう』と返した。これを聞いて彼は答えた。『あなたは、神の友（聖者）を死人と思っているのか？』」[22]

これはニザームッディーン自身の経験に基づく話であり、聖者とみなされたスーフィー自身も聖者の存在を信じていたことを示している。この話の中では、アフマド自身が自らを聖者と認識していることも興味深い。また、とくに優れた知識人であるとか修行をしていたわけでもなく、ただ善良で信心深く、宗教的な知識を得るのに熱心であった一般人アフマドが聖者とみなされていることから、当時の聖者の条件はそこまで難しいものではなかったということもわかる。おそらくアフマドは生前も死後も誰かから崇敬されたわけではないが、それでも彼は聖者なのである。聖者アフマドは、生前と死後で行動がまったく変わっていない。聖者の魂は、墓の中に留められたり現世と隔絶されたどこかに集まるのではなく、生前と同じ姿で死後も現世に現れ、生前と同じように振る舞うことができる。

このような存在であるからこそ、聖者は死後も人々を守ることができるのである。

聖者と墓参詣

聖者はアッラーから目をかけられて祝福（バラカ）を受けた存在であり、奇跡（カラーマ）を起こすことができる。バラカは聖者の死後に無くなるわけではなく、聖者の墓には生前と同じようなバラカが宿っているとされる。そのため、イスラームの聖者崇拝においては、死んだ聖者の墓参詣が広く行われている。墓を参詣することによって、聖者のバラカの恩恵を受けられるだけではなく、願いごとをアッラーに取り次いでもらうこともできる。聖者は一般人よりアッラーに近い存在であるため、一般人が直接アッラーに願うよりも、聖者に取り次いでもらう方がアッラーに受け入れてもらいやすいのである［23］【図7】【図8】。聖者の墓参詣は、一三世紀の南アジアでもすでに広く行われており、ニザームッディーンも墓参詣を行っていた。

墓参詣の話になり、師は語られた。「私の母が病気になったとき、

【図8】ムンバイのハッジ・アリー廟で、願掛けのための赤い糸を廟の壁に結び付ける女性。筆者撮影

【図7】ニザームッディーン廟の内部で祈願をする人々。この廟では、墓石がある部屋には男性だけが入ることができる。中西竜也氏撮影

彼女は度々、殉教者の参詣所や、聖者の墓に詣るようにと私に頼んだ。私が彼女の頼みを聞き、家に帰ってくると、彼女は、調子が良くなった、体が楽になった、と言っていた」[24]

病気からの回復祈願は、聖者参詣の動機として時代地域を問わずよく見られるものである。このニザームッディーンの例のように、本人の参詣が難しい場合は、誰かに代理として墓参詣してもらうこともできた。墓参詣が一般的になると、聖者として名声を博した人物をどこに埋葬するかも問題となる。『選良たちの記録』は、ニザームッディーンの導師ファリードッディーンが亡くなった際の埋葬地の選定について以下のように記している。

（著者アミール・ホルドの祖父が）兄弟たち（兄弟弟子）に、シャイフ（ファリードッディーン）をどこに埋葬するか、と尋ねると、彼らは「市壁の外に、シャイフがいつも修行していた、霊験のある場所がある」と答えた。しかし、（ファリードッディーンの息子）ホージャ・ニザームッディーンが、「もしシャイフを市壁の外に埋葬したら、あなたたちを気にかける人は誰一人いなくなるでしょう。シャイフの参詣に来る人々は市壁の外に向かい、あなたたちを素通りするでしょう」と言った。そこで、市壁の外で埋葬の祈りをした後、皆でシャイフを市壁の中に運び直して、現在埋葬されている場所に埋めたのである。[25]

生前のファリードッディーンは修行場兼住居を構え、多くの弟子たちがそこで集まって暮らしていた。ニザームッディーンは語録の中で導師の修行場の様子を伝えている。この住居兼修行場は市壁の中にあり、ファリードッディーンは市壁の外に修行に出向いていたのだと推察される。彼の弟子たちは、初めは導師が修行に出向いていた市壁の外の場所に導師を埋葬しようと考えたが、それでは自分たちが暮らす修行場を訪れる人々がいなくなると指摘され、おそらく修行場の側に導師を埋葬したのだと推察される。ファリードッディーンの息子の発言から、導師の参詣者を集めることは、残された弟子や子孫の活動、ひいては安定した生活のために不可欠な措置と考えられていたことがわかる。その読み通り、ファリードッディーンの埋葬地はすぐに参詣地として人々の崇敬を集めた。スルタン・ムハンマド・トゥグルク（在位一三二五～一三五一年）の時代には周辺の村の税収を廟の運営維持にあてるようにという命令が出され、ファリードッディーンの子孫は、チシュティー派の導師であると同時に先祖の聖者廟の管理者となり、高い社会的地位を得た。ファリードッディーン廟は現在に至るまで地域有数の聖者廟であり続けている。

聖者廟の敷地内は、メッカなどと同じく聖域とみなされ、死後に聖者のバラカに守られたいという人々が埋葬されたあやかり墓が多く見られる。ニザームッディーン廟には、ムガル朝王家の人々が多く埋葬されている【図9】。廟の参詣に来た人々が、あやかり墓にもお供えをしたり、簡単な祈願を行ったりすることもある。参詣の「ついで」にこのようなことを行う人々は、あやかり墓に埋葬され

【図9】ニザームッディーン廟の境内にあるあやかり墓。墓の上にはお供えの花びらが置かれている。筆者撮影

ている人物についてほとんど知識がないことも多い。このような行動は、日本人が道端の地蔵や祠になんとなく手を合わせるのと似たような感覚といえるかもしれない。

おわりに

イスラームの死生観においては、「最後の審判」とその後の「来世」の絶対性が際立っている。一方、現世における死の後から最後の審判までの待機期間の過ごし方については、来世ほどの絶対性がなく、時代地域によって多様なイメージが存在しうる。また、イスラームでは魂や霊的な世界の存在が認められており、魂や霊的な世界と現世の関係もさまざまに理解されている。イスラームの基礎的な世界観とは関連がない死生観や異界観が、イスラームにおける死後の待機期間や霊的な世界のイメージの一つとして読み替えられ、イスラーム化した社会でも存続することもありえる。南アジアでは、ヒンドゥー教の神々や悪鬼が天使やジンの類と位置付けられることもあった。

来世での永遠の生との対比から見れば、現世における生と死の間の差異はそこまで大きなものではなくなってしまう。そのため、多くのムスリムにとって、死者の存在や死者がいる世界は生者から隔絶されたものであったり、強く忌み避けられたりするものでもない。聖者廟が多い南アジアにおいては、死者や墓は日常の中で身近に接する存在である。死者は生者とまったく同じように生活をするわけではないが、夢の中に現れて生者と交流したり、生者の祈りによって責め苦から守られたり、あるいは不思議な力によって生者を守ってくれたりもする。現世における生と死、生者と死者が比較的身近でフラットな関係にあることは、イスラームの世界観の特徴であろう。

†註

[1]シャムス朝(一二一〇、一一～一二六六年)、ギヤース朝(一二六六～一二九〇年)、ハルジー朝(一二九〇～一三二〇年)、トゥグルク朝(一三二〇～一四一三年)、サイイド朝(一四一四～一四五一年)、ローディー朝(一四五一～一五二六年)。デリー・スルタン朝時代については、真下裕之「デリー・スルターン朝の時代」『世界歴史大系　南アジア史2　中世・近世』(小谷汪之[編]、山川出版社、二〇〇七年)一〇二～一三四頁、二宮文子「南アジアにおけるムスリムの活動とイスラームの展開」『岩波講座世界歴史 第四巻』(弘末雅士[責任編集]、岩波書店、二〇二二年)一四九～一七〇頁を参照。

[2]榊和良「妙音観想法　ナーダの観想とスーフィーのズィクル」『印度哲学仏教学』一四(北海道印度哲学仏教学会、一九九九年)二一七～二三〇頁。ザルコンヌ・ティエリー『スーフィー　イスラームの神秘主義者たち』(東長靖[監訳]、遠藤ゆかり[訳]、創元社、二〇一一年)三八～四一頁。

[3]他に南アジアでよく見られる流派として、チシュティー派と同じくデリー・スルタン朝時代から活動しているスフラワルディー派、ムガル朝時代に有力になったナクシュバンディー派などがある。また、南アジアにおいては、カランダル(Qalandar)やマラング(Malang)などと呼ばれる放浪の修行者も見られる。

[4]ニザームッディーンについては、二宮文子「南アジアのイスラーム化とスーフィー」『アジア人物史　五巻』(集英社、二〇二三年)四九九～五二九頁を参照。

[5]全体は五部に分けられており、一回の講話はマジュリス(majlis)と呼ばれている。各部のマジュリス数と期間は以下の通りである。一部三四マジュリス(ヒジュラ暦七〇七年八月三日～七〇八年一二月二九日)、二部三八マジュリス(ヒジュラ暦七〇九年一〇月二九日～七一二年一〇月一三日)、三部一七マジュリス(ヒジュラ暦七一二年一一月二七日～七一三年一一月二一日)、四部六七マジュリス(ヒジュラ暦七一四年一月二四日～七一九年七月二三日)、五部三二マジュリス(ヒジュラ暦七一九年八月二一日～七二二年八月一二日)。

[6]『心の講話』については、二宮文子「スーフィー、ニザームッディーンの教え(一三～一四世紀)」『世界史史料　第二巻』(歴史学研究会[編]、岩波書店、二〇〇九年)八六～八八頁を参照。

[7]飯塚正人「イスラーム思想における生と死」『「生と死」の東西文化論』(明治大学人文科学研究所[編]、風間書房、二〇〇六年)一四六～一五〇頁。塩尻和子『イスラームの人間観・世界観　宗教思想の深淵へ』(筑波大学出版会、二〇〇八年)九～一一頁。

[8]飯塚前掲書、二〇〇六年、一四六〜一五〇頁、塩尻前掲書、二〇〇八年、九〜一一頁。

[9] Amīr Ḥasan Sizjī. *Fawā'id al-Fu'ād*. (New Delhi: Khwāja Sayyid Ḥasan Thānī Niẓāmī Dihlawī, 2007), p.288; Bruce B. Lawrence, trans., *Fawa'id al-Fu'ad (Nizam al-Din Awliya: Morals for the Heart)* (New York: Paulist Press, 1992), pp.132-133.

[10]人間が生まれる時には、魂は一二〇日目に胎児に吹き込まれると考えられている。飯塚前掲書、二〇〇六年、一五一〜一五六頁。

[11]飯塚前掲書、二〇〇六年、一四三〜一四四頁。

[12] Simon Digby, "Dreams and Reminiscences of Dattu Sarwani: A Sixteenth Century Indo-Afghan Soldier (part 1)", *Indian Economic and Social History Review* 2-1, (1965), p.68.

[13]飯塚前掲書、二〇〇六年、一五二頁。

[14] Amīr Ḥasan Sizjī, op.cit., pp.868-870; Lawrence, p.323.

[15]ザルコンヌ前掲書、二〇一一年、五〇頁。

[16] Amīr Ḥasan Sizjī, op.cit., p.400; Lawrence, op.cit., pp.170-171; Sayyid Muḥammad b. Mubārak Kirmānī (Amīr Khwurd), *Siyar al-Awliyā'*, (Dehli: Maṭba'-i Muḥibbī-i Hind, 1302AH), p.326.

[17] Sayyid Muḥammad, op.cit., p.334.

[18] Sayyid Muḥammad, op.cit., p.364.

[19]ヒドル信仰の基礎的な情報や南アジア、パレスチナにおけるヒドル信仰については、菅瀬晶子「歴史的パレスチナにおける奇跡譚の今」『〈驚異〉の文化史』(山中由里子［編］、名古屋大学出版会、二〇一五年)四三三〜四五五頁、村山和之「不死なる緑衣を纏う聖者の伝承と現在」『死と来世の神話学』(永澤峻［編］、言叢社、二〇〇七年)三一三〜三四七頁を参照。

[20] Amīr Ḥasan Sizjī, op.cit., pp.292-29; Lawrence, op.cit., pp.134-135.

[21] Amīr Ḥasan Sizjī, op.cit., p.554; Lawrence, op.cit., p.220.

[22] Amīr Ḥasan Sizjī, op.cit., pp. 294-296; Lawrence, op.cit., p.135.

[23]飯塚前掲書、二〇〇六年、一五五〜一五七頁。

[24] Amīr Ḥasan Sizjī, op.cit., p.336; Lawrence, op.cit., p.149.

[25] Sayyid Muḥammad, op.cit., p. 90.

第8章

生と死のはざまを「生きる」
——現代イランの「殉教者の奇跡」

黒田賢治

はじめに

中東の国イランでは、死を遂げることで人々から祝福を受けるだけでなく、生命活動が停止しているにもかかわらず「生者」として扱われる死者がいる。なんだか奇妙な話に思われたかもしれない。もったいぶっていても仕方がないので先まわって言えば、彼らは殉教者と呼ばれる存在である。

殉教者が「生きている」という考えは、イランのみならず中東の多数派の宗教であるイスラームで共通してある。しかし殉教者が「生きている」という考えが社会的に顕在化しているのは、今日に限って言えば中東社会でもイランに限られている。しかもイランの殉教者の場合、彼らが起こす奇跡について語られ、奇跡譚さえも編まれているのだ。

イランで殉教者が「生きている」ということや彼らが奇跡を起こすということは、決してオカルト的な話ではない。むしろ殉教者の奇跡譚に現れる死者と生者とのかかわりを見ていけば、日本の社会に置き換えてみても、それほど不思議なこととは言えないのだ。

ここでは、イランを含む中東社会を研究対象としてきた地域研究の立場から、イランの殉教者の存在を支える宗教的・社会的な背景と、殉教者が「生きている」と語られる具体的な状況を見てみたい。最初にイランにおける死生観の背景となる宗教的な背景について整理したうえで、今日のイランで死してなお「生きている」とみなされる殉教者の社会的な背景を明らかにする。そのうえで殉教者の奇跡譚を取りあげ、今日のイランにおける死をめぐる営みを考えてみたい（殉教者に限らず死者にして生きているという考えは、イランやイスラームに限らない。「第14章　北米先住民宗教における死の神話」も参照）。

1　死をめぐるイランの宗教的背景

今日、イランを含む中東について砂漠というイメージが抱かれることが少なくない。しかし人類史を俯瞰すれば、同地域では農耕牧畜社会が最初期に形成され、高度な文明が育まれてきた。今日のイランを中心とした土地はペルシアと呼ばれ、紀元前六世紀にアケメネス朝という大帝国が建設される頃には、土着の信仰を体系化したゾロアスター教が広がっていた。またキリスト教に先行する中東に現れた宗教であるユダヤ教とも歴史的に関係が深い。

とはいえ、今日のイランでは国民の宗教的帰属は統計上は約九八パーセントがイスラームであり、そのうち九割がイスラーム全体から見れば少数派に留まるシーア派である。

イランのイスラーム化とシーア派化

七世紀半ばにアラビア半島に現れたイスラームは、預言者ムハンマドの死後、彼の後継者たちによって半島から抜け出し、東西に拡大していった。後継者らに率いられた征服軍は半島を北上し、ビザンツ帝国、サーサーン朝ペルシアという二つの帝国と対峙し、後者を打ち滅ぼした。アラブ・イスラーム軍の征服を受けたイランでは、その後約四世紀をかけて徐々に被支配民の改宗が進んだ。しかし例外はあったものの、おおむねスンナ派の王朝の支配を受け、また被支配民の大多数もスンナ派であった。

イランがシーア派化する大きな転機となったのは、一六世紀に現れたサファヴィー朝の存在である。この王朝はサファヴィー教団という神秘主義教団のカリスマ的教主と、シャーマニズム的な風習をもつトルコ系遊牧民の軍事力が組み合わさって勢力を拡大させた。そして支配の正当性を図る譲歩策として、同朝はシーア派を国教として奉じた。また隣国オスマン朝下で不遇の立場を強いられたシーア派の宗教学者たちを招聘しながら、被支配民のシーア派への改悛を進めた。その結果、サファヴィー朝下の都市にシーア派教学の中心が移るだけでなく、イスラームの宗教的教養言語であったアラビア語を用いた知的エリートたちの宗教文化に加え、ペルシア語を用いる宗教儀礼の登場などローカル化された宗教文化が花開いた。

イスラームと神話

ところで、死をめぐる神話を扱う論集で、シーア派・イスラームについて焦点を当てることを訝《いぶか》しく思う読者もいるだろう。というのも、一般に神話は、宇宙や人間、文化の起源など自然・社会現象を神に関連させて説いた話を指すからだ。イスラームの場合、唯一神アッラーが万物を統べているという大前提があり、神と人間との間は直接的垂直関係として捉える立場が一般的である。とすれば、イスラームにおける神話は、狭義にはキリスト教やユダヤ教とも部分的に重なり合いをもった天地創造や来世など聖典クルアーン（コーラン）に示されるアッラーと世界をめぐる話に限られてしまう。

しかしイスラームにおいても、神と人間との間をとりなし、宗教的規範を示す神に選ばれし特別な信徒がいることも知られ、彼らの説話が一般信徒に語られてきた。とくにシーア派では、イマームと呼ばれるクルアーンの秘儀的意味にも通じた無謬の超人的指導者の存在が、その宗教的世界観の根幹にかかわってきた。そのため宇宙や人間、文化の秩序を説明するうえで不可欠な彼らをめぐる話も、広義の神話として扱いうるだろう［1］。

イスラームにおける死の神話

狭義の神話としても広義の神話としても、シーア派・イスラームにおける死についてみた場合、スンナ派の立場とそれほど変わらない（イスラームにおける一般的な死のイメージについては「第7章　中世南アジアのスーフィズムにおける『死』と『死者』」を参照）。九九あるアッラーの美称に「生を与えるもの」を意味するアル＝ムフイーや「死をもたらすもの」を意味するアル＝ムミートがあるように、人間も含め万物の生死を司るのは、やはり全知全能の存在であるアッラーであることを基本としている。

アッラーはとるに足らない存在に生を与え、現世での生活を与える。やがてアッラーによって死を与えられ、肉体は朽ち、霊魂だけの存在となる。そして霊魂は、終末の日まで墓の中でバルザフという状態におかれる。終末の日には、イスラーフィールという天使がラッパを二度あるいは三度吹くと、肉体は再生され、死者は墓から起き上がる。そして生前の行いによって楽園か火獄という来世に進むための審判を受けるのだ。

アッラーが生を与える以前には、存在そのものはとるに足らない状態にあるのだが、その状態を「死」として捉える見方もある[2]。この立場に従えば、人は「死」に始まり、やがて生を与えられ、肉体に二度目の死を与えられ、やがて審判の日に来世のための「生」を再び与えられることになる。なお死はアッラーに与えられるが、現代イランのシーア派では、アッラーによって定められた避けられない寿命に対して、人間が善行を積むことで肉体的な意味で延ばせる寿命を分けて考える。神がすべてを定めていながらも、人間の営為が介在する余地もあるのだ。

イランにおける死の観念

じつはこうした狭義の神話によって導かれるイスラームの教義レベルでの死の観念は、他のイランの宗教におけるそれと決定的に異なるわけではない。イスラームからすれば姉妹宗教にあたる同じ一神教のユダヤ教やキリスト教に限らず、ゾロアスター教との間でも死生観に共通性がある。ゾロアスター教でも、人間の肉体は死を契機として朽ちるいっぽうで、魂は永遠であると考える。またゾロアスター教以前からの信仰を引き継ぎ、救済思想、天国への希望と地獄の畏れといった考えもある。イランでは死について、それぞれの宗教的背景によって形づくられるとともに、それぞれの宗教が作用して死をめぐる理解が歴史的に発展していったのである。それはイスラームが絶対的な多数派宗教となった今日のイランにおいても同様である。

今日のイランでは主に二つの暦が用いられる。一つは、イスラームの宗教儀礼を行う際に用いられるヒジュラ暦である。六二二年に預言者ムハンマドがマッカ（メッカ）から迫害を逃れ、マディーナ（メディナ）の町に移住したこと（ヒジュラ）に基づき、のちに同年を元年とすることを定めた暦である。一年を一二回の月の満ち欠けに基づいて定める太陰暦であるが、他の太陰暦の多くが閏月を用いて季節の調整を行うのに対して、ヒジュラ暦は閏月を用いない。もう一つは、イスラーム太陽暦であり、ヒジュラ暦と同じく六二二年を元年とするものの、こちらは太陽と地球の関係に基づく暦である。この暦では一年は、おおむね春分の日、正確には地球が太陽の黄道の春分点を通過する瞬間に始まる。

日本では春と秋の彼岸について、昼と夜の長さが同じになるころ、あの世の扉が開かれるという考えがある。春の彼岸の頃であるイスラーム太陽暦の新年（ノウルーズ）の前後も、生者による死者とのかかわりも少なくない。最も代表的であるのが、新年の一三日目に行われ、新年の休みの最後を飾るスィーズダフ・ベダルの風習である。屋外で過ごすことが吉とされるこの日には、ピクニックにでかけ、その行先として墓地を訪れ、死者の傍らで一日を過ごすことも少なくない。この風習の由来は定かではないものの、イスラーム以前に遡ることがしばしば示唆されてきた。

殉教という生命活動の終焉

イランにおいて死をめぐる観念は、イスラームと他の宗教に培われながら展開してきた。先述のようにイスラームにおいては死生についてアッラーが司るため、それらに関連した規範を示すうえで広義の神話が介在する余地はそれほど大きくない。ところが殉教という通常の死とは異なる生命活動の終了となると、広義の神話が大きな役割を果たすことになる。

アラビア語で「殉教を遂げること」をシャハーダといい、殉教を遂げた者、つまり殉教者をシャヒード（複数形でシュハダー）という。このシャハーダは、ムスリムの義務の一つとされる信仰告白と同じ語であり、原義に即せば「証言する」という意味であり、シャヒードも原義としては「証言する者」という意味である。聖典クルアーンにおいても、シャハーダやシャヒードの語は多くの場合「証言する」や「証言する者」の意味で用いられている。しかしイムラーン章一四〇節、婦人章六九節などでは、シャヒードおよびシュハダーは、文脈からして、神の教えに従い命を落とした者の意としか解釈できないものとされてきた。それがさらにキリスト教の影響を受け、イスラームでも殉教として概念化されていった[3]。

殉教者をめぐっては、クルアーンおよび預言者の言行によって一般の信徒と異なる点が指摘されている。たとえば、殉教者は神や天使によって楽園に行くことを約束されており、彼らは他の人では見えないことを見ることができると言われている。本論である死と生をめぐる点で言うと、殉教者は死んだのではなく、「生きている」と考えられてきた。たとえば、クルアーンのイムラーン家章一六九節には「神の道のために殺された者を、死んだと思ってはならない。かれらは主の御許で糧を与えられ（生き）ている」とある。また雌牛章一五四節においても、「神の道のために殺された者を、死んだと言ってはならない。いや、生きている。あなたがたが知らないだけである」とあるのだ。

2 殉教の「神話」としてのカルバラーの悲劇

イスラーム一般で殉教者が特別視される理論的根拠がクルアーンに依拠してきたのに対し、シーア派では殉教の概念形成に「カルバラーの悲劇」と呼ばれる事件が大きく作用してきた。それはヒジュラ暦六〇年ムハッラム月一〇日（西暦六八〇年一〇月一〇日）に起こったシーア派の第三代イマーム（指導者）フサイン・イブン・アリーと彼の一族や従者が非業の死を遂げた事件であり、シーア派の世界観の形成に大きく影響を与えてきた。この事件こそが、シーア派における広義の「神話」の一つを生みだし、狭義の神話における殉教と結びつき、さらには土着的信仰と結びつきながら、現代イランにおける殉教概念の素地を作ったのだ。事件そのものは史実であるのだが、それを悲劇や殉教と解釈するのはシーア派的な立場であり、殉教に至るまでの語りにはいくつもの形式がある。ここではシーア派の立場に強く立ちながら、フサイン一行のカルバラーの事件という神話を描いていきたい（本章で登場する地名については【図1】参照）。

一族の長になるまで

フサインは、初代イマームであり預言者ムハンマドの従弟アリーを父に、預言者ムハンマドの娘ファーティマを母に、六二六年頃に生まれた。預言者ムハンマドにとってみれば孫にあたり、兄ハサンとともに寵愛を受けた。父のアリーは預言者ムハンマドの没後にイスラーム共同体を指揮する四番目の後継者（カリフ）であったが、拠点にしていたクーファ（今日ではイラク南部の都市ナジャフの一部）で六六一年に暗殺された。兄ハサンは一族の長となるとともに、カリフ位を宣言し、父アリーと敵対し、カリフ位を宣言していたウマイヤ朝の初代カリフ、ムアーウィヤに対抗した。フサインも兄ハサンとともにムアーウィヤへの対抗姿勢を示したが、最終的には兄ハサンとムアーウィヤとの和平協定が結ばれた。協定締結後、兄ハサンが一族郎党を引き連れてクーファを離れ、マディーナに居を構え隠遁生活を送ると、フサインもこれに従った。そして六七〇年に兄ハサンが亡くなると、フサインが一族の長となった。

ヤズィードの即位と蜂起

六八〇年四月にムアーウィヤが亡くなると事態は急変をむかえる。ムアーウィヤは次期カリフを息子ヤズィードに指名し、ヤズィードが新たなカリフとして即位したのだ。しかしヤズィードは飲酒をするなどイスラーム教徒として道徳的に非常に問題のある人物だった。六七六年頃からムアーウィヤ

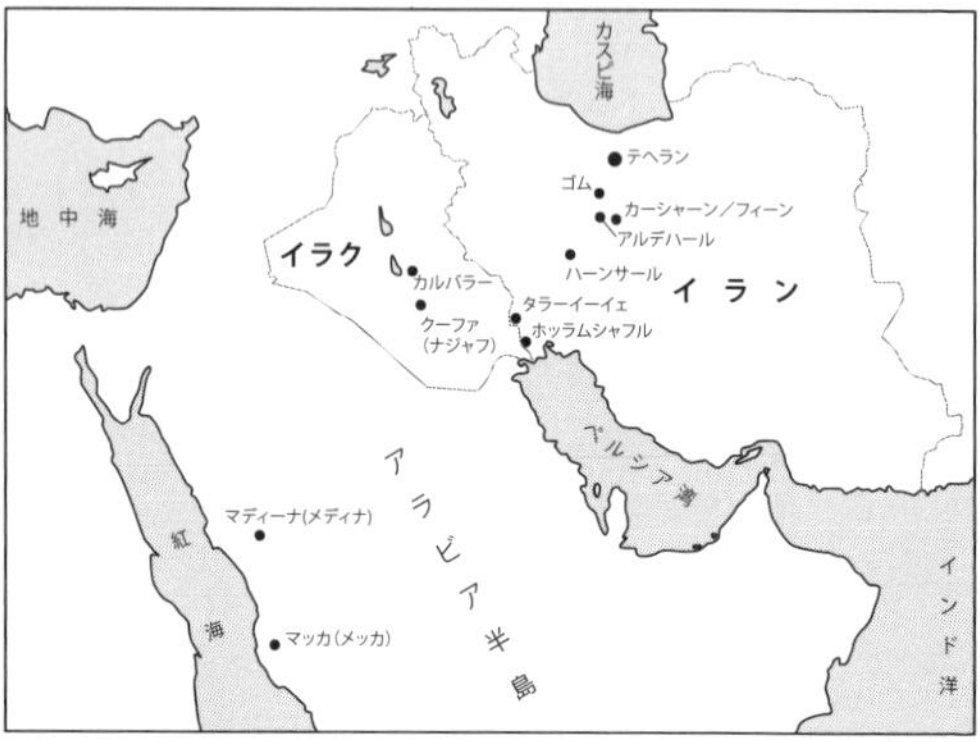

【図1】関係地図

は生前から自身の後継者であるヤズィードへの忠誠をフサインに求めていたが、フサインはこれを拒否し続けた。ヤズィードが即位すると、やはり自身への忠誠をマディーナにいたフサインに求めたが、フサインはこの要求を撥ねつけるとともに、マディーナからマッカに移住した。

マッカで厚い歓迎を受け、四カ月余り滞在するなか、父アリーの拠点であり、なおも父アリーの支持者が残っていたクーファの指導部から、同地へ招待する書簡をフサインは受けた。それはクーファの指導部がフサインを指導者にたて、ヤズィードらウマイヤ朝政権に蜂起する呼びかけであった。フサインは事態を把握するため、従弟のムスリム・イブン・アキールをクーファに送った。ムスリム・イブン・アキールはクーファの住民に歓迎され、フサインへの支持はたしかに思われた。ところが、反乱を察知したウマイヤ朝側は、イブン・ズィヤードを新たなクーファの総督として送り込み、クーファの町を掌握するとともに、ムスリム・イブン・アキールを殺害した。

マッカからカルバラーへ

ムスリム・イブン・アキールが殉教を遂げた／殺害された同日、クーファへと八二名の一族郎党を引き連れたフサインはマッカを後にした。途上ですでに従弟のムスリム・イブン・アキールの殺害の報を受け、クーファなどへ先鋒の使者を派遣したが、彼らも殺害された。またイブン・ズィヤードは、クーファに向かうフサイン一行を監視するために数千の軍勢を送った。軍勢の一翼を指揮するフッル・イブン・リヤーヒーは、フサインに対峙すると、クーファへの歩みをやめるように忠告しながら、フサイン一行を監視しつづけた。そしてフサイン一行はヒジュラ暦の六〇年ムハッラム月初旬、つまり西暦六八〇年一〇月初旬にカルバラーの地に入り、そこを野営地とした。

フッルからフサイン一行がカルバラーに留まっていることを知らされたイブン・ズィヤードはカリフであるヤズィードに恭順するように再度フサインに書簡を送った。しかしフサインはこれを拒否した。イブン・ズィヤードはついにフサインとの対決を決意し、イブン・サアドを増援軍とともに差し向けた。またイブン・ズィヤードはクーファの長老たちを買収してフサインとの戦いについて住民の支持をとり付け、自身もクーファを出て本陣を敷き、イブン・サアドにさらなる増援部隊を送った。

水の補給を断たれる

イブン・ズィヤードの命令に従い、ムハッラム月七日にイブン・サアドは騎馬兵を送り、ユーフラテス川に続くフサイン一行たちの水の補給路を断った。イブン・サアドはフサインにヤズィードへの恭順を説いたが、フサインはこれを断りつつも、イブン・サアドと対話した。イブン・サアドは上官であるイブン・ズィヤードにフサインとヤズィードの間での協議を促す書簡を送り、イブン・ズィヤードもこの意見に従う意向を示した。しかし陣営にいたシムル・イブン・ズール・ジャウシャンはこれに反対した。イブン・ズィヤードはシムルにイブン・サアドへの書簡を渡し、フサイン一行が降伏しない場合には、これを殲滅するよう命じるとともに、シムルにはイブン・サアドが従わない場合にも彼を殺害し、代わって司令官の任に就くように伝えた。

ムハッラム月九日、シムルはイブン・サアドのもとに到着してイブン・ズィヤードの書簡を渡し、フサイン一行にカルバラーまでの安導を約束しようとした。しかしフサインの異母兄弟アッバースらはフサインの命に従いこれを撥ね付けた。イブン・サアドの軍勢はその夜フサイン一行との戦いの準備を始めた。

ムハッラム月一〇日の前夜、フサインは決起を図る演説を行うと、彼の従者たちの士気は高揚した。翌朝、朝の礼拝の後、フサインは自軍を編成し、三二騎の騎馬兵と四〇人の歩兵に分け、両翼それぞれの指揮官を任命し、異母弟アッバースに軍旗を授けた。そしてフサインは敵軍に正面から攻撃させるために、陣営の背後に火を焚いた。他方、イブン・サアドの軍勢は数万に膨れ上がり、右翼のシムルほか各指揮官が任じられた。フサインは敵軍の前にたち、大声で正義たる自陣営に味方するように忠告する演説をしたが、イブン・サアド軍のクーファの住民はフサインに降伏を勧告した。フサインの演説後、フサインの陣営のズハイルはフサインの美徳をとうとうと説いたが、シムルは卑猥な言葉をもって応えた。ところが、フサイン一行に忠告を続けながら監視しつづけたフッルはフサインの演説に心打たれ悔悛し、わずかな手勢とともに、フサイン一行に加わって戦うことを決意した。

戦闘の開始

昼、イブン・サアドが攻撃の合図を送り、戦闘が始まり、矢の嵐を浴びせるとともに総攻撃を行った。フサインの軍勢は騎馬隊を中心にして敵軍に打撃を与えたものの、フサイン一行の女性や子供たちがいる天幕を集中的に狙う敵軍の卑怯な攻撃を防ぎ続けなければならなかった。これによりフサインは、少なくとも半数以上の軍勢を失った。戦いは正午の礼拝時間を迎えても続き、フサインはムスリムの義務である礼拝を行った。彼の従者は敵軍に礼拝をする時間を求めたが、敵はこれを受け入れなかった。フサインの軍勢は義憤によって奮起して、礼拝をするフサインを守ったが、彼が礼拝を終えると次々に殉教を遂げた。

従者たちが殉教を遂げていくなか、フサインの一族が戦場に出向いて行ったが、彼らも次々に殉教を遂げた。旗手を務め、水を運ぶ任についていた異母弟アッバースは、水を求めてユーフラテス川に向かったものの、川の守備隊と闘い殉教を遂げた。フサインはいよいよ出陣を決め、妹ザイナブをはじめ一族の女性や子供たちに別れを告げた。鎧を身に纏ったフサインは、半年前に生まれたばかりの末子アリー・アスガルが喉の渇きに泣く姿を見、アリー・アスガルを手に抱いてかかげ、敵陣営に子供たちへの慈悲を請うた。しかしアリー・アスガルは敵軍の矢に胸を射られ、父の手のなかで殉教を遂げてしまう。

フサインの殉教

愛馬ズール・ジャナーフに乗り、出陣したフサインは烈火のごとく敵軍をなぎ倒し、敵は恐れおののいた。敵の矢と槍、剣がフサインを襲ったが、彼が勇猛果敢に前を向いて戦い続けたために誰もその背中に傷をつけることはできなかった。しかし多勢に無勢のなかで戦い続け、ついにフサインは疲れ、馬からおり、座りこんだ。その隙に射られた矢は彼の額を射とめた。額に刺さった矢を抜き、流れ出した血を拭おうとしていた彼の胸に、敵は毒矢を撃ち込んだ。それでも多くの敵は恐れおののくか、あるいはフサインを殺害することを不信仰者の行いであると恥じて躊躇した。しかしシムルと恥知らずの一団は違った。彼らはフサインに向かっていった。そしてフサインに切りかかり、首をはねた。フサインが倒れると、天使たちは阿鼻叫喚し、天は血に染まり、大地は震えたという［4］。

フサインの殉教は、世界を正義と不義との戦いがなされる場と見なすシーア派の世界観が体系化されていくうえで極めて重要な存在となった。やがて宗教集団として形成されていくシーア派の立場では、無謬のイマームたちはいずれも正義のために立ち上がりながらも、不義によって殉教に至らしめられたと考えるようになる。その世界観においては、第二代イマームであったハサンも、シーア派の伝承では毒殺による殉教という「神話」へと展開していく。もちろん正義と不義の戦いと殉教をめぐる「神話」の中心はフサインの殉教であり、それは聴覚・視覚・痛覚に訴えながら再現する儀礼を生みだすことになった。さらにはその「神話」の構造が創り出す美徳のなかに、イスラームを必ずしも起源としない儀礼が結びつき、イラン文化として殉教概念が歴史的に定着していった。

3　殉教文化としてのイランとイスラーム共和体制

一六世紀にシーア派を国教としたサファヴィー朝の下で、フサイン一行の殉教はさまざまな形で再現される哀悼儀礼として発展を遂げていった。今日にも続く代表的な哀悼儀礼としては、フサインの殉教に至るまでを語るロウゼ・ハーン、哀悼の意を表しながら路地や大通りを行進するダステ・ギャルダーン、そして殉教の様子を舞台で上演するタアズィエである。これらの儀礼はフサインが殉教を遂げたムハッラム月一〇日（アーシューラー）の昼に最高潮を迎える形で行われてきた。今日のイランに相当する地域では、これらのフサイン一行への哀悼儀礼は先述の通りサファヴィー朝の下で発展していったが、不義によって至らしめられた不遇の死の物語やそれを嘆く儀礼自体はイスラーム以前の時代にも遡ることができる。たとえば、スィヤーヴァシュの不遇の死とそれを嘆く儀礼である。

スィヤーヴァシュの不遇の死

スィヤーヴァシュ（スィヤーヴォシュ）は、一〇世紀末〜一一世紀初頭にフェルドウースィーによって編まれたペルシアの諸王をめぐる叙事詩『王書』に登場する人物である[5]。この『王書』は一九世紀のイランで作られた物語『著名な王子アルスラーン』とともに、田中芳樹の『アルスラーン戦記』のストーリーや登場人物と深くかかわっていることでも知られている。

カイ・カーヴース王の息子スィヤーヴァシュは武勇に優れた若者であった。しかしスィヤーヴァシュを誘惑しようとした継母スーダーベは讒言により、王に息子への敵意を抱かせようとした。王は息子の無実を理解しながらも、難題を与え、スィヤーヴァシュはかろうじて死の淵で難題を突破し生き残る。北のトゥーラーン王国が宣戦布告をすると、王は王子にトゥーラーンの同盟都市バルフ制圧を命令する。王子がバルフを制圧すると、トゥーラーン王アフラースィヤーブは恐れをなし、王子と講和を結ぶとともに、人質を送る。ところが、カイ・カーヴース王はアフラースィヤーブの死を望み、王子を指揮官の任から解き、平和条約を破棄するとともに処刑するために人質の送致を求める。王子は悩みながらも暴虐を行うことをよしとせず、トゥーラーンに亡命した。

トゥーラーンに亡命した王子は迎えられ、アフラースィヤーブ王の娘ファルギース（ファランギース）と恋に落ち、やがて結婚する。二人の間には、カイ・ホスロウがやがて生まれるが、異国人であるスィヤーヴァシュに対する妬みによってアフラースィヤーブ王は讒言を受ける。王はこの讒言を受け、スィヤーヴァシュを処刑する。ファルギースは息子のカイ・ホスロウとともに、スィヤーヴァシュの故郷に逃れ、やがてカイ・ホスロウは伝説的な名君となる。

スィヤーヴァシュの不遇の死は、スィヤーヴァシュを嘆くことを意味するスーゲ・スィヤーヴァシュと呼ばれる哀悼儀礼を生みだし、イスラーム化以降に引き続いて行われてきた。またナッガーリーと呼ばれる講釈師たちによってスィヤーヴァシュの不遇の死が語られてきた。それゆえフサイン一行に対する哀悼儀礼や哀悼の語りが何の文化的背景のないところから生み出されてきたわけではないといえるだろう。加えて、フサイン一行に代表されるシーア派の殉教が、イスラームを起源としない儀礼と結びつくこともあった（特定の神話がその後に到来した文化的集団の神話に包摂される例については本書第9章「インドネシア」を参照）。

言説的伝統への包摂化と殉教概念

イラン中部の都市カーシャーン近郊のアルデハールで毎年秋の決まった期間にガーリーシューヤーンという祭礼が行われる。この祭礼の中心的行事は、廟に奉納された絨毯を運び出し、洗うことである。今日、この儀礼の言説的起源は八世紀に殉教を遂げた第五代シーア派イマームの息子スルターン・アリーに求められる。

フィーン（現在ではカーシャーンの一部）の人々が第五代シーア派イマームに指導を仰いだところ、彼の名代として息子のスルターン・アリーがマディーナから送られた。彼は途上で住民たちの水源を汚し、毒を垂れ流していた竜を退治する奇跡を起こしながらフィーンにやってき、住民から熱烈な支持を受けた。ところが、スルターン・アリーの存在を疎んだ支配者ザッリーン・キャフシュの卑劣な罠によって彼は殺害され、殉教を遂げてしまう。住民たちは一念発起して手に武器を取り、彼のばらばらにされた遺体を回収すると、絨毯でつつみ、手厚く弔った。

この故事に由来し、儀礼は執り行われるのであるが、儀礼が執り行われるのはメフル月の第二金曜日（西暦で九月三〇日〜一〇月七日の間の金曜日）である。フサイン一行への哀悼儀礼も含め一般にイスラームの宗教儀礼はヒジュラ暦に基づいて実施され、太陰暦であるため年々実施時期が移動する。しかし、この祭礼はイスラーム太陽暦に基づいて行われるため大きく実施時期が移動することはなく、実質的には秋祭りとして毎年行われている。そのためガーリーシューヤーンがスルターン・アリーの殉教に結び付けられる以前にも何らかの理由で行われていたことが推測されている[6]。しかしながら今日のガーリーシューヤーンはあくまでシーア派・イスラームの言説に基づいて行われていると人口に膾炙されている。

統治の技法としての殉教言説

こうしたイラン文化のシーア派への包摂性に見られるように、殉教は伸縮性のある概念であり、現代イランの文脈では政治的にも重要な意味ももってきた。一九七九年に革命が起こったイランでは、ホメイニー師というシーア派・イスラーム法学者が唱えた政治理論に基づいてイスラーム共和制という独自の政治体制が樹立された。革命諸勢力による政治的闘争を経て内実が形成されていったこの体制では、理念的には国家社会のあらゆる側面がイスラームの理念に適って運営されるという特色がある。

たとえば国会で審議された立法も、イスラーム法学者と一般の法律家からなる監督者評議会を通じて法律上の整合性に加え、イスラーム法の理念に適っているかが審議される。加えて、映画や音楽などを含む文化的コンテンツについての検閲も行われ、文化的活動をめぐってもイスラーム性が問われてきた。イスラーム共和体制は、いわば宗教的言説が社会の諸側面に作用する政治体制であり、現実の社会状況に宗教的言説が援用されてきた。殉教もその一つである。

殉教が指す対象はイスラーム共和体制下において漸次その範囲を拡大させていった。革命後の体制指導部は、革命前に体制批判を行うホメイニー師の逮捕に対して行われた一九六三年の蜂起を革命の始まりとして捉え、その犠牲者たちを殉教者に数えた。そして革命後のイスラーム体制に反旗を翻す集団メンバーを除き、革命運動に参加し、死を遂げた人々を殉教者として扱った。

革命達成後、ホメイニー師の下に集合した革命諸勢力は、新体制での権力闘争を繰り広げた。革命直後から暫定政権やホメイニー主義路線を進めるイスラーム共和党幹部への暗殺が行われた。また反イスラーム共和党連合としてリベラル派のバニーサドル大統領の後ろに革命諸勢力が結集したが、一九八一年半ばにバニーサドル大統領が罷免され、国外逃亡すると内戦状態に陥った。市内では自動車爆弾や時限爆弾によって市民や治安部隊、さらにはイスラーム共和党幹部が犠牲者となるなか、彼らも殉教者として扱われた。というのも、イスラーム共和体制という正義のために立ち上がった人々が、「不義」をなす反体制勢力によって志半ばに「殉教」に至らしめられたと考えたからだ。

戦争と殉教者

一九八〇年九月からイラク軍の侵攻によって戦争がはじまると、戦争の犠牲者たちも「殉教者」に数えられた。およそ八年におよぶ戦争によって、イラン側だけで二二万人以上の戦没者が生まれた。前線に赴き戦闘中に殺害された兵士などの軍関係者だけでなく、市街戦や都市部へのミサイル攻撃によって殺害された市民、また戦後に後遺症や埋蔵地雷によって亡くなった人々も殉教者として扱われてきた。いわば、革命後のイランにとって、国家にとっての英霊にあたるのが殉教者であるのだ[7]。そして彼らのなかには、奇跡とともに語り継がれてきた者もいる。

『龍の子太郎』や『いないいないばあ』などの絵本作家としても知られる松谷みよ子は、一九五六年に日本の現代の民話研究を始め、一九八五年から『現代民話考』シリーズを発表していった。それは一般の人々の間で語られる現代の都市伝説や妖怪譚、奇怪譚などを集めたもので、現代版のフォークロア集成と呼ぶべきものである。一二巻におよぶそのシリーズの第二巻目として出されたのが、軍隊にまつわる「民話」である。そのなかには、太平洋戦争でアリューシャン列島のアッツ島の戦いで戦死した山崎保代大佐率いる守備隊やガダルカナル島で戦死した一木清直大佐率いる部隊などが幽霊として彷徨える英霊となった話などが含まれている〔8〕。他にも夢枕に立ち自身の戦死を告げに来た兵士の話などもある。それゆえイランで英霊の奇跡譚について語られるということは、日本のかつての状況を思い起こせばそれほど不思議なことではないのだ。

殉教者の奇跡譚の傾向

全体としてみて、旧日本軍をめぐる幽霊話に統一性があるわけではない。イランの殉教者の奇跡譚についても必ずしも統一性があるわけではないものの、一定程度の数がまとまって奇跡譚集が編まれてきたということもあり、類型化をある程度することは可能である。たとえば、ゴラームアリー・ラジャイーが編纂した『天空の瞬き――殉教者の奇跡』という奇跡譚を見てみると、大きく分けて三つに分かれる。

一つは魂が遺体に戻ることである。それはしばしば葬儀や埋葬の際に起きる奇跡譚として語られ、最愛の家族への最後に別れの挨拶を済ますという文脈で語られる。なかには遺体が消え、生前に実行したいと語っていた廟参詣に出かけたという奇跡譚もある。また一つは、殉教を遂げるものが、自分の死を予感し、自身の死を知人たちに語ることである。予感の根拠には、シーア派イマームやその近親者たちとの遭遇というエピソードが差し挿まれることで、殉教を遂げる人物が特別に選ばれた存在であることが示唆されることも少なくない。そしてもう一つが後述するエピソードにもあるような、死後に姿を遺族たちの前に姿を現すことである。最後の殉教者との邂逅をめぐる奇跡譚は、しばしば夢や白昼夢という形で語られる。夢の中という仮想世界の話と思われるかもしれないが、夢の重要性はインド・ペルシア世界の伝統であり、特別な夢を見るということ自体が、特別な存在であることの裏返しでもあるのだ（夢の社会的重要性については「第7章　中世南アジアのスーフィズムにおける『死』と『死者』」も参照）。

このゴラームアリー・ラジャイーが編纂した奇跡譚は、インターネット上のさまざまな体制右派のメディアを中心に紹介されるだけでなく、奇跡譚の一部が記事として採録されてきた［9］。いわば、イランの現体制のお墨付きをえた奇跡譚といえる。

4　現前する殉教者たち

ここでは死後に遺族たちの前に姿を現す二つの殉教者の奇跡譚を取りあげてみたい。殉教を遂げるということが現代の「神話」として語られつつも、そこにどのような人の意図や願望が込められるのかを具体的な奇跡譚から考えるためである。

天国からの署名

奇跡譚の一つ目は、伝統的な宗教教育を受けた宗教知識人モジュタバー・サーレヒー・ハーンサーリー（一九四四～一九八四年）という人物である。彼は一九八五年に反体制派によって西部コルデスターン州のジャヴァーンルードで殺害され、彼が暮らしていた宗教都市ゴムの殉教者墓地に埋葬された。以下は、先にあげたゴラームアリー・ラジャイーが編纂した奇跡譚に収録されている、彼の娘ザフラーによって語られた没後九日後とその後日に起こった奇跡譚を翻訳したものである。なお〔　〕は筆者による補足説明である。

テヘランでの父の葬儀が終わった後、母は私たちが暮らしていたゴムに戻ると、一五歳であった兄と一緒に父の親戚によって開かれる葬儀に参加するため〔ゴムから一五〇キロメートルほど南西部にある〕ハーンサールに出かけた。一二歳であった私は、母がハーンサールからゴムに戻るまで三人の妹と弟とともに、母方の叔母と母の知人とともに家に残っていた。家は悲しみと悲嘆の雰囲気に包まれ、一歳半と四歳の妹は泣いてばかりいた。日没近くに、家の地下からクルアーンを朗誦する父の声を数分にわたって私たちは耳にした。恐れと不安を抱き、この声を聴いて泣いていた叔母と母の知人とともに、家の地下に行った。雰囲気は暗くなり、不安もさらに高まった。いたるところを恐る恐る探ってみたが、何も見なかった。

父がクルアーンを朗誦する声が二度、三度繰り返され、そのたびに泣いた。そのたびに地下に降りて行っては戻ってきたが、何も得られなかった。最後に地下から上がってきたとき、家の扉が開いているのを目にした。母が出かけてから誰もそれを閉めていなかった。私たちは扉を閉めると泣き続けた。

学校から戻った午後、学校の責任者たちが父の追悼を行い、父への敬意を示すと、二学期の試験を渡し、用紙に母に署名してもらうようにと述べた。

その夜寝る前、父が殉教し、ハーンサールに母が出かけ不在のなかで、どうやって署名なしに用紙を学校にもって行けばいいか考えていた。不安のうちに眠りに就いた。夢のなかで私は〔イスラーム法学者の〕法衣を纏って家に入る父を見た。父はいつものように親しく、家の小さな子供に注意をし、抱きしめ、高く持ち上げ、口づけをした。私が「ご飯を食べているの」と尋ねると、父は、いいや、食べていないと答えた。

台所に行き、父のために食事を用意すると、「ザフラーよ、サインをするので用紙を渡しなさい。私は試験の予定を覚えていないのだけど。」

私が「どの用紙のこと」と尋ねると、父は「今日学校で署名をするために渡されたものだよ。」と述べた。急に、私はその話を思い出した。〔用紙を〕取りにいき、カバンから出し、父に渡した。そしてボールペンを探した。父の癖で、父は赤いボールペンでまったく書かなかったが、見渡しても私の手にあるボールペンは赤だった。

とうとう、黒いボールペンを見つけ〔たと思い〕、父に手渡した。父はボールペンを受け取ると、用紙の端に「同意しています」と書き、署名した。

父が用紙にサインをした後、台所から食事を運んだ。しかし食事をもって戻ったところ、部屋にはいなかった。急いで家の庭に行くと、庭仕事にいそしみ、いつものように父は庭をショベルで耕していた。私が何をしているのと尋ねると、父は〔イスラームの祝祭である〕イードが近いので、庭を整えたいと述べた。その後、父がそこからいなくなっているのに気づいた。私は走り、地下室から部屋まで急いでいたるところを探したが、父はいなかった。

父が去ったために私は泣いた。この号泣と大声と哀悼によって目が覚めた。

翌日、学校の準備するために、カバンのなかの持ち物を整理していると、無意識にあの用紙に目が向き、心のなかの感覚がその用紙をみるように言っていた。それを不思議に思いながら見た。赤いボールペンで父の字で、「同意します」と書かれ、その下にはいつも通りの父のサインがあった。

この事件のあと、この話を聞いたものの信じなかったファルザーネという父の友人の一人がある日家にやってきて、悲しい様子で「あなたのお父さんが夢に現れ、ファルザーネ、もし疑うなら、終末の日まであなたの夢に留まりますよと言った」と語った。

また別の不思議な出来事が、〔喪明けにあたる〕父の四〇日忌の前、一三六三年の始まり（西暦では一九八四年一二月後半）に起こった。私たちが知らなかったが、父と交友があったという見知らぬ男性が家にやってきて、「あなたの父のサインの話を聞いた際に、もしこれが本当であれば、この殉教者は戦争で脊髄損傷をした私の息子をいやすだろうと自身に語り掛けた」と述べた。彼は泣き、そして「この後、私の息子は回復したのだよ」と話した。彼は二〇数歳の彼の息子を私たちの家に連れてきた。

母も何度か夢で父に会った。父は母の夢でザフラーの用紙にサインしたことを疑うべきではないと強く述べていた。[10]

すでに述べたように、特別な夢を見るということそのものが一つの奇跡として捉えられており、殉教を遂げた父との邂逅が夢の中であることが語られている。ただし夢の中の出来事に留まらず、サインを遺すという奇跡がこの話の中では語られている。加えて、これらの話が創作でなく、「実話」であることを示すエピソードが、父の友人や母の話として挟まれている。

十数年の時を経た邂逅

署名として足跡を残すように殉教者が夢の世界に留まらず、現実界で姿を現わすことは他の奇跡譚においても語られる。たとえば、生前には大工であったモスタファー・ダルヤーバーリー（一九五九～一九八四年）という殉教者の奇跡譚である。彼はバスィージと呼ばれる志願兵として前線に赴き、二度目の前線への出征時に殉教を遂げた。以下は、『天空の瞬き』の第一巻に載録されている彼の息子モスタファーとモスタファーが通う高校の校長によって語られる奇跡である。

一三七九年バフマン月（西暦二〇〇一年一月〜二月）に、高校で〔イラン・イラク戦争の前線跡である〕「光の諸戦線」を訪れるために連れていかれた。二月一二日に、ホッラムシャフル市のシャトル・アラブ川の野営場で寝ていた。夜中、殉教を遂げた時には私はまだ生まれていなかった父に夢で会い、父は私にこう告げた。「明日、タラーイーイェ地区に連れていかれるだろうが、天気も良く、雨は降らないだろう。」前日は雨であり、もし雨が続けば前線を訪れることができないのではないかと心配していた。そのため父に「つまり、明日タラーイーイェ地区に行けるというのは、われわれが行けるということなのですか」と私が尋ねると、「そうだ」と父は答えた。冗談で「あなたにそこでお目にかかれますか？」と私が尋ねると、「ああ、君は私に会うことができる。」と父は答えた。「どこであなたにお目にかかれるのですか」と私が尋ねると、「タラーイーイェ地区に着いたときに、ある区画のある穴の近くで、あなたたちは礼拝をすることになるでしょう。」と父は述べた。

「そこで〔立礼・屈礼・座礼・平伏礼を一ラクアとする礼拝の単位で〕六ラクア礼拝をするだろう。二ラクアずつ、正午の礼拝と午後の礼拝、そしてまた私のために二ラクアの礼拝を行うのだ。その穴の端に、燃やされた戦車一台とブルドーザー一台を見るだろう。そこで誰かがあなたのために集団礼拝をしている。校長もまたあなたのために話しかけ、私たちは穴の端で出会うだろう。」と父は続けて述べた。そして「君が私に会った最初の場所で私が殉教を遂げたことを知るだろう。」とさらに続けた。興奮して私は目が覚めた。夜中の二時半だった。翌朝、空は澄み、晴れていた。

私たちはタラーイーイェ地区に出かけた。

タラーイーイェ地区には礼拝〔時刻〕の前に私たちは到着した。その日は〔戦没者〕探索団の一人であったマフムードヴァンドが殉教を遂げた日であり、礼拝と哀悼詩〔の朗誦〕のあとで、高校のロフ校長が私たちに話をした。話を聞いているまさにそのとき、突然、志願兵のカーキー色の服を着て、「アフガンストール」を首に巻いた父が彼の傍に立っており、私に微笑みかけていることに気づいた。

父を見ると、僅か前の平然とした状態からかわり、私は激しく涙した。儀礼が終わって端に座り、生徒たちの精神状態に影響されていたロフ校長の傍に私は行き、起きたことを説明した。幅三．五メートルの穴からわれわれが出た時、塹壕の隅で、私は再び父とこの地域で殉教に至ったイスラーム法学者で殉教者のアミール・バフマン・ダルヤーバーリーを含む数人の人々を見た。いずれも志願兵のカーキー色の服を身にまとった彼らを私が見ていると、驚きながら生徒たちが彼らを指して、私に鳩を見るようにという声を聴いた。鳩がここで何をしていたのだろうか。いいや、それらは鳩ではなかった。しばらくして、唇に美しい微笑みを浮かべ、私に手を振りながら別れの挨拶をした父とその集団は、天に昇って行った。私は一〇メートルほど彼らが昇っていくのを追いかけたが、私の目に涙を溢れさせると、彼らは消え、去っていった。

〔ロフ校長の証言〕

タラーイーイェにわれわれが着いた時には、まもなく正午の礼拝のアザーンが行われる時であり、すべての生徒たちをわれわれは集めた。生徒たちは二〇〇名おり、そのうち八〇人は殉教者の子供であった。正午と午後の礼拝を行った。生徒たちが落ち着いていなかったので、友人の一人が雰囲気を大きく変える哀悼詩の朗誦を行った。生徒たちを集めた場所で、彼らのために私は話をした。そこは一九八四年のヘイバル作戦で私の戦友たちが殉教を遂げた場所であり、そこで彼らが殉教するのを個人的に目撃した。

生徒たちは地面に横たわっており、良い精神状態で、涙を流していた。殉教者モスタファー・ダルヤーバーリーの息子で、父親が殉教を遂げた四カ月後に誕生し、父の名前にちなんで命名されたセイイェド・モスタファー・ダルヤーバーリーの状態は他とは異なっていた。立って微笑みかけた父親を見て、彼は激しく泣き、叫んでいた。[11]

この奇跡譚にはいくつもの奇跡が含まれている。夢で殉教を遂げた父と邂逅しただけでなく、父親が「現実」に息子と邂逅する具体的な状況を予言しており、それが哲学者で精神分析家のジャック・ラカンの言う現実界として可能となったことが語られている[12]。

現実界とは、ラカンの精神分析の一つであり、世界の捉え方の一つである。ラカンの前提にあるのは言語活動であり、言語活動を通じて他者と共有できる世界、つまり一般的には現実と捉えられる世界は象徴界と呼ばれる。いっぽう、現実界は他の他者が触れることや所有することのできず、他者から独立して存在する「現実」を指す。たとえば、奇跡として語られている生前に殉教を遂げた父親の声を聴くことであるが、こうした奇跡はあくまで本人にしか捉えられないものであった。同級生たちが殉教者の存在を鳩として捉えていたように、奇跡を体験した当人にだけが捉えることができた。そのため校長がモスタファーの語ったことを理解できたものの、校長自身は彼が語る状況を捉えることはできなかった。

奇跡が現実界での出来事であるのは、先に述べたザフラーが語った奇跡も同様である。ザフラー自身にしかその奇跡は捉えることができず、殉教者となった父が友人や母の夢に現れたことで、ザフラーの意識が他者と共有することができたに過ぎない。

先に殉教者の奇跡譚にはいくつかの傾向があると述べたが、葬儀を執り行ったイスラーム法学者という場合などもごく稀にあるが、奇跡譚を語るのはたいていの場合には殉教者の親兄弟、あるいは妻や子供たちである。それは殉教という形で人の死を広義の神話に位置づけようとする根底には、親しき個人による死者に対する情念があることを示唆するものでもある。ただし奇跡的体験が現実界で起こったことであるものの、現実界に対して社会的な共感があり奇跡として承認されているのである。

おわりに

本章では、今日のイランで死してなお「生きている」とみなされる殉教者について、シーア派・イスラームにおける広義の神話をモチーフとしながら、現代イラン社会の文脈で奇跡譚が新たに「神話」として生成される様子についてみてきた。それらの過程が示すように、殉教者をめぐる奇跡譚は、広義の神話にイラン・イスラーム共和体制の国家という存在が絡まることで生み出される世俗的なナラティブである。霊的な言葉で語られていたとしても、国家体制が変わってしまえば消えてしまうかもしれない「神話」である。それらの「神話」はイランの現体制を支えるメカニズムの一つであり、空虚な作り話と表現できなくもない。しかしそれらが生み出されるもう一つの社会的なメカニズムを思い描くとき、空虚な話とだけ切り捨てることはできない。

二〇一一年の東日本大震災の後、津波の被災地を中心に「震災怪談」と呼ばれる霊的体験が広く確認された。宗教学者の堀江宗正は「震災怪談」を検討し、身近な霊と未知の霊に分けたうえで、霊という物語を通じた死者への共感と死の受容について論じた。その結びとして、堀江は取り組むべき日本社会の課題として無縁の死者の包摂を挙げた[13]。いっぽう、イラン国家によってなされてきた殉教の物語の導入は、否応なく無縁の死者を社会に包摂した。それが理想的な社会像であるかはさておき、少なくとも死者に対する遺族の情念は奇跡という形で顕現し、社会的に妥当であるとみなされてきたのである。

私たちがどこからやってきて、どこへ行くのかという問いに対して神話は語らないかもしれない。しかし、どこへ行こうとすべきか、行くべきところとはどのようなところかを神話は語っているのかもしれない。

†註

[1]シーア派の指導者に関する逸話を神話として検討することは本稿に限らない。たとえば、嶋本隆光『シーア派イスラーム——神話と歴史』(京都大学学術出版会、二〇〇七年)などがある。

[2]澤井真「イスラームの死生観——タバリーのクルアーン解釈における二つの生と二つの死」『東北宗教学』六巻六号、九三～一〇〇頁。

[3] David Cook, *Martyrdom in Islam*, (Cambridge and New York: Cambridge University Press, 2007), pp.16-17, 32.

[4] フサインの殉教の場面についてはさまざまな記述や語りの形式がある。ここでは山岸智子『イマームの王国——殉教譚テキストからのイラン文化論』(東京大学、一九九八年、七七〜八四頁)で用いられているペルシア語での殉教語りの古典的テキストであるワーイズ・カーシフィー (d. 1504)の『殉教者の園』および『十集会』に基づき、殉教場面のエッセンス部分のみを抽出して描いている。

[5] ここではフィルドゥスィー『王書』(黒柳恒男 [訳]、平凡社、一九六九年)から要点をまとめている。

[6] アリー・ボルークバーシー『ガーリーシューヤーン——マシュハデ・アルダハールにおける象徴的絨毯洗いの祭礼』(本多由美子 [訳]、包、二〇二〇年)。

[7] 革命後のイラン政治におけるイラン・イラク戦争の戦没者を中心とした殉教者の重要性については、黒田賢治『戦争の記憶と国家——帰還兵が見た殉教と忘却の現代イラン』(世界思想社、二〇二一年)を参照。

[8] 松谷みよ子『軍隊——徴兵検査・新兵のころ・歩哨と幽霊・戦争の残酷 (現代民話考II)』(立風書房、一九八五年、三五四〜三五八頁)

[9] たとえば、体制右派のメディアであるタスニームなどで同書はとりあげられるとともに、国家機関であり、殉教者遺族への援助などを行う「殉教者・奉仕者財団」の広報メディア (https://navideshahed.com/) で奇跡譚の抜粋が連載として行われてきた。

[10] Gholāmʿalī Rajāʾī, *Laḥẓehā-ye Āsemānī: Karāmāt-e ʿAjīb-e Shahīdān*, (Tehrān: Nashr-e Shāhed, 2001), pp.7-10.

[11] Ibid., pp. 133-136.

[12] ラカンの現実界の概念をもって殉教者について解釈しようとする試みは筆者に限らない。たとえば近年イランで殉教者として扱われるようになった周辺国の紛争に参加する志願兵が宗教儀礼に参加することについて、宗教儀礼での経験を現実界での経験として分析しようとする文化人類学者サーラミーファルの研究がある。Younes Saramifar, "Lamenting the Real and Crying for the Really Real: Searching for Silences and Mourning Martyrdom amongst Iranian Volunteer Militants", *The Australia Journal of Anthropology* 29, (2018), pp. 282-297.

[13] 堀江宗正「物語的現実としての霊——他者の死と自己の死をつなぐもの」『宗教哲学研究』三六巻、一一頁。

第9章

インドネシア

――死と天界と生まれ変わり

内海敦子

はじめに

インドネシアは重層的な文化を持ち、神話・民話にもいくつもの異なる文化の層を見て取ることができる。一番新しく根づいたイスラーム教的価値観が現れている民話には、アラーの教え通りに生涯を送った結果、イスラームの教えにある天国に行けるという話が多い。一方、ヒンドゥー教あるいは自然崇拝信仰の地域では死者をすぐに埋葬せず、「病気の人」として家族の生活の場あるいはその近くの特定の場所に安置し、水を与えたり清拭したりすることがある。神話・民話においても天界とこの世が行き来可能なものとして描かれ、死者が語りかけたり、蘇ったり、別のものに転生することがある。死と生が連続的なものであり、動植物と人間が連続的であるとする基底にある思想が表れている。また、死のイメージは「再生」と結びついて語られることも多い。死体が生き返る話、死体が別のもの（多くは有用な作物）となって甦る話が散見される。

筆者はインドネシアの少数民族を対象に少数民族に伝わる神話・民話を収集した経験を基に、文化人類学的視点から、インドネシアにおける死のイメージにつながる異世界の特徴を明らかにしたい。そしてインドネシアの各地の民話・神話を紹介し、一番古い文化的地層であると考えられるオーストロネシア語族的世界観、インド神話の影響、イスラーム教の影響を紹介する。

1　インドネシアの神話・民話・おとぎ話

インドネシアは赤道近辺に有人、無人合わせて一万七〇〇〇以上の島がある海洋国家で、ジャワ島、スマトラ島、カリマンタン島、スラウェシ島の四つの主要な島と、ニューギニア島の西半分が主な領域である。二億七〇〇〇万人近い人口を持ち、七〇〇ほどの民族・言語が存在する。八〇万年以上前から人類が住んでいる歴史の古い土地であるが、今から五〇〇〇年ほど前よりオーストロネシア語族の人々が移住した。語族とは同じ言語を祖先とする言語を話す人々をまとめた概念だ。オーストロネシア語族の言語を話す人々は海洋を行き来し、台湾、フィリピン、インドネシア、マレーシア半島を含めた東南アジア大陸部、南太平洋、ニュージーランド、それにマダガスカルに分布している。現在、ほとんどのインドネシア国民はオーストロネシア系の言語を話している。古くから伝わる民話・神話を見ると、インドネシアに来たばかりのオーストロネシア系の人々は自然崇拝を主とした宗教的価値観を持っていただろうと推測できる。

紀元前一世紀頃からは貿易を通じてインドからの文化的・言語的影響を受け、ヒンドゥー教王国や仏教王国が栄えた。スマトラ島のシュリーヴィジャヤ王国は七世紀から一二世紀にかけて中国やインドとの貿易を中心に力を付けて広い版図を誇り、初期は仏教の東南アジアにおける中心でもあった。一三世紀にはヒンドゥー王国のマジャパヒト王国がジャワ島で台頭したが、同時期にイスラーム教が、やはり貿易を通じてアラブの商人たちからもたらされ、イスラーム化が進んだ。大航海時代のヨーロッパ諸国もインドネシア地域に目を付け、ポルトガルをはじめ、フランスやイギリスなどが版図を争ったが、一七世紀以降はオランダが東インド会社を設立し、事実上のオランダの植民地として支配することになった。大変短い間だが、日本軍も一九四二年から一九四五年までインドネシアを支配下においていた。

このような歴史的な経緯から、インドネシアの神話や民話にはさまざまな文化の影響が認められる。基層にはオーストロネシア民族のアニミズム的な思想があり、そこに仏教・ヒンドゥー教文化、イスラーム文化が積み重なり、通商を通じて中国文化、植民地時代にはヨーロッパ文化が入ってきた。インド文化はとくに深く入り込んでおり、マハーバーラタやラーマーヤナの一部に似た話が多くみられる。仏教説話のジャータカの影響もみられる。イスラーム教を通じてアラブの話に似たものや唯一神アッラーの超人的な力が語られる話もある。ヨーロッパからはイソップ物語やその他ヨーロッパの民話に似た話をとり込んでいる。

インドネシアの文化において最も新しい地層といえるイスラーム教の考え方においては、死後の世界が生者の世界と明確に分けられている。生きている間に信者として適切な行動と精神的な生活を送る(いわゆる六信五行に集約される)ことにより、天国に行くことができるのである。死ぬと魂と肉体が分離し、肉体は一度ほろぶが、終末の日のあと、復活の日が訪れ、死者の肉体が復活し、最後の審判を受ける。善行が勝っていれば天国、悪行が多ければ地獄に行く。地獄に一度落ちると天国に行くことはできない。このように明白な死後の世界観を持っている。

しかし、民話にはイスラーム教以前の信仰が残っている。そのなかでは死の世界は現世と明確に区別できず、「死」の概念は「再生」と結びついて語られる。インドネシアの神話・民話の中には「死者のみが存在する世界」、あるいは「死後に赴く国」が見受けられない。

スラウェシ島のトラジャという地域は多くの動物の犠牲を捧げ、豪勢なパーティを伴う葬送儀式で有名である。死の世界への旅立ちを祝うようにも見える。なぜなら葬送儀式は生者と死者の世界を結び付け、死者との連帯感を感じるための儀式でもあるからである。

神話・民話の中に、明確に「死後の世界」を描いたものがないのは、死者と生者の世界が連続的だという概念があるからであろう。その代わり、通常は生者が行くことができない「異界」あるいは「天界」が頻繁に登場する。死後の世界のイメージは「異界」「天界」に重なっていく。これらは生者の世界とよく似ていて冒険をしたり行き来が可能な世界である。しかし、もともとの「異界」「天界」の住民と、生者の区別は厳然と存在する。

インドネシアには明確な「死後の世界」を現したものが見受けられないため、本章ではまず、イスラーム教の影響を受けた民話における「天国」の描かれ方を紹介し、次にイスラーム以前の考え方が反映された、現世あるいは生者の世界とは異なる世界の観念、つまり「異界」「天界」について述べていきたい。

2 「天国」の描写―― イスラーム教の影響

インドネシアの民話には一五世紀以降広がったイスラーム教の影響を受けたものも多く見られるが、そこにはアラーのいる「天国」、良き信心の結果として到達できる「天国」という概念が現れることがある。しかし、オーストロネシア的基礎文化に見られるような、天界での自由な冒険や天界人の性格描写はほとんど見られない。それではまず、天国にかかわる話を一つ見てみよう。

天国への道

つつましい生活をする年とった夫婦は、死んだら天国に行けるよう、コーランを学んで信仰を深めたいと思った。あの世のことや地獄の責め苦のことを考え、「宗教学校［1］にコーランを学びに行きたいね」と話し合うようになった。畑を耕さないと生活できないので、宗教学校に行くことは夢のまた夢だった。

ある日、見慣れない数人の若者がやってきた。彼らは宗教学校で学び終え卒業して家に向かうところ、弁当を食べつくし、世話になろうと寄ったのだった。飲み物と食べ物でもてなした老夫婦は、若者たちに「天国に行くためコーランを学びたい」と申し出る。ところが若者たちは「もう年寄りだからコーランを学んでもしかたがないだろう」と笑い飛ばし、「竹藪がありますか、竹のてっぺんまで登ったら天国の入り口の階段につながっているんですよ」とからかう。それを真に受けた老夫婦はすぐに竹藪に向かい、脇目も振らずにどんどん高く登って行った。風が吹いて揺さぶられ落ちそうになるが竹のてっぺんにしがみついた。しばらく強い風が吹いたあと、風がやむと、老夫婦の体は消え失せていた。

見物していた若者たちは、自分たちの言ったことが本当なのかと思い、天国への階段を探して竹に上る。高く上ったとき風が吹き、生徒たちは竹にしがみついた。落ちるのが怖くてお互いに見合った。目はきょろきょろしていた。唇はふるえ、体中の毛が逆立った。若者たちは叫んだがそれはもはや人間の声ではなかった。皆、サルになってしまい、畑の作物を荒らすようになった。

（ジャワ島の話［2］）

この話には天国の具体的な記述はない。アラーへの信仰と天国に行きたいという願いが主題となっている。信心深い夫婦が天国に行けるという話だが、そもそもコーランも知らず、アラーへの信仰もよくわかっていない夫婦なので、なぜ急に天国に行けるのか、不明確なままである。一方、人をからかうという悪いことをした者が報復を受け、動物になってしまうというモチーフが出てくる。このモチーフはもともとオーストロネシア語族、あるいは広くアジア人の間に広まっているものと共通している。

この他の民話を見ても、天国がどのようなところかを描いたものは見受けられず、善人が天国に行けるという概念が出てくるだけである。イスラーム教が入ってきた一五世紀以降は九〇パーセント以上を占めるイスラーム教徒の人々の中に「天国」の概念や、イスラーム教の死生観が根づいた。現世は仮の姿、来世が本当の「生」だと考えられている。死は本当の「生」への通過点であり、死者が出たらイスラーム教では可能な限り早く土葬にする。人は死ぬとバルザフと呼ばれる冥界に最後の審判までとどまり、そこで天国に行くか地獄に行くかが決まる。原則としていったん人が死ぬと、生きている人の世界には戻ってくることがない。ここでの「天国」は聖典であるコーランを始め、イスラーム教関係の書物にさまざまに書いてあるように、信教を貫いた者だけが死後に永生を得る所で、水が豊かで果物の木が茂り、美酒や美女に囲まれて幸せに暮らせる楽園である。民話においてこういったイスラーム教的な「天国」の様子が詳しく描かれることはないようである。

ジャワ島の「やもめと魚」という話[3]は、アラーの神への信心によりアラーから恩恵を受けるという話であり、明白なイスラーム教の影響が見受けられる。花咲か爺などの「隣の爺」型の話で、貧乏なやもめが魚からアラーへの信心を教わり、信心して願いごとをすると幸運が舞い込むが、隣の金持ちは失敗するという話になっている[4]。ここにも信心の内容に関する詳しい説明はない。天から使いの者が来るわけでもない。「神」や「天あるいは天国」がどういうものか、非常に抽象的である。イスラーム教の影響を受けた民話であっても、イスラームの教えが語られず、汎アジア的な民話の型にはめこまれているところは共通している。

3 重層的な文化に見られる天界と人界、「死」の概念

上記のように天国の様子が語られているものが見当たらないのに対し、「異界」「天界」の様子は詳しく語られる。生者の世界とは異なるが、何かの拍子に訪れたりそこから戻ってきたりできる場所である。ここではインドネシアにおける「死」の概念と民話で語られる「異界」「天界」のつながりについて論じてみたい。

インドネシアの民話や神話には「天」がよく出てくるが、この概念を明確に説明するのは難しい。「天」はインドネシア語では「空」を意味するlangitで言及されることが多い。七〇〇ある民族語で語られている民話では「空」を意味する語に加え、「空気・風の国」や、特定の「天上の国」を表す語で言及されることがある。

「天界」という概念は、最初に挙げたイスラーム教の「天国」と異なる。同様に「死」の概念も異なっている。オーストロネシア語族の基層の文化には、死者と生者を明確に分けるという考え方が存在しない。台湾の原住民には、亡くなった人を「病気の人」と呼んで、数ヶ月から一年ほど、家の中の特定の場所に遺体を安置する風習があった。病気の人に対するように食べ物や飲み物を捧げることもあったそうである。

インドネシアでは人口の九〇パーセント以上がイスラーム教徒で残りのほとんどがキリスト教徒だが、ごく少数、それらの一神教とは異なる葬送儀礼を行う人々がいる。人口三〇〇万人超のバリ人が

住むバリ島ではバリ・ヒンドゥーと呼ばれるインドから来たヒンドゥー教が信じられている。人が亡くなると、その時点から葬式の準備を始めるが、階級によっては大変大掛かりになるため、数ヶ月の準備期間はざらである。高い階級の人々の家には倉、居住用の複数の家屋、神のいますお社に加え、必ず儀礼用の棟がある。死者が出た場合はエンバーミング（遺体衛生保全）を施し、儀礼用の棟に葬式まで安置する。生者と死者の境界があいまいな期間が長く続き、葬式を経てようやく完全な死者となる。遺体は火葬し、遺灰は海の向こうの国に行けるよう、海に流す。海沿い以外の、内陸の村人の場合は遺灰を川に流し、最終的に海に到達するようにする。

スラウェシ島中部のトラジャ地方も同様である。トラジャ人は一〇〇万人程度で、ほとんどがキリスト教徒、少数がイスラーム教徒である。唯一神教が入ってくる前は、独特な葬送儀礼があったことで有名である。洞窟に船形の容器をならべ遺骨を納める墓場としたり、岩場に遺体のミイラを並べたりしていた。現在のキリスト教徒であっても、その伝統を引き継いでいる部分がある。葬送儀礼は一週間から数カ月に及ぶこともあるが、その準備のため、半年から数年、ミイラにした遺体と共に過ごし、ミイラを着替えさせたりタバコを吸わせたりする。

インド文化もインドネシアには色濃く残っている。ジャワ島やバリ島のワヤンと呼ばれる芸能がある。影絵はワヤン・クリッと呼ばれ、舞踊劇はワヤン・オランと呼ばれる[5]。観光客にも人気の芸能だが、その演目はラーマーヤナとマハーバーラタというインドの二大叙事詩から採用されたエピソードが主である。これらのエピソードではときどき「天界」という場所が出てくるが、そこには神あるいは人智を超えた能力を持つ存在が住まう場所というイメージが強い。人間界の登場人物は王族が多い。魔王や羅刹も登場する。戦いのシーンが多く、優秀な戦士が死んでしまうこともある。よみがえるエピソードもあるが、割合的には多くない。以下で紹介するインドネシアの民話・神話よりも登場人物が多く複雑でドラマティックな話である。こういったインド叙事詩がどこまでインドネシアの民話・神話に影響を与えているのかはよくわからない。

次節では普通の人間とそれ以外の存在の境界のあいまいさが表れた民話・神話の数々を紹介する。

4 森と海と天界 ——奥まった秘密の場所という共通のイメージ

インドネシアの神話や民話には、「森」「海」に関して共通するイメージがある。「森」は清浄な空間であり、そのなかでは超自然的な力を持つものが活躍する[6]。小さな島には大きな森がないが、そこに住む人々に伝わる民話の「海の向こう」がこの「森」のイメージに相当する。これら「森」や「海」のイメージは次節以降で紹介する「天界」のイメージと非常によく似ている。天界には森や海と同様、植物が豊かでさまざまな動物が登場するだけでなく、人間社会で恐ろしいことがあったときに逃げこむことのできる場所であるし、超自然的な力によって助けられたりそのような力を得たりすることのできる場所である。まず、この「森」のイメージが現れている民話を紹介しよう。

王女と幽霊の王

ある領主には一二人の息子がいたが、娘が欲しかったのでまじない師に頼んだところ、一二人の息子をいけにえに捧げなければならないと言われた。よく考えずに領主は捧げてもいいと答えてしまった。おきさきは、このことを悲しみ、王女が誕生したら兄たちがすぐに逃げられるように手配した。王女の誕生を祝ってイスラーム教のモスクの太鼓が鳴るなか、王子たちは森に逃げる。大きくなった王女は一二人の兄の存在を聞きかじり、おきさきから真相を聞き出す。王女は兄たちを探しに森に行き、野獣に襲われないよう、「大きな木の上をねぐらとして過ごした」。しばらくして小さな小屋を見つけて近づくと、「人との交際を避けて自分を清めるため」一人で森に住んでいるおばあさんがいた。王女はこのおばあさんと住むことにしたが、森にすむ幽霊の王に気に入られる。王女は結婚を迫られるが、承知しないでいると幽霊の王に魔法をかけられ、犬にされてしまった。犬の姿で庭を走り回っていると植木鉢が会話をしていることに気づく。兄たちは王につかまり植木鉢に変えられていたのだ。

王女は王に結婚を承諾する代わりに植木鉢の兄を人間に戻すよう要求する。王の弱点を知った王女は、兄たちと協力して退治した。その後は宮殿で兄たちと幸せに暮らし、おばあさんを宮殿に招いた。（ジャワ島の話〔7〕）

この話の「森」には、「異界」「天界」の特徴的なイメージが表れている。第一に「大きな木」に野獣から守られている点。人間が「森に守られる」というモチーフが見られる。第二に森で会ったおばあさんは森に清浄さを求めて一人で住んでいるという点。森＝清浄というモチーフが現れている。第三に幽霊の王という人知を超えた能力を持つ存在がいる点。第四に王女の冒険譚となっている点。これらのモチーフは天界が舞台となる話にも共通して見られるものである〔8〕。この話に出てくる幽霊の王は、死者というよりも、怪物のような振る舞いを見せている。「死者」が赴く「死者」だけの世界、という描き方がされている話はなかなか見つからない。次に、森と天界の連続性が表れている話を見てみよう。

アリオ・メナクが妖精の嫁をもらった話

アリオ・メナクという若者は冒険に憧れ、深い森をさすらっていた。すると夜になり、乙女たちがタマン・サリダという湖で水浴びしている様子を目撃する。木に掛かっている上着を一枚取って隠れようとすると、こうもりが騒いだので気づかれてしまう。乙女たちはびっくりして上着をとって空に飛び去った。それを見て、乙女たちが妖精だということがわかる。上着を盗まれた妖精は飛び去ることができず、アリオ・メナクと結婚する。妖精と結婚してから、アリオ・メナクは裕福になり、米粒をつきもしないのにいつもごはんが炊けていた。息子が生まれて幸せに暮らしていたが、魔法を使った料理の秘密を知ってからは米倉が空になり、米倉に隠されていた上着が見つかる。妖精は天界に行って帰ってこなかった。（マドゥラ島の話〔9〕）

この話では、天界からの妖精と出会う場所は神聖な「森」であり、ここでは「森」が「天界」の入り口として描かれている。アリオ・メナクは天界を探検することはできなかったが、天界の人が不思議な力を持っていることが描写されている。

ドリラーナという女の子の話（スラウェシ島の話）もある。地主の娘のドリラーナは地主の父親から「お前が悪いことをしたらパクパク・セロカと結婚できないぞ」と言われて育った。パクパク・セロカを探しに行くと美しい若者だったので結婚したいと思った。パクパク・セロカの両親に取り入るため、家を建てたり、門を作ったりした。森の中に入って神様にお願いをするだけでこれだけのことができたのである。この話では、主人公の女の子が何の必然性もなく、突然、森で不思議な力を授かり幸せな結婚をする。森という場所の持つ特殊性が現れているのである。この特殊性は天界と通じるものがある。

「森」があまりない小さな島では「異界」の概念は「海」となる。例として「くじらといるか」の話を挙げよう。

くじらといるか

ヤシ酒を造るため、ヤシの液を搾る仕事をしている男がいた。あるとき、仕事をしていると一生懸命に働いている二人の人間が見えた。この二人は畑のかきねにかけてあった着物を着るとくじらといるかに変身し、海に潜っていった。数日後、この二人は七人の女性を連れてきた。ヤシ液搾りの男はいちばん若い娘の着物を隠し、魚に変身できなくなった娘と結婚して息子が生まれる。ある時女は着物を見つけ、息子を残して故郷の海に帰っていった。男と息子はボートで海に漕ぎ出し、母親を探した。魚に会うたび、母親を見なかったかと尋ねた。一度目と二度目に尋ねた魚は何も知らなかったが、三度目に尋ねた魚は方向を示してくれ、四度目に会った魚はどこにいるかを教えてくれた。母親のいるくじらといるかの村には入ることをせず、あるおじいさんに使いを頼んだ。母親は息子に会いたくて夫のもとに戻ることに同意し、魚の着物を投げ捨て、永遠に人間として家族で幸せに過ごし、魚の世界に戻ることはなかった。（カイ諸島の話［10］）

この話に出てくる海と魚の村は行き来できる異界として描かれている。人間のヤシ液搾りの男とその息子は魚の村という聖域には足を踏み入れていないが、もともと魚の女性は行き来をしている。男と息子は魚と会話し、母親を探すという冒険をする場所が海なのである。

それでは次に、天界はどのようなところか、詳しい描写がされている話を見ていこう。

5　天界からのおくりものと冒険

インドネシアに出てくる天界には妖精などと呼ばれる天界の住民が住んでいる。そこでは植物も動物も人界と変わらぬ形で存在している。民話の主人公は動物たちに助けられるなどして、多くの冒険をする。天界のイメージは非常に生き生きとしていて、人間の社会と変わりない。主人公は天界と人界を自由に行き来する。このような描写がある話には「天女の羽衣」の類話が多い。

そのなかには天界と人界を行き来することにより、すばらしいおくりものをもらうという話がある。そのうち一つは米などの重要作物である。また人界では珍しい技術を得ることもある。こういった話では天界の様子がかなり詳細に書き込まれる。そこには人間の世界と同じような小屋があり、木や森や湖があり、街もある。天界は神のみが住むような、特別で人間を寄せ付けないような場所ではない。人間が冒険やさまざまな経験をし、人界と同じように普通に暮らすことができる場所である。

まず人間が天界で冒険など多くの経験を積む話を見てみよう。ポロパダンは、第2節で言及した特殊な葬送儀礼を保つスラウェシ島のトラジャ人の話である。

ポロパダン

ポロパダンという男は、あるときとうもろこし畑で美しい女が虹をはしごにして降りてくるところを見る。その女は「天の人間」でデアタナと言った。ポロパダンは後をつけてデアタナを捕まえた。デアタナは「地上の住人よ、何をするのですか。私は天の人間なのよ！」と叫んだ。ポロパダンは結婚を申し込んだがデアタナは「私は女神でありあなたはただの人間だから」と断った。しかし離してもらえないので「汚い言葉を使わないのなら」という条件で結婚を承諾した。デアタナはしばらくしてパイルナンという息子を産んだ。

パイルナンがコマで遊んでいたとき、誤ってコマがポロパダンのひざに命中し、あまりの痛みについののしり言葉を発してしまった。そのため、デアタナは息子のパイルナンを連れて、虹のはしごを上り天界に帰ってしまう。ポロパダンは後を追って虹のはしごを上ったが地上に落ちてしまった。

ポロパダンは天界に行く方法を探して歩き回ったが疲れて海岸で泣いていると白い水牛が歩いてきた。狩人に投げられた竹やりが肩にささっていたので取ってやったら天界のふもとに連れて行ってくれた（その恩に報いるためトラジャ人は白い水牛の肉を食べない）。しかし天界にあがれなくて泣いていると月が昇るときに連れて行ってくれた。泉のそばに腰を下ろしているとひとりの召使がデアタナ親子のために水汲みにやってきた。そこでポロパダンはパイルナンのコマを水にしのばせた。その水からコマを見つけたパイルナンは父親が探しに来ていることがわかる。

ポロパダンは次の朝、デアタナ親子の家を訪れたが、召使にどこかに隠されていた。親子に会うためにはザルで水を汲めという難題を召使から出されたポロパダンはウナギの助けを得て水汲みに成功する（その恩に報いるため、一部のトラジャ人はウナギを食べない）。そのほかに三つの難題を出されたが、カニ、ネズミ、イノシシの助けを借りて解決した。すると暗い家の中にいるデアタナを一発で見つけろという最後の難題が出された。ネコがデアタナを見つけ出し、ホタルがその髪にとまって、ポロパダンに教えてくれ、無事に探し出すことができた。デアタナは正式にポロパダンの妻になった。

親子三人はそろって地上に戻りいつまでも幸せに暮らした。(スラウェシ島の話〔11〕)

このように動物の助けを借りて難題を解決する話はスラウェシ島の全域だけでなく、インドネシアの他の島々でも見つかるポピュラーなモチーフである。難題の数は三つから六つくらいで、さまざまな動物が出てくる。ポロパダンが白い水牛やうなぎに約束したように人間側が何等かのお返しをするが、それが現在の風習や状況の説明になることが多い。

この話に出てくる天界の動物たちは、地上のそれと変わるところがない。ウナギは籠にとぐろを巻き、カニは水路を掘り、ネズミはトウモロコシを集め(現実には食い散らかすかもしれないが)、イノシシは畑一面のヤマイモを食べる。天界には女神と自称するデアタナ以外に召使や村人がいる。次もこれの類話である。

天界の王女と結婚したみなし子

中部スラウェシにバダという国があった。ここの村に両親がすでに亡くなっている、若い男が一人で暮らしていた。亡くなった父親は魚の養殖池を残してくれていたが、ある時池の水が濁っているのを見つける。その後も水が濁るので魚が盗まれているのかと思い、見張っていると天界の七人の王女が水浴びしに来ていることがわかった。一番若い娘の服を隠し、王女たちを脅かすと六人は舞い上がって天に姿を消したが、服を取られた一人は天界に戻れず、若者と結婚した。娘には七人の人間と言う意味のトピトゥという名を付けた。トピトゥはまもなく男の子を産んだ。あるとき、トピトゥが沸かしているお湯が真っ赤だったので、若者は「血を煮るなら別れる」と言った。トピトゥは服を返してもらい、息子の世話を頼み、天界に戻った。

若者は激しく後悔した。先祖に天界へのはしごを作ってくれるよう祈ると、雨が降り、色とりどりに塗られたはしごが降りてきた。若者が息子を連れて天界に着くと雨がやみ、登ってきたはしごが七色の虹だったことがわかった。

天界ではお米を搗いている人、竹の皮を探している人などにトピトゥの家を訪ね、うちにたどり着く。トピトゥは「本当に私の夫と息子なら私の家に入る階段を登れるはずだ」と言う。階段はつるつるしてうまく登れないが、ネコが爪でひっかいてザラザラにしてくれたので登ることができた。するとトピトゥは家中のランプを消して真っ暗にし、自分を見つけるように言った。するとホタルが助けてくれ、見つけることができた。

トピトゥは「本当の私の夫と息子だわ」と言い、感動的な再会を果たし、三人で幸せに暮らした。

（スラウェシ島の話〔12〕）

この話には天界の王女とされる娘たちが登場するが、主人公の若者が天界に行くと「米を搗く」「竹の皮を探す」という、庶民生活に欠かせない作業をしている人々に出会う。天界の人々も地上の人間と変わらない様子である。ここでもネコやホタルの助けを借りて妻を見つけることができるという、動物の助けのモチーフが見受けられる。

類話として、「ジョコ・タルブ〔13〕」の話がある。吹き矢の名人の若者が鳥を捕まえに森に狩りに出かけた。湖の近くで休んでいると娘たちの話し声が聞こえた。彼女たちは天界からきた妖精だった。一枚の肩掛けを隠していると、そのうちの一人が天界に帰れなくなり、若者と結婚する。一年後に女の子が生まれる。ご飯を炊く様子を見るな、と妻に言われたが若者はその様子を見てしまう。それから米倉の米が減り、そこに隠した肩掛けを見つけられてしまい、妻は天界に戻った。しかし、毎晩子どもに乳をやりに訪れるという約束通り、毎晩天界から地上を訪れたという。この話でも、人界のものは行き来できないが、天界に属するものは自由に天界と人界を行き来できるという設定になっている。

スラウェシ島の話に出てくる天界は、地上と同じような自然や人々の生活が描かれている。ジャワ島の類話には魔法のような力を主人公が得る話がある。次のペリア・ポカクはその例の一つである。

ペリア・ポカク

ペリア・ポカクはまだ若く、十八にもなっていなかった。まだ年若い七人のおばと泉に水を汲みに行く。おばたちはきれいな服を着ているがペリア・ポカクはつぎはぎだらけの服を着ていた。水浴びしてから水を家に運んでいると、ダトゥ・テルナという領主の息子に見初められる。おばたちは嫉妬し、森に枝拾いに連れ出すが、ペリア・ポカクの邪魔をして枝を拾わせない。おばたちから離れて森の奥に進んで行くと、突然七人の妖精と出会う。妖精たちは天界にペリア・ポカクを連れて行き、いろいろな織物の織り方を教えてくれた。わずかな間に織り方を学んだペリア・ポカクに、妖精たちは二枚の布を贈り物として渡す。織物はおばたちに見つからないよう、寝るときにしか使わなかった。

おばたちのいやがらせは続き、藍の染料を塗り付けられたが、その姿を見てもダトゥ・テルナのペリア・ポカクに対する気持ちはますます燃え上がるだけだった。おばたちとまた森に枝拾いに行ったペリア・ポカクは奥に進み、また七人の妖精に出会う。妖精たちは体を洗ってくれ、柄の織り方を教えてくれた。このようなことが数年続き、ペリア・ポカクの家には美しい織物がたまっていったが、昼間はつぎはぎだらけの服を着ていた。

ダトゥ・テルナはある夜、満月がひざの上に落ちた夢を見る。占い師たちはこれは吉兆でダトゥ・テルナのやることは何でも成功すると述べた。それでダトゥ・テルナはお供のカヤロデとジュズカケバトを探しに森に出かけたが、なかなか見つからず旅が続いた。ある山の近くに来ると、機織りの澄んだよく響く音が聞こえてきた。ダトゥ・テルナたちがその音を頼りに探し回っていると、ペリア・ポカクは彼らが近づいていることに気づき、家に逃げ帰る。その後、ダトゥ・テルナたちは機織り機と美しい複雑な織り方の織物を見つけ、織物を持って家に戻った。そして領主の父親に「この美しい布を織る娘と結婚させてくれ」と頼み、承諾してもらった。たくさんの娘たちが織物に挑戦したが失敗する。最後にペリア・ポカクが呼ばれるが、妖精たちは美しいアクセサリーと服でペリア・ポカクを着飾らせて宮殿に行かせる。ペリア・ポカクは宮殿で美しい織物を織ってみせる。ペリア・ポカクとダトゥ・テルナは結婚し、幸せに暮らした。（ジャワ島の話〔14〕）

ペリア・ポカクは、森の奥に行くのだが、そこは天界とつながっている。先に述べたアリオ・メナクの話と同様、森が天界の入り口となっている設定で、地上の人間のペリア・ポカクもダトゥ・テルナも自由に行き来している。このように、唯一神教とかかわりのなさそうな民話・神話の類は天界との境目が厳格でない。天界には人界と同様の人々の生活や動物や自然があり、地上と同じような経験を天界で積むことができる。

天上世界から、神・英雄・人間の祖先などが、文化を盗み人類に伝えるという話は世界に広く分布する。たとえば、ギリシア神話の「プロメテウスの火盗み伝説」は、神族の一人であるプロメテウスが火を取りあげられた人類に、天上から火を盗み返して与えるというモチーフを含む。日本には、宇迦之御魂（ウカノミタマ）あるいは稲荷大明神、あるいはその使いである狐、大國主神（オホクニヌシ）、弘法大師などが穀物を盗むという神話や民話が存在し、御伽草子の『天照大神本地』や『月庵酔醒記』に穀物盗みの神話が存在する[15]。主に東北地方や関東地方に「稲盗み」のモチーフが伝承し、西日本には「麦盗み」のモチーフが存在するようである。インドネシア全域、台湾、アイヌ在住地域にも穀物盗みの民話が存在する。以下に挙げるトゥミデンは「稲盗み」のモチーフを語ったものである[16]。

トゥミデン

トゥミデンという男は親孝行な良い男で、リアマサンという天界の女性に好かれた。そのころ、地上と天上を行き来するクリンタンという木でできている大きなはしごがあり、天界に行ってリアマサンの作る食事を食べたトゥミデンは、その材料である稲を地上に持ってきたいと思った。ある日、鶏を連れて天界に行ったところ、モミを干しているリアマサンに会った。鶏が逃げ、モミをついばんだ。その鶏を追いかけてトゥミデンはモミを踏んだ。

地上に戻るとすぐ、鶏の胃をさき、モミをとりだした。足の裏についていたモミもつまみ取ったところ、合計で九粒あった。この出来事を見た稲の女神、リンカンベネが追いかけてきた。トゥミデンをつかまえられなかったので、そのきょうだいのスマンティがはしごを切断し、大きな石や竹を投げたのでレンベアン山脈の中に山ができた。九粒のモミをトゥミデンが植えたところ、数ヶ月後に穂が実った。それを見て、天上世界の人々が怒って腐らせようとしたが、察したトゥミデンが良い米を選んでささげたため、怒りは鎮まった。天界の人々は時々、コメ作りを指導しに来た。米は大切なので、一粒たりとも無駄にしてはならない。また、神に感謝しなければならない。(スラウェシ島の話［17］)

トゥミデンの話には、古い時代は人間も自由にはしごを使って天界と人界を行き来していたことが記されている。天界の人から盗んだ稲だが、和解後は天界から栽培指導を受けることができた。天界の人ははしごがなくても自由に行き来できることがわかる。この話には「天界の人」として言及されているが、その中には「稲の女神」や、はしごを切り落としたり山などの地形を変えたりする超人的な力の持ち主がいる。

これらの神話・民話には「死後の世界」とは異なるが、人界ではない場所として描かれた「天界」が見られる。生死の境界があいまいなインドネシア的世界観の中では、人界ではなく、常に行き来することができる場所ではないが、ある条件のもとでは行き来が可能な場所としての「天界」が語られる。

6 よみがえりと生まれ変わり

オーストロネシアの基層文化が色濃く感じられる話では、「死」はどのように扱われているだろうか。インドネシアの民話の中には善良な主人公が殺されたとき、超自然的なちからによってよみがえって大団円を迎える話が見られる。また、「死」が「再生」と結びついて語られる話もある（第2章「古代エジプトにおける死後の復活再生をめぐる神々の協働」で、死後の魂の復活再生について触れられている）。

「巨人と兄妹」というカリマンタン島の話［18］は両親を亡くした、兄と妹の二人のきょうだいの話である。二人が田んぼへ働きに行ったとき、ラクササ（巨人）が兄をおびき寄せるため美しい鳥を舞い降りさせる。残った妹はラクササにずたずたに裂かれ、血を吸いつくされた。兄は鳥をつかまえられずに戻ると、妹の体や骨がばらまかれているのを見て、何が起こったかを悟った。兄はラクササの持っているような魔法の力を授けてくれるように神に祈った。その祈りは聞き届けられ、兄は強い体を得、死んでしまった妹を生き返らせた。翌日、また小屋にやってきたラクササと兄は激しく戦い兄が勝った。二人はしっかり抱き合い、妹は兄に深く感謝した。ここに出てくる神がどんな存在かよくわからないが、無実の人間がよみがえる話である。

「プチュク・カルンパン」は魔法使いの呪術によりよみがえり、幸せな結婚をする話である[19]。ある男は闘鶏のニワトリをとてもかわいがっていた。妻が妊娠したとき、女の子ならニワトリに食わせてしまえと命令する。その命令にそむいた妻は助産婦のおばあさんに子をあずけ、プチュク・カルンパンと名づけられた女の子は森で大切に育てられた。女の子は成長するが、それを知った父親が策略にかけ、殺されてしまう。嫁探しをしている領主が、部下の魔法使いと偶然プチュク・カルンパンの墓を見つけ、彼女をよみがえらせる。そして結婚し、育ての親のおばあさんと母親を呼び寄せて幸せに暮らすという良い結末を迎える話である。ここでは虐待を受けたかわいそうな女の子は魔法使いの力でよみがえることができた。

無垢な者、無実な者が理不尽な死を迎えるとき、超自然の力でよみがえるという話は、世界のどの地域にもあるが、インドネシアの他の民話・神話と併せて見ていくと、「死」と「天界」に対する考え方を反映しているという考えに至るだろう。死者と生者の境界はあいまいであり、天界と人界は行き来できることがある。よみがえりが起きるときの記述は単純で大げさではない。簡単に死者が生者になるような印象を受ける。

何らかの理由で殺された女神の遺体から穀物など有益な作物が生え出し、人間に恩恵を与えるという話はハイヌウェレ型神話と呼ばれる[20]。この型の話では「死」を命の終わりとしてとらえていない。その反対に、「死」が「再生」と直に結びついていることを示す。ある者の「死」が子孫の繁栄、人類の繁栄につながることを示しているともいえる。

ハイヌウェレ神話自体、インドネシアのマルク州セラム島のウェマーレという民族に伝わる話である。ある男がヤシ酒を作ろうとサトウヤシを切って樹液を取ろうとしたところ、誤って手を切ってしまい、その血が飛び散った花から生まれた娘がハイヌウェレである。ハイヌウェレは大便として高価な品々を出すことができた。この能力を気味悪がられて生き埋めにされ殺されてしまう。その後男に掘り起こされ切り刻まれた遺体からヤムイモやタロイモといった、地域の主食となるイモ類が生えてきた。娘の死が人界の主要な作物として再生したのである。このように「死」と「再生」が結びつくハイヌウェレ型神話のうち、インド神話の影響も感じられる、ジャワ島に伝わる有名な神話を紹介する。

デウィ・スリ＝稲になった王女様

天界で一番位の高い神はバタラ・グルと呼ばれていた。ある日、彼はバタラ・ナラダという一番年寄りの神を呼び、新しい講堂を建てるため、神々に協力させるように命じた。神々はそれぞれ講堂の材料を寄付することになった。天界ではなく地下の穴の中に住むヘビの姿をした神、バタラ・

アンタは、「私には材料がなく、あったとしても手足がないのでとどけられません」と泣いた。その三粒の涙は三つの卵となった。バタラ・ナラダはその卵を材料の代わりにバタラ・グルに届けるように言った。三つの卵をくわえて、バタラ・アンタは天界に向かって飛び始めた。そこに大きなガルーダという鳥が近づいて「どこに行くのか」と尋ねたが、口に卵をくわえているため答えられない。怒ったガルーダに頭をつつかれ、卵を二つ落としてしまったが、それを見たガルーダは答えられない理由を察して去っていった。

バタラ・グルに卵を差し出すと、「卵がかえるまで預かってくれ」と言われた。バタラ・アンタは地下まで卵をくわえて戻り卵がかえるのを待った。卵からかえったのは驚いたことに女の赤ちゃんだった。バタラ・アンタはその赤ちゃんをくわえて天界に届けた。赤ちゃんはデウィ・スリと名付けられ、バタラ・グルのおきさきデウィ・ウマが大切に育てた。

デウィ・スリは美しい娘に成長した。バタラ・グルは義理の娘に心を奪われていたので、他の神にデウィ・スリを奪われるのを恐れた。妻のデウィ・ウマはそれに驚き、バタラ・ナラダに相談し、彼は神々を集めて話し合った。その結果、デウィ・スリを殺すことになった。神々はデウィ・スリに毒を飲ませて殺し、天界でなく地上に埋めることにした。すると遺体の頭からはヤシの木、目からは稲が、胸からはもち米の苗が、両足からはサトウヤシ、その他の部分からもいろいろな種類の草や木が生えてきた。特に大事なものは稲だった。こうしてデウィ・スリは稲の女神として多くの人の信仰を集めた。デウィ・スリが埋められた場所は今の西ジャワ地方だと言われている。（西ジャワ地方の民話〔21〕）

この話は、天界が主な舞台で、登場人物は神々と想像上の動物である。ヘビの姿をした神のみ、通常は地下に住んでいるが、天界に飛んでいくことができる。デウィは女神、バタラは（男性の）神という意味だがサンスクリットという古代インドの言葉から来ている。その他の名前もインド系の名前である[22]。デウィ・スリはヒンドゥー教の影響を受けた地域で信仰されている稲の神で、その由来の話となっている。ジャワ島にヒンドゥー教国が栄えたのは七世紀なので、その後生まれた話と考えられる[23]。

類話に「タレ・イルとブル・シボウ」がある[24]。あるところに二人のきょうだいが両親と暮らしていた。兄はタレ・イル、妹はブル・シボウという名前だった。タレ・イルは「大きくなったら一生懸命働いて家族を養い、妹を幸せにするぞ」と決心し成長すると町に行って働いたが、賭け事にはまり、借金を返せなくなり牢屋に入れられた。ブル・シボウは、愛する兄が帰って来ないので心配になり探しに行った。ブル・シボウは老人の助言に従って高い木に登り「神様、あなたのしもべがお兄さんに会えるよう、力を貸してください。その代わり私の涙、髪、体を、お兄さんが借金した人たちのために捧げます。」と祈ると神はその願いを聞き届けた。突然強い風が吹き付け、激しい雨が降り、稲妻が光り、地が轟いた。ブル・シボウは突然アレンの木（サトウヤシ）に変化した。食べられる実をつけ、樹液は人々の飲み物となり、トゥアク（ヤシ酒）にもなった。髪は屋根をふくことができる葉となった。という話である。

これは亡くなったのが女神ではなく普通の人間で、殺されたわけではなく神に祈ってサトウヤシに変身したのだが、生まれ変わって有益な作物になるところは共通のモチーフである。

次に、死者が作物でなく星になった話をみてみよう。

七人の仲間が星になった話

昔々、海の底から七人の若者が仕事を探して陸地に上がってきた。薪拾いやカモの番の仕事を得た者もいたが、仕事にありつけなかった者は海に戻っていった。地上に残ったうちの一人は王さまの家で牛飼いとして働き、勤勉で王さまからも愛されていた。そのころ、海の中の人間と陸地の人間の間に敵意が生じ、王さまの牛飼いが海の人間だと知れると、陸地の人間に捕まえられ、殺されてしまった。その死体は森の中に捨てられ、野獣に食い尽くされ骨が散らばって残っているだけだった。

殺された若者の仲間、六人は若者の遺体を探してジャングルや森をかきわけ、川や広い平野を横切った。数日かけてようやく森の中で散らばった若者の骨を見つける。六人はその骨を集めてワリンギンの樹〔25〕の下に集めた。若者たちが海から海水を汲んできて骨にかけるとその瞬間、骨は殺されたあの若者に変わった。しかしその体は弱く、歩くだけの力がなかった。六人は生き返った若者を交替で背中に担いで海に連れて行った。

若者たちが海の底に帰ろうとすると、海の中の人々が現れて「お前たちは仕事を探しに陸地に行き、長いこと海を見捨てただろう。お前たちはもう陸地の人間だ」と言って追い払った。七人の若者たちは悲しくなって陸に上がったが陸地の人に襲われて殺されそうになった。それで一番年上の若者がこういった。「ぼくたちは海の中でも受け入れられないし陸地では追いかけられてしまう。だから天に昇った方がいいんじゃないだろうか」

他の六人はこの提案に賛成し、みんなで天に昇って行った。天に着くと七人の若者は七つの星になって一列に並んだ。そしてその光を地上に投げかけた。七つの星のうち、一つの星は光がとても弱い。それは陸地の人間に殺された牛飼いの若者の星なのだ。(東ヌサ・トゥンガラ州、ロティ島の話[26])

この七つの星は北斗七星だろう。地上の人間の目印になる存在である。やはり、人間にとって有用なものに生まれ変わったという話である。また、海水をかけるだけで散らばった骨から元の人間がよみがえるというエピソードは、上の「巨人と兄妹」「プチュク・カルンパン」と同様、簡単に生と死の境を超えられるという概念が基底にあることが感じられる。

おわりに

インドネシアの民話・神話には「天界」あるいは「天の国」が出てくることがある。多くの場合、「白鳥乙女」あるいは「羽衣伝説」の類話で、天の国の女性と地上の男性が結婚するが別れてしまうという話である。悲恋に終わる話(四節の「アリオ・メナクが妖精の嫁をもらった話」、五節の「ジョコ・タルブ」）があるいっぽうで、天界に戻った女性が夫の熱意にほだされ、地上に戻ってきて家族円満に暮らすという話も多い（五節の「ポロパダン」「天界の王女と結婚したみなし子」）。ここでは、天界の女性がかなり自由に天界と人界を行き来するのが特徴的である。五節で紹介した「ジョコ・タルブ」はその例で、毎晩天界の女性が母乳を与えに地上に降りてくるという結末になっている。

明らかに天界は死者の国ではない。天界の住人、神として紹介されている人物も、殺されてしまうと天界から姿を消す。六節の「デウィ・スリ」に出てくる女神は殺されて稲とその他の有用な作物に生まれ変わった。天界には地上と変わりのない動植物が存在し、王族がいれば庶民もいる、冒険をしたり経験を積んだりすることができる場所である。オーストロネシア語族の「天界」観は、インド文化の影響を受けてもそれほど変わったように見えない。ヒンドゥー教の王国があった地域の民話からは、「天界」の住人がすべて「神」として描かれることがあるが、地上と自由に行き来できる、生者の住む「天界」観は健在である。

インドネシア人の死に対する考え方は宗教によって大きな違いがある[27]。ヒンドゥー教徒は生まれ変わりを前提としているが、唯一神教のキリスト教、イスラーム教の人は生まれ変わりがあるとは明確に答えない。唯一神教の人は死者にお供えをすることも基本的には許されていないと答える。しかし実際にはこっそりお供えをすることもあるのである。ほとんどが唯一神教に属しているトラジャ人が葬式までは死者を生者と連続的なものとして扱う風習を残しているのは例外的に見えるものの、心の奥底では生者と死者の垣根が明確でない、太古からの感覚を持ち続けている人は意外と多いのかもしれない。

†註

[1]宗教学校は寄宿制が多いので、住んでいる場所から長期間離れることになる。

[2]小沢俊夫［編訳］『新装世界の民話22　インドネシア・ベトナム』(ぎょうせい、一九七九年)五七〜六三頁。

[3]小沢、前掲書、三七〜四五頁。

[4]隣の爺型の話の例としては、日本の「花咲か爺」のほか、「こぶ取り爺」、「地蔵浄土」、韓国の「兄弟と犬」、中国の「狗耕田」が挙げられる。良い行いをする貧しい男あるいは弟と、強欲な隣の男あるいは兄が対照的な結果を見るという話である。

[5]ワヤンはジャワ島とバリ島、マレーシアに見られる、人形劇、仮面劇、舞踊劇、影絵劇を含む芸能ジャンル。ワヤン・クリッのクリッは皮の意味で、影絵に使う人形は皮でできていることからそう呼ばれる。ワヤン・オランのオランは人の意味で、実際に人間が演じることからそう呼ばれる。

[6]詳しくは百瀬侑子『インドネシア民話の世界』(つくばね舎、二〇一三年)二二〜三七頁を参照のこと。

[7]小沢、前掲書、八六〜九四頁。

[8]ここに言及したインドネシアの民話における森の役割は百瀬前掲書三〇〜三四頁に詳しい。

[9]小沢、前掲書、九五〜一〇〇頁。

[10]小沢、前掲書、一七〇〜一七八頁。

[11]小沢、前掲書、一〇九〜一一五頁。

[12]小沢、前掲書、一三四〜一四〇頁。

[13]百瀬侑子［編訳］『続　インドネシア民話の旅』(つくばね舎、二〇一七年)八七〜九二頁。

[14]小沢、前掲書、一六〜三七頁。

[15]稲田浩二・稲田和子『新版日本昔話ハンドブック』(三省堂、二〇一〇年)。

[16]同様の話は小沢俊夫［編訳］『世界の民話　10』(ぎょうせい、一九七七年)に「トゥミレン」として採録されている。北スラウェシ州で話されている言語では、/r/と/d/の交替が起こることは頻繁であるので、トゥミレンもTumiidengも同じ人名であると考えてよい。

[17] Anneke Sumarauw Pangkerrego, *Cerita Rakyat dari Minahasa*, (XXX: Gramedia Widiasarana Indonesia, 1993)のTumiidengの話を基に、スラウェシ島北部州ブハ村で著者がバンティック語で採録。

[18]小沢、前掲書、一三〜一五頁。

[19]小沢、前掲書、六三〜八四頁。

[20]ハイヌウェレ型神話のように、殺された女神や人間（主に女性）の身体から人にとって有益な作物が生じるという話は、インドネシア、メラネシア、ポリネシアからアメリカ大陸にかけての広い地域に分布している（大林太良・伊藤清司・吉田敦彦・松村一男［編］『世界神話事典』［角川選書、二〇〇五年］）。

[21]百瀬、前掲書、二〇一七年、九三～一〇〇頁。

[22]たとえばバタラ・グル（インドネシア語表記でBatara Guru）はサンスクリットで「高貴な主」を意味するBhattarakaから来ている。

[23]百瀬、前掲書、二〇一七年、一二八頁。

[24]百瀬侑子『インドネシア民話の旅』(つくばね舎、二〇一五年)四四～四九頁、および内海敦子「インドネシアの神話」『性愛と暴力の神話学』(木村武史［編］、晶文社、二〇二二年)一三三～一三四頁。

[25]日本ではベンジャミンと言う名で知られる木で学名はficus benjamina、地植えすると大木になる。インドネシアでよく見られる木で、インドネシア語ではブリギン(beringin)、ジャワ語でワリギン(waringin)と呼ばれる。

[26]小沢、前掲書、一六五～一六七頁。

[27]中村俊哉「インドネシアの死生観：バリ、ジャカルタ、ジョグジャカルタにおけるインタビューから」『福岡教育大学紀要』第54号第4分冊、199-221、二〇〇五年。

第10章

アボリジニの死の概念と神話

——北東アーネムランドのソングライン

窪田幸子

はじめに

本章では、オーストラリアの先住民アボリジニの死の神話を取りあげる。アボリジニはもともと六〇〇部族に分かれ、部族ごとに言語も異なり、神話も儀礼も多様であったことが知られている。ここでは、大陸の北海岸、北東アーネムランドを領域とするアボリジニ、ヨルングの死の概念と神話、そして儀礼について、現在の文化的な状況を含めて論ずることとしたい。具体的な話に入る前に、背景となる歴史を簡単に述べ、現在のアボリジニの生活の概況を説明しておきたい。オーストラリアのアボリジニの歴史的経験はそれ自体多様であり、文化的に固有の意味を持つ。

筆者は、文化人類学研究を専門としている。本章では、文化人類学のフィールドワークによる知見を題材として、オーストラリア先住民、アボリジニの神話が、現在の彼らの生活にどのように生きているのかを論ずる。そのうえで、彼らによって神話が生きられている場面と内容を考察することにより、死の神話のもつ力について、明らかにしたい。

1　アボリジニの歴史――北東アーネムランドの現在を知るために

オーストラリアの先住民、アボリジニは今から約五万年前頃にオーストラリア大陸に到達したといわれている。ユーラシア大陸から東南アジア島しょ部をとおり、筏などの簡単な船で、海峡を渡った。

その後大陸全体に広がり、大陸の多様な自然環境に適応し、狩猟採集、漁労を生業としてきた。一五〇〇〇年前頃までには居住域を大陸全土に拡大し、人口も増加した。オーストラリアは生態的環境が多彩であり、生息する動植物も多様であった。アボリジニの祖先たちは資源利用を多様化させてオーストラリア大陸の全土の、湿潤な温帯から熱帯雨林、そして極度に乾燥した砂漠、そして冷涼な南部まで、さまざまな環境にたくみに適応して生活を展開した。それぞれの地域で異なる文化、技術が生み出され、物質文化も地域差が生まれたが、狩猟採集による生活形態、社会組織、自然を信仰するドリーミングと呼ばれる神話体系、儀礼などにはある程度共通性があった。一八世紀末頃のアボリジニの人口は、三〇万人から一〇〇万人であったと推定されており、言語は二〇〇以上のバリエーションがあり、言語は領域と相関して約六〇〇の部族集団を構成していた[1]。各々の集団内では一定の文化的特徴が共有されていた[2]。

一七八八年にイギリスからの最初の移民船がシドニーの南のボタニー湾に到着した。これ以降、流刑者の流入がつづき、入植地としてのオーストラリアの歴史が開始された。彼らが出会ったのは、裸で、鉄器も持たずに狩りをして暮らすアボリジニの人々であった。当時の西洋の思想的潮流は進化論であり、人間社会についても「進化」という視点からとらえようとする、社会進化論がもてはやされていた。アボリジニは、人類として進化の遅れた「野蛮人」であるとみられた。南部の入植地やその周辺では、入植は暴力的にすすめられ、入植者が持ち込んだ病気もあって、アボリジニはその人口を大きく減らした。混血もすすみ、アボリジニの伝統的な生活基盤は失われ、言語や地域の儀礼などの文化の多くが失われた。入植当初には少なくとも三〇万人程度はあったと推定されるアボリジニの人口は、二〇世紀に入るころには六万人にまで減少した。とくに南部の入植者たちの集落周辺で暮らすアボリジニの生活状況は、悲惨であった。当時アボリジニは、「野蛮すぎて文明に適応できない」存在とみられ、遅かれ早かれ、死に絶える人々と考えられていたのである[3]。

2 ヨルング

その一方で、本章で扱うヨルング（*Yolngu*）などの人々が暮らす北部の熱帯地域や、大陸中央部に広がる広大な砂漠地帯では、アボリジニと入植者との接触は、二〇世紀近くになるまでほとんどなく、この地域のアボリジニの生活の変化は南部と比べ、相対的に限定的だったといえる。それでも、中央砂漠地域には牧場が建設され、牧場労働に使われたアボリジニも多かったが、北部地域はほとんど手つかずの状態であった[4]。北部地域に暮らすアボリジニの生活や文化も、後述するように大きく変化していったが、それでも、自然とともに暮らす狩猟採集の生活様式や儀礼や神話の世界観や彼らの言語などの、文化的独自性は強く維持されてきた。

本章で主に対象とするのは、大陸北海岸、アーネムランドの北東部を領域とするアボリジニの一部族、ヨルングの人々である。この地域に本格的な入植が入るのは、二〇世紀になってからのことで、キリスト教のミッションを中心としたものであった。この頃になると、南部のアボリジニの悲惨な状況は社会問題と広く認識されるようになり、キリスト教会は、北部のまだ手つかずのアボリジニの救済に乗り出したのだった[5]。ほっておけば南部と同じように入植者によって生活が破壊されてしまう、その前に彼らを教育し、オーストラリア社会に同化させようとする試みであった。北部アーネムランドと中央砂漠地域には一九二〇年代に広大な保護区が設定され、自由な入植は禁じられ、アボリジニの穏やかな同化が目指された[6]。

同化政策を中心的に担うことになったのは、それ以前からキリスト教化のためにアボリジニとの関係を構築していたキリスト教のミッションであった。アボリジニ保護区の村運営と、同化政策の推進は、主にこれらのミッションにゆだねられたのである。筆者の調査地域である北東アーネムランドでは、メソジスト派のミッションが二〇世紀に入るころから布教活動を開始し、拠点となる村をいくつか建設していった。彼らは、南部地域などでみられたような強圧的な同化政策はほとんどとらず、暴力的な抑圧もなく、アボリジニとの友好的な協力関係を構築して、村の建設、運営を進めた。ヨルングの人々は、ミッションに依存しつつ、村に定住し、学校教育をうけ、医療をうけ、ミッションで労働をするという生活を送るようになった[7]。

第二次世界大戦が終わる頃になると、アボリジニをめぐる状況は急激に変わっていった。それまでのアボリジニに対する差別的な扱いは少しずつ改められることになっていく。北東アーネムランドでは平和的なミッション運営がされていたとはいえ、アボリジニは自律的な存在とは認められておらず、同化のための教育、指導を受けていた。アボリジニは制度的にはオーストラリアの国民ですらなく、選挙権もなく、社会的には厳しい差別と迫害にさらされており、彼らの基本的な権利はまったく認められていなかった。このような状況の中で特に南部都市地域の周縁化され貧窮したアボリジニからの大きな反発が続き、土地権、選挙権などの要求が起きるようになっていた。国際的にも人権意識の高まりとともに、少数者への迫害は強く批判されるようになっていた[8]。このような流れの中で、アボリジニへの差別的扱いが非難されるものとなっていき、大きな変化につながったのである。まず、州ごとに、アボリジニに、平等賃金や社会福祉が徐々に適用されるようになっていった。そして、一九五七年には国民投票が行われ、圧倒的な賛成多数で、アボリジニを憲法の対象とし、他の国民と平等な扱いにすることが決定された。この決定を受けて、北東アーネムランドをはじめとする保護区のアボリジニの村の運営を担っていた、キリスト教各派のミッションは、その運営をアボリジニに委譲し、村を去っていくことになった[9]。

一九七六年には、北部準州でアボリジニの土地権を認める法律ができ、保護区はアボリジニが権利と責任をもつ「アボリジニ信託領」に改められた。一九七五年には、人種差別禁止法も採択された。調査地のアボリジニの人々も、社会福祉の補助金や雇用による賃金を受け取るようになり、それを自分で管理することも必要になった。ミッションにかわり自分たちで村を運営し、自律的に動くことが求められるようになった。実際のところ、依存していたミッションが退去したことにより起きた変化は非常に大きく、ヨルングの人々は混乱し、この時期、村の運営は混迷した。

筆者は、一九八六年から北東アーネムランドにあるヨルングの村での現地調査を継続して行ってきており、つぶさにその変化を観察してきた[10]。今日では村には、多くの近代的施設が完備されている。小中学校、幼稚園、託児所、病院、スーパーマーケット、ファーストフード店も数軒ある。プレハブやコンクリートブロック製の家が整備されており、役場や銀行窓口、郵便局、空港施設、上下水道、発電、ガソリンスタンドなどの必要な基礎的インフラはすべて整っている。人々は、村の各施設で雇用労働をし、または社会福祉補助金を受け取り、スーパーマーケットで食糧を購入する。子供たちは学校に通い、少数は都会の上級学校に進学する。コンピューター、インターネット、スマートフォンも普及している。混血はあまりすすんでおらず、ほとんどの人が純血である。彼らは、黒褐色の膚をし、手足が細く長く、髪が縮れているという形質特徴をもつ。大きな生活の変化のいっぽうで、娯楽としての色彩が強まっているようであるものの、狩猟採集と漁労は重視され継続されている。四輪駆動のトラックとライフルを使って狩りが行われる。ヨルング語は現在も母語であり、小中学校では英語とのバイリンガル教育が行われている。親族関係や婚姻の規則、神話や儀礼などの伝統文化も変化しつつも維持されている。そのようなヨルングの人々は、現在のオーストラリアでアボリジニの中でも相対的に「伝統的」な人々とみられている。

ヨルングの人々はこのように「伝統的」な文化を色濃く維持しつつ、飛行機や自動車、スマートフォンなど、われわれと変わらぬ文明の機器を利用する生活を送っている。そのような環境にあって、神話は彼らの現在の生活の中に生き続け、かつ非常に重要な意味を持っている。人々は神話の知識を共有しており、神話にもとづいて各種の儀礼が展開され、儀礼では神話が歌われ、踊られる。ヨルングの神話の種類は非常に多く、クラン（父系氏族集団）ごとに所有する神話が異なる。クランとは、父方の祖先を共有する人々の集団で、ヨルングの人々にとって最も基本的な社会集団である。調査地には一二のクランがある。次節ではまず、アボリジニの神話と儀礼の大枠を精霊とドリーミング、神話と儀礼の密接な関係性から説明し、とくに土地とクランのつながりの深さを明らかにすることとしたい。

3

ヨルングの信仰とドリーミングの世界——神話を生きる儀礼

精霊とドリーミング

人間集団と特定の動植物種や人工物、自然現象を含むさまざまな存在との間に特別なつながりを認め、それらを集団の祖先、「トーテム」としてあがめるという信仰形態を、「トーテミズム」と呼ぶ。かつては、「未開社会」と呼ばれていた人々の間に広くみられる信仰体系であるとされ、「遅れた」宗教的形態であるという間違った理解が長くされてきた。北アメリカ先住民やアフリカの諸集団などに広くみられる信仰であるが、文化人類学において、トーテミズム研究の見直しは、クロード・レヴィ＝ストロースによって一九六二年になってようやく行われた〔11〕。トーテミズムは知的で論理的な秩序の体系であるとの理解は、決して古いものではなかったのである。オーストラリアのアボリジニ社会には、トーテミズムが現在も生きている。人間集団と特定の自然界の生物種が、文化的に特別な関係にあるもの、彼らの表現では系譜関係をもつもの、とされ、その特定の生物種やその神話を自分たちの祖先のものとして、あがめる。オーストラリアではこのような「トーテム」を「ドリーミング」とよび、ある集団は特定の動植物を自己のドリーミングとし、その動植物にかかわる神話を自分たちの集団の所有とする。

アボリジニのドリーミングの神話では、この世の始まり、創世の時代に、動植物の姿をした精霊が自由自在に旅をし、さまざまな活動をしたとする内容が語られる。精霊は各地を旅し、大地を形作り、動植物や人間で大地を満たし、言葉を生み、社会生活を送るための法を授けた。精霊が生み出した動植物、精霊、その活動、活動のあった場所、出来事そのものなどは、精霊が集団の祖先に与えたと語られ、その集団に属する人々にとって「聖」なるドリーミングである。神話にもとづいて特定の土地の領域、神話内容、歌と踊り、絵画表現がそれぞれの集団の所有とされる。ドリーミングの精霊は、その神話を所有する人々にとって系譜的なつながりのある「祖先」と考えられている。旅の主人公だけでなく神話に現れる存在のすべて、そして神話そのものもドリーミングとよばれる。神話で語られることは、過去の出来事ではなく、単なる「おはなし」でもない。神話の出来事が、彼らの由来であり、彼らのアイデンティティとなっており、時にはきわめて個人的なニュアンスをもって表現されることもある。精霊たちは旅の終わりに、永遠の存在に姿を変え、地下や水の底に潜り、現在も精霊の空間に存在し続けていると信じられている。

神話は、儀礼で歌と踊り、そして絵で表現される。ヨルングの儀礼は、葬儀、成人儀礼などの女性と子供も参加できる公開のものと、ジュングワン、グナピピなどと呼ばれる、秘儀性の高いものがある。後者は、成人儀礼を受けた男性のみが参加することを許されるものだが、表されるレヴェルは異なるものの[12]、いずれの儀礼でもクランの神話の内容が歌い、踊られる。そしてその神話を表す絵が、儀礼の中心的な役割を担う人物の身体や儀礼具に、葬儀の場合には死者の胸に描かれる。

山や泉、岩場などの景観特徴は、精霊が大地に残したものであり、ドリーミングの精霊が世界を創り出す力があることの明白な証拠である。ドリーミングの時代に活躍した精霊は、現在も力があり、自然の豊穣性をコントロールしている。動物や植物の姿をとっているとはいえ、自分たちの祖先である精霊のために人々は儀礼を恒常的に執り行い、精霊の歌をうたい、踊りをおどることによって、精霊に力を与え、同時に豊穣性を継持する力を精霊から受け取ることができると考えられている。ヨルングは儀礼を正しく行うことを、「神話を世話する」とよぶ。このようにヨルングの日常世界には、豊かな神話的世界観がリアリティを伴って生きているのである。彼らは、儀礼によって祖先の精霊の力を強め、人間と精霊と自然、そして無生物の世界を、ひとつの宇宙的秩序にまとめあげている。成人男性は自己のクランの神話と聖地、儀礼具等の後見人であり、適切に儀礼を執り行い、土地に働きかけることによって自然界の豊かさを維持する責任を負う。このように、アボリジニの神話をなぞる儀礼は、人間の生にかかわる重要な機能をもつ。これは次節で扱う死のテーマの最も重要な背景となっていることを忘れてはならない。

神話と土地

神話に登場する精霊たちはみんな旅をする。クジラやトカゲ、エミューなどの動物、雨、風、雷などの自然現象、そして人間の作る道具などの無生物も精霊となり、旅をする。地下にもぐったり、空間を移動したり、水中に入ったり、自由自在に動く。これらの精霊の旅の道筋で、重要な出来事が起きた場所は、固有の地名で語られ、実在する。以下に、神話とクランの土地との関係をよりわかりやすく示すため、まずサメの精霊の神話を紹介しよう【図1】。サメの旅の神話は、ジャンバルピュイング（*Djambarrpuyngu*）・クランをはじめとする複数のクランに所有されている。サメの精霊は、東アーネムランド東端の海辺にあるジャプ（*Djapu*）・クランの領域であるグルート島から、北へと旅を始めた。ダティウイ（*Datiwuy*）・クランの領域を通り、そこから西に海岸線ぞいに移動し、ガラタ（*Galata*）というジャンバルピュイング・クランの領域を通り、さらに西の海岸近くにあるナンガララ（*Nangalala*）というムルングン（*Murrungun*）・クランの領域まで旅をしたとされる。サメの精霊は、それぞれの場所で何か行動をし、その痕跡を土地に残した。神話ではその内容が語られる。

ジャンバルピュイング・クランの所有する神話は以下のようなものである。

【図1】サメの神話の道筋

ジャンバルピュイングの領域にある岬、ガラタまで来たサメは、自分が別のクランの男にだまされたことに気づくが、時すでに遅くその男にヤリで刺される。だまされたことに怒ったサメは身体を何度も地面にたたきつける。ガラタの岬の海岸部にはこのサメの行動によってできたでこぼこした岩場の浜があり、潮がひくとその岩場が現れる。さされたサメの肉はバラバラになり、いくつもの方向に走った。ヒレの一部は北部の海岸まで走っていきバントラ（Bantula）の近くの海岸の黒い岩場になった。サメは死んでその痕跡を地上に残した。

ジャンバルピュイング・クランは、ガラタで祖先のサメが殺されたという出来事、その痕跡が残る実在する海辺、そして神話のストーリーのすべてを集団の重要なドリーミングとして所有する。先に述べた四つのクランはそれぞれサメの旅の道筋に領域をもつが、旅の神話の一部ずつを所有しており、儀礼では共同してサメの旅の踊りをおどる。彼らはみなサメを象徴するデザインを胸に身体装飾として描くが、絵柄はクランによって異なる。絵の違いは、それぞれの領域でサメが行った行動と相関している[13]。たとえば、旅の始まりのジャプ・クランではサメの姿は具象的に全体が描かれるが、ジャンバルピュイング・クランではサメの頭とヒレが記号的に描かれ、ヤリで刺しぬかれ、死亡したことが示唆される。ムルングン・クランの土地にはバラバラになった肉の一部が走っていたとされ、バラバラなサメが描かれる。このように精霊であるサメは、四つのクランの所有する具体的な場所を通って旅をしたとされ、その行動によって四クランをつないでいるのである。

右で述べたような神話の旅のつながりは、ソングラインとよばれる[14]。アーネムランドだけではなく、オーストラリア全土にはそれぞれの地域のアボリジニの神話にもとづく無数のソングラインが張り巡らされている。精霊たちは地下を通り、地上に現れ、複数のクランの領域を通って移動する。それぞれのクランの神話は、変化をともなって変奏されていく。ソングラインは、クラン間の神話的な関係性を儀礼で具体化するとともに、クラン相互の社会関係を強めるものとなっており、アボリジニ地域社会の基盤となっている。アボリジニの土地権認定にこのソングラインが大きな意味を持ったことはすでによく知られているところであるが、それについては別稿を参照いただきたい[15]。

4 葬儀と神話

これまで見てきたようにアボリジニの神話は、精霊と土地とのつながりを中心に語られ、自然の豊饒性を人間にもたらすものであり、儀礼を介して人間の「生」に重要な意味を持っている。それは同時に、「死」と葬儀についての彼らの思想を理解するのにも重要である。以下アボリジニの死の概念と葬儀について述べたのち、ヨルングの死の神話を細かく見ていきたい。

ヨルングの死の概念と葬儀

ヨルングは、人間の魂は二種類あると考えている。一つはビリンビル（*birimbir*）と呼ばれるもので、死者の地であるブラルグ（*Bralgu*）へと去るものである。ブラルグは海の果てにある永遠の死者の地で、祖先の精霊たちはそこからやってきたとされ、死者の魂はここに戻り、再び生まれてくるまでそこにとどまる。これが本来正しいとされている死者の魂の旅の道筋である。ただし、魂はもう一つあり、モーコイ（*mokoi*）と呼ばれる。これは本来行くべき死者の地へと去らず、村の近くの林の中にとどまり、村の周りをうろつき、出身クランの人に害を及ぼすこともある危険な存在である。そのため、モーコイを正しく世話して死者の国に旅立つようにしむけるのが、葬儀の重要な役割の一つである。葬儀では、死者の儀礼のサイクルを歌い、死者の国への旅の道筋を歌う。モーコイは歌われた道筋に沿って移動し、死者の国に達すると信じられている。

ヨルングの葬儀は、白人との接触以前には複数の段階に分けて行われるものだった[16]。まず死者がでると、死者のクランのドリーミングの文様を遺体の胸に描き、一晩中歌を唄って死を悼む。そして、遺体を死者の属するクランの土地に運び、高床の寝台を作って安置し、村ごと放棄する。少なくとも半年、時には一年もの間、遺体はそのままにされる。この間、人々は葬儀の在り方について議論を重ねる。誰が葬儀をリードし、どこで葬儀を行うのか、最終的に棺をどこにおくか、など細かなことが議論される。そしてすべてが決まると、人々は最初の村に戻り骨を回収し、骨をきれいにして赤オーカー（土絵具、顔料）を塗り、木の皮に包み、死者の母か妻が管理する。この二人は死の発生から葬儀終了まで徹底した喪の時期に入る。髪をそり落とし、体中に白いオーカーを塗り、厳しい食制限の生活を送る。数ヶ月後、人々は骨の包みを村に持ち込み、ホロロッグ（Hollow Log）儀礼とよばれる最終の儀礼を行う[17]。

ホロロッグとは内部が中空の丸太の木棺のことでヨルングの伝統的な棺である。この木棺に骨を砕いておさめ、村はずれに立てる儀礼がホロロッグ儀礼である。ストリンギーバークという、アーネムランドで一般的にみられるユーカリの木の幹の内部をシロアリが食べて中空にする。これを切り倒し、枝の部分も切り落とし、中に残っている巣などをとりのぞいてきれいにする。表面の樹皮をはがして磨き、死者のクランのドリーミングのデザインで装飾する。これがホロロッグ、丸太の木棺である。棺の上部には丸い穴があけられるが、これは死者の魂が外を覗くためのものだといわれる。葬儀の最終段階に、特別なダンスを踊りながら、再び骨に赤いオーカーを塗り、大きな骨は砕いて木棺に収める。そして、木棺を村のはずれに立て、その周りで最後の踊りを踊り、葬送儀礼は終了する。木棺はそのまま風雨にさらされ、葬儀のサイクルは終了するというもので、ミッションがこの地に来る頃まで行われていた[18]。

一九四〇年代、調査地にキリスト教ミッションが建設され、ヨルングが定住するようになってからは、ヨルングの葬儀は大きく変わった。ミッションによる管理のもとで指導を受けていた彼らは、遺体を村ごと放置することは禁じられ、葬儀のあとすぐに西洋風の棺に遺体を納め、決められた墓地に土葬することとされた。骨を棺におさめるホロロッグ儀礼もなく、そもそも丸太の木棺は使われなくなった。ただし、ヨルングは文明の機器を利用して、葬儀と死者の魂についての理念を維持する方法を見出しているのである[19]。

調査地での現在の葬儀のプロセスは以下のようにすすめられる。死が発生するとまず、「聞く儀礼」、とよばれる死を人々に告知する儀礼が行われる。村の公共放送のアナウンスで広場に人々が集められ、そこへ歌をうたい踊りながら男たちが登場し、死が公開される。現在では、都会の病院で死亡する場合がほとんどなので、死者の亡骸は、そのまま遺体安置の施設に入れられる。村で死亡した場合は、「聞く儀礼」のあと、亡骸をチャーター機で町まで運び、安置施設に入れる。そこから数ヶ月、時には半年をかけて、人々は議論を重ねて、葬儀のやり方、儀礼を率いるリーダー、葬儀と埋葬の場所などの葬儀の細かな事柄を詳細に決定する。すべてが決まると、飛行機をチャーターし、町の遺体安置所から、西洋式の棺に納められた遺体が村に空輸される。人々は村の空港で棺を迎え、車に乗せる。車は男たちの踊りと歌に導かれて村をゆっくりと移動する。葬儀場に到着すると、棺は葬儀のために用意され作られた小屋に入れられ、葬儀が始まる。葬儀は六日間ほど続き、集まった人々みんなで死者クランの歌と踊りをおどり、死者の魂を死者の土地に送る。そして、葬儀の最終日に棺は再び車に乗せられ、墓場に運ばれ、土葬される[20]。このように、現在のヨルングの葬儀は、大きく変化したものの、じつは、飛行機と遺体安置所という現代文明を利用し、かつてと同じように、葬儀の詳細について十分に議論し、準備する時間を確保することを可能にしている。つまり、死についての考え方、死者の送り方を、新しいものをとり入れつつ維持しているのである。

現在もヨルングの人々にとって死は一大重要事である。一族、クラン、そして村を挙げて、大変な労力と時間、多大な予算を注いで葬儀に取り組む。葬儀の準備には、少なくとも一カ月、時には半年をかけることもまれではない。葬儀自体は一週間ほどかけて行われ、その間、村には特別な時間が流れる。それに加えて、葬儀の数が非常に多い。調査地の人口は二〇〇〇人を優に超えている。さらに、軽飛行機で移動すれば一時間程度の距離に大小いくつものヨルングの村があり、ヨルング全体の人口は一万人を超える。いくつもの葬儀が順番待ちをしているような状態で同時並行で葬儀があることも珍しくない。葬儀の準備には、他の葬儀との兼ね合いを考えて、開催時期を決めることも含まれる。こうして、ほぼ継続的にヨルング地域のどこかで葬儀が行われていることになる。しかも、ヨルングの親族組織のルールに従えば、これら一万人の人は親族関係でつながっており、かなり多くの葬儀に参加する義務がある。実際のところ、多くの人は頻繁に葬儀のために異なる村に移動し、葬儀の間、そこに滞在する。それを可能にしているのも軽飛行機である。

先にも述べたように、現在では、死後、遺体は安置所に据え置かれ、その間人々は葬儀の準備に注力する。伝統儀礼のための補助金制度もあり、その申請手続きも新しい準備手順に加わっている。そのように労力をつかって彼らが目指しているのは、「正しく」葬儀を行うことである。「正しい葬儀」とは、棺や小屋、葬儀のための飾り付けなどをルールに従って整えることも大切だが、何よりも重要とされるのは死者クランのドリーミングである精霊の旅の道筋を、それを共有する他のクランと協力して、きちんと歌い、踊ることである。そのためには必要なクランのメンバーが葬儀に集うことが重要であり、全員が協力しなくてはならない。葬儀ではしばしばクラン間でいざこざが起きるのだが、その多くは、特定のクランが非協力的であったり、熱意が足りなかったりすることについて、死者を出したクランが不満を表明することから生じている。ヨルングの葬儀で、数ヶ月もの長い時間をかけて議論し、葬儀の準備をし、儀礼場をしつらえることは以前の葬儀とかわらない。現在それを可能にしているのは軽飛行機と遺体安置所なのである。

世界で初めての葬儀を語る神話

ヨルングにとって重要で身近な死と葬儀はしばしば神話で語られる。死が描かれる神話は同時に死者の魂の死後の旅の道筋を示している（第5章「最初の死」でも類似した観念が触れられている）。ここではとくにグパピュイング（Gupapuyngu）・クランなどの神話で、葬儀が中心的なテーマとなっているものを取りあげる。それは、この世で最初に中空の木棺を作り、葬儀を行ったとされる精霊ムラヤナの神話で、グパピュイングをはじめとする複数のクランのものである。この神話には、主人公の精霊の他に、ナマズ（Manbiri）と鵜（burala）、そして特別な木棺が登場する。魚などの水棲生物は、人間の魂を象徴するものといわれる。

　ムラヤナはアーネムランドの東から旅を始めた【図2】。ダルワング（Dalwangu）・クランの土地から旅を始め、グパピュイング・クラン、（図2：①）、リッタルング（Ritharrngu）・クラン、ウォラ（Wora）・クラン（図2：②）、バルマウイ（Balmawuy）・クラン（図2：③）の領域を通って、西へと旅をした。いずれのクランも、それぞれの領域をムラヤナが通った時に行った出来事と、木棺、ナマズ、鵜についての神話を所有し、儀礼で歌い踊る。神話の内容はクランごとに違いがあるが、これらのクランの死者の葬儀では、共同してムラヤナの旅を踊ることで、死者の魂を無事に死者の土地へと送り出すのである。

　旅の前半にあるミリニジというグパピュイング・クランの土地では、ムラヤナの神話は、以下のように語られる。

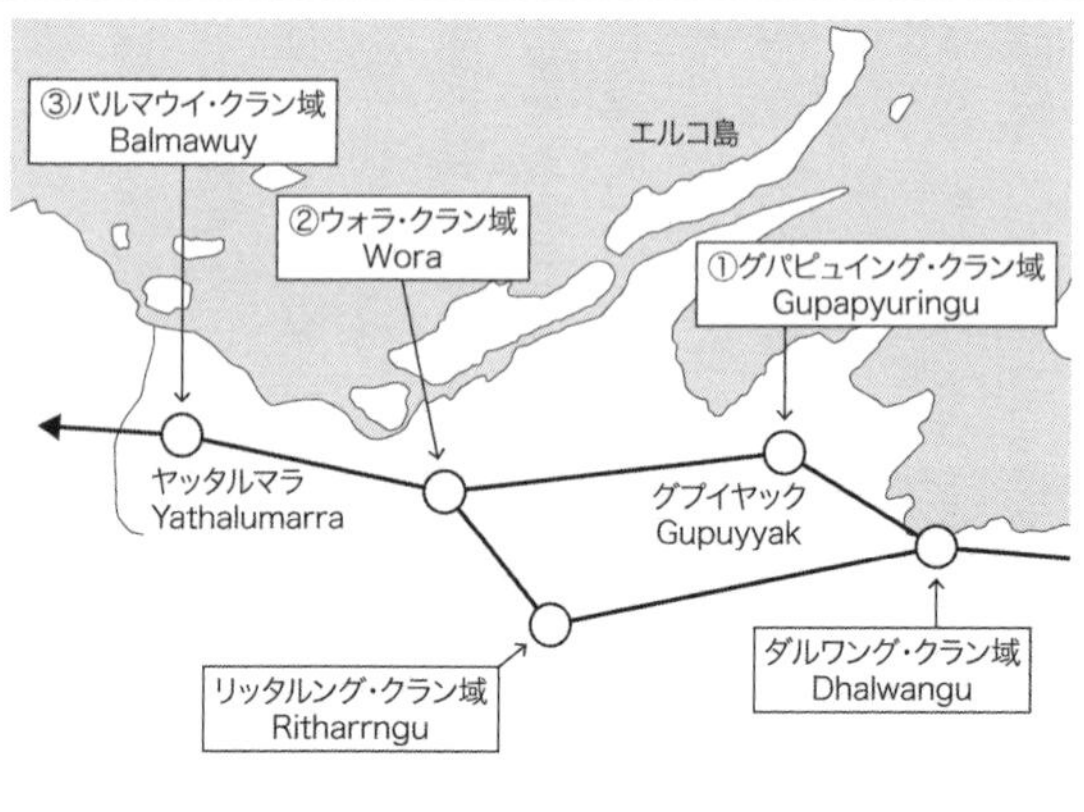

【図2】精霊ムラヤナの旅の道筋

今日グプイヤックとよばれている場所はグパピュイング・クランの土地である。この場所はヨルング語では、ミリニジ（*Milinyjii*）と呼ばれる（図2：①）。ムラヤナは特別な力を持つ精霊で、彼がこの世で初めて、特別な中空の木棺、ジャルンブ（*Djalumbu*）とよばれるホロロッグを作った。ミリニジは初めてジャルンブ儀礼が行われた場所である。グパピュイング・クランでは、この神話を以下のように語る〔21〕。

精霊の男、ムラヤナが、ミリニジでこの世で最初の中空の木棺、ジャルンブを作った。ムラヤナは、ブララ（*burala*）とよばれる鵜を表す神聖な彫刻、マラジリ・ポールも作った。昔、父たちも知らないほど昔の祖先がいたころ、まだ世界は乾いていた。ミリニジも乾いており、三人の偉大な男の精霊がジャルンブの木棺を神聖なやり方で地面に置いた。すると地面から水があふれた。ムラヤナが踊り、三人の男（鵜）は歌を唄った。鵜は泉の横の土手の木にとまり、そこから水に飛び込み、潜ってナマズを捕まえる。ナマズは死者の魂を象徴するもので、鵜はこれを捕まえ、食べる。男たちは食べおえた骨をペーパーバークの樹皮でくるんだ〔22〕。男たちは「骨をジャルンブに入れよう」といって、ミリニジの真ん中で歌を唄った。雷雲は、乾いていた場所に、ジャルンブがあるのに気づいた。男たちはルルル、ルルル、と、ジャルンブを引きずりながら踊り、川筋を作った。ムラヤナがジャルンブを作るまで世界は乾いていた。ムラヤナは骨をジャルンブに入れ、三人はナマズのデザインを胸に描き踊った。ムラヤナは、ジャルンブを泉に投げ入れた。ジャルンブは深く沈み、現在もミリニジの湖の底にある。

このように、ムラヤナは初めて木棺を作り、儀礼をし、世界に水をみたし、ナマズの骨を棺におさめたと語られる。グパピュイング・クランの男たちは、ナマズ（*Manbiri*; eel-tailed catfish, *Tandanus tandanus*）の神話を所有し、そのデザインを身体装飾や絵画に描く。生まれてすぐのナマズは、透きとおっていて骨が見え、それだけでも死を象徴する存在である。ナマズの骨は死者の骨を表し、グパピュイング・クランでは、この透けて見える骨を矢矧（ヘリングボーン）文様で表し、丸太の木棺や身体、そして樹皮画に描く[23]。ナマズは水に飛び込んで餌をとる鵜にとっては、見つけやすく捕えやすい獲物である。グパピュイングの男たちは、ジャルンブ儀礼で、鵜が水に飛び込んで魚を取るしぐさをまねて踊る。儀礼では、鵜が水に飛び込むときの音が、ブルロアラーで再現される[24]。鵜はナマズの命を持ち去るわけで、人生でおきる生から死への移行を象徴しているといわれる。

精霊のムラヤナは、ミリジニからさらに西にむかいワラ・クランの領域（地図1：②）を通り、バルマウィ・クランの領域のヤッタルマラという湖のそばの土地（地図1：③）に到着する。ムラヤナはここまで木棺を引きずってきて、ここで再びジャルンブ儀礼を行った。ムラヤナはミリニジで、乾いた大地に水をみたし、泉と川を作ったが、その水は地下を通って他の地域にも達し、多くの川や沼、湖ができたのだと語られる。バルマウィ・クランの神話では、ヤッタルマラの湖もこうしてできたもので、ジャルンブは湖の底に今もいると語られる[25]。

バルマウィ・クランの祖先の精霊のナマズ、マンビリも東からやってきたといわれる。ムラヤナが儀礼を行う間に、男たち（鵜）はナマズを食べ、骨を丸太の木棺に入れた。ナマズは、死者の遺体とその骨を象徴している。また、ナマズには、塩水性と淡水性の両方がおり、二つの異なる水をつないでいる存在としても両義的でもある。ブララ（鵜）もまた、死と再生の象徴である。鵜は陸地と海や川を行き来し、水中のナマズをとらえ、食べるからである。グパピュイング・クランとバルマウィ・クランは、ジャルンブ儀礼を共有し、胸に描くナマズの文様の権利を持つ。この二つのクランの葬儀では、ナマズのダンスが踊られ、細かな平行線で表現されるナマズの骨の文様を、木棺やボディーペインティングに描く。

このように、ムラヤナ、ジャルンブ（木棺）、ナマズ、ブララ（鵜）は、互いに深く関係しており、全体で一つのドリーミングの神話を複合的に構成していることがわかる。この神話の道筋に領地をもつ、ダルワング、グパピュイング、リッタルング、ウォラ、バルマウイの各クラン（図2）に属する死者の魂は、ムラヤナの旅の道筋に沿って死者の土地へと旅立つと信じられているのであり、そのために葬儀では、ムラヤナと木棺、ナマズと鵜の歌と踊りがおどられ、ムラヤナの旅の道筋が表現されるのである。

おわりに——死の神話を生きる人たち

すでに述べたように、トーテミズムとは、特定の動物種などの存在を、クランや個人の祖先、「トーテム」として、クランや個人の標章、象徴として位置づける制度である。ヨルングのドリーミングは、トーテミズムの一種であるが、本論で見てきたように、単一種をトーテムとするのではなく、複数が組み合わされて複合体として機能する体系であった。グパピュイングのドリーミングは、精霊のムラヤナとジャルンブ(木棺)、鵜、ナマズを中心とする、複数の動物種や物質、自然物などの精霊がかかわるソングライン全体であった。「ナマズは、私のトーテム」という言い方もされるが、トーテムは単体に限られない。ヨルングのソングラインは他部族のものも同様で、中心となる動物や人間の姿の精霊、それに付随する複数の動植物、自然物そしてさらに人工物がかかわり、全体を構成する。つまり、それぞれのクランは、ある特定の複合体のストーリーであるドリーミング全体を所有し、それがクラン間の差異を明示することになる。

ドリーミングは、トーテミズムという制度の一つの派生形と考えてよいが、かつて考えられていたような、あるものをトーテムとするのは、その機能や性格を人間集団の性質になぞらえているとした「未開人の思考」ではない[26]。そうではなく、レヴィ＝ストロースが論じたように、自然と人間との関係を分類し秩序づけるあくまでも高度に知的で論理的な体系である。トーテムはクランの性格を表象したり、一体化したり同一視するものではなく、社会の結合や対立を、自然の存在の差違に投影することで、クランの相違を表象しているにすぎない[27]。

一方で、ヨルングは、自己のクランの神話を構成するドリーミングに登場するものに、強い親和性とアイデンティティを持っていることは間違いない。彼らの慣習では、死者の名前と写真を使うことを、死後しばらくの間、禁忌とする。葬儀では、死者の写真も名前も使うことはなく、かわりにしばしばドリーミングの動物が使われ、死者の代わりとして大切にされる。現在では、ミツバチやエミュー、カンガルーなどのドリーミングの主人公の人形が、棺の上に置かれることも珍しくない。本文で取りあげた、ナマズのドリーミングでは、骨が透けて見える生まれたばかりのナマズが、鵜に食べられて死ぬ。そのような生と死そして再生のサイクル自体を、ナマズの骨を文様として木棺に描き、胸に描く。ドリーミングは、レヴィ＝ストロースの指摘する通り、分類と差異化のツールであるが、同時に、ヨルングの人々は自己のドリーミングに強い一体感をもっており、強い愛情があるといえるほど、心情的な絆は強い。ドリーミングの中心となる動植物が死者の表象を代替することがあるほどに、自己のクランのものとしているのであり、ドリーミングのなかに人間も入り込むかのようである。それが、ヨルングの精神的基盤となっている。

葬儀の話題は、現在のヨルングの生活においても大きな部分を占める。そして、年長者は自分の死について日常的にしばしば話題とする。男性は、老いを意識するとクランのドリーミングにかかわる大きな儀礼を催し、次世代に儀礼の知識を継承させようとすることが知られている。女性たちは儀礼を行うことはしないものの、自分の死が訪れること、死後もクランのつながりが子孫たちによって維持されていくことを、淡々と納得したように語ることにしばしば驚かされる。死を考えない、語らない、死の話題をさけようとするわれわれとは大きく異なる姿勢である。もちろん、死はヨルングにとっても大変悲しいことであることは間違いなく、葬儀では女性たちは激しく嘆きを表出し、自己の身体を痛め付け、悲しみを表現する。しかし、その一方で、彼らは死をとても自然なこととして受け容れている。ヨルングにとって、死は生と地つづきであることが当然なこととして受け容れられているといえるであろう。

ヨルングの人々は、ドリーミングと自己を一体化しているわけでは決してないが、繰り返される葬儀で表現される死後の魂の行方についてのドリーミングの旅の知識を日常的で身近なものとして共有している。死後、死者の魂は歌と踊りに導かれて、そのクランの正しい道筋を、現存する地名の場所を通って進み、死者の国にいる祖先たちに迎えられ、最終的に死者の国に到達する。それは日常的とさえいえる頻度の高い儀礼において繰り返し語られ、ヨルングの人々にとってリアリティの高いものとなっている。リラチング・クランの神話では、死者の地への旅の手つづきが具体的に語られている部分がある。

葬儀後死者の魂はすぐにムヌンバルウイまでいく。沼の近くで精霊に迎えられ、案内されて祖先たちに出会う。魂はここに数日とどまり、その間精霊がオールの作り方を教える。数日後、死者の魂は、自分で作ったオールを使ってボートを漕ぎ、ブラルグという死者の永遠の国に旅立つ。

死者の魂はそのクランにとって正しいとされる神話の旅の道筋を通って、死者の国にいく。葬儀の大きな役割は、正しい道筋を魂に示すことである。繰り返される数多い葬儀によって、またその儀礼への参加によって、ヨルングの人々は、自己のクランの死後の魂の行方を、具体的な場所の知識をともなって自分のものとしている。それゆえ、死は特別な恐ろしいものではなく、日常の延長の地つづきの、自然なものとしてとらえられている。ヨルングの人々は人の死に対して、また死へのかかわりについて常に強い態度を見せる。翻って、われわれの脆弱さは死に対して感覚的、体験的知識がまったくなく、死についての具体的なイメージもストーリーもたないことによるといえるのだろう。ヨルングの死に対する毅然とした態度は、現代もリアリティをもちつづける「死の神話」を、彼らが日常的に生きていることを基盤として生まれているのだろうと思われるのである。

†註

[1] アボリジニは約六〇〇の地域集団に分かれていたといわれ、各集団は、明確な領域、独自な文化と言語を持っていた。もともとの言語を現在も日常的に使用している集団は一〇〇に満たないといわれる。本章でとりあげるヨルングは母語を維持している集団の一つである。

[2] Adolphus Peter Elkin, *The Australian Aborigines: How to understand them*, (Sydney: Angus & Robertson, 1954 (1938)).

[3] Brian Milton Bullivant, *Pluralism: Cultural Maintenance and Evolutionn*, (Clevedon, Avon, England: Multilingual Matters 11, 1984).

[4] Michelle Dewar, *The "Black War" in Arnhem Land: Missionaries and the Yolngu 1908-1940*, (Darwin: Australian National University, North Australia Research Unit, 1995).

[5] John Harris, One Blood: *200 years of Aboriginal Encounter with Christianity*, (Sutherland: Albatross Books, 1990).

[6] 前掲Dewar, 1995; *Griffiths, M. Aboriginal Affairs: A Short History*, (Kenthurst,N.S.W.: Kangaroo Press, 1995).

[7] Maisie McKenzie, *Mission to Arnhem Land*, (Sydney: Rigby, 1976); Shepherdson, E. *Half a Century in Arnhem Land*, (South Australis: PanPrint, 1981).

[8] 前掲Griffiths, 1995.

[9] 前掲 Griffiths, 1995; 前掲Harris, 1990.

[10] 窪田幸子『アボリジニ社会のジェンダー人類学』(世界思想社、二〇〇五年)。

[11] レヴィ＝ストロース、クロード『今日のトーテミスム』(仲澤紀雄［訳］、みすず書房、一九七〇年)。

[12] 神話のストーリーの秘儀性の高い部分については、成人儀礼を終えた男性たちだけが参加を許される儀礼で踊られ、歌われる。しかし、葬儀などの公開される儀礼でも、踊られ、歌われる、基本的なストーリーは同じものが多いといわれている。

[13] 窪田、前掲書、二〇〇五年。

[14] John Bradley with Yanyuwa Families, *Singing Saltwater Country: Journey to the Songlines of Carpentaria* ,(Crows Nest, NSW: Allen & Unwin, 2010).

[15]窪田、前掲書、二〇〇五年。
[16] Nicolas Peterson, *Mortuary customs of North-East Arnhem Land: An account complied from Donald Tomson's fieldnotes* ,(Victoria: Memoirs of the National Museum of Victoria, 37 (1976),pp. 97-108.
[17] Ian Keen, *Knowledge and Secrecy in an Aboriginal Religion*, (Melbourne: Oxford University Press, 1994).
[18] Howard Morphy, *Journey to the Crocodiles's Nest: An Accompanying Monograph to the Film Maddarrpa Funeral at Gurka'way*, (Canberra: Australian Institute of Aboriginal Studies, 1984); Howard Morphy, "Death, Exchange, and Reproduction of Yolngu Society", *in Merlan, Morton and Rumsey*, eds., *Scholar and Sceptic: Australian Aboriginal Studies in Honor of LR Hiatt* (Canberra: Aboriginal Studies Press, 1997).
[19]窪田幸子「キリスト教とアボリジニの葬送儀礼——変化と持続の文化的タクティクス」国立民族博物館調査報告62『キリスト教と文明化の人類学的研究』(杉本良男［編］、国立民族博物館、二〇〇六年)一三一〜一四九頁。
[20]窪田、前掲書、二〇〇六年。
[21] Ian Keen, *One Ceremony, One song: an Economy of Religious Knowledge among the Yolngu of North-east Arnhem Land*, PhD thesis (Australian National University. 1978).
[22]ペーパーバーク (Paperbark tree; *Malaleuca leucadendron*)はオーストラリア北部では一般的にみられる樹木で、樹皮が紙のように手で簡単にはがすことができ、食物や採集物を包むときなどに使われる。葬儀の第二段階で、死者の骨を回収するときも、ペーパーバークの樹皮に包む。
[23]前掲Keen, 1978.
[24]楕円形の木片や石片に紐をつけたもので、これを手にもち回転させ、空気を切って音をだす。うなり声のような音がでるので「うなり板」ともよばれ、儀礼具として多くの文化で使われる。
[25] West, Margie 'Yathalamara — land of the waterlily' in the exhibition catalogue *No ordinary place: the art of David Malangi*, (Canberra: National Gallery of Australia, 2005), pp. 42–50.
[26]レヴィ＝ブリュル『未開社会の思惟　上・下』(山田吉彦［訳］、岩波書店、一九五三年)。
[27]レヴィ＝ストロース、前掲書、一九七〇年。

第11章

死すべき人間と不死の神々

——古代ギリシアの聖なる食物と飲料

松村一男

はじめに

本章では比較神話学の研究領域において、主に文献資料を用いて、古代ギリシア神話における死と不死の観念の関連という側面を考察することにより、死の神話のテーマの広がりと多様性を明らかにしたい。また、ギリシア神話はよく知られているが、必ずしもその歴史的背景などは十分に知られていないこともあるので、最初に、古代ギリシアの歴史の流れ、ギリシア神話の資料、そして比較の対象とする他のインド＝ヨーロッパ語族（印欧語族ともいう、英語ではIndo-Europeans）、さらには方法論としての比較言語学と比較神話学などについて簡単に紹介しておきたい。

1 古代ギリシア

古代の東地中海周辺地域にはいくつもの文化が栄えていた。エジプト、メソポタミア、今のトルコ（小アジア半島やアナトリアとも呼ばれる）にあったヒッタイト、カナン（ウガリットやフェニキアとも呼ばれる）、イスラエルそしてギリシアなどである。のちにはローマ帝国も栄える。

ギリシアの周辺で最初に栄えたのはクレタ島で、ここには本土からギリシア人がやってくる以前から繁栄している民族（系統は明らかでない）がいた。クレタ島ではクノッソス宮殿と呼ばれている有名な遺構（ただし本当に宮殿だったかについては意見が分かれている）をはじめとするいくつもの遺構が発掘されているが、クノッソスの発掘を行ったイギリスの考古学者アーサー・エヴァンス（Sir Arthur Evans, 一八五一〜一九四一年）はクレタ島を支配していたとされる神話的なミノス王の名前から、このギリシア以前の青銅器時代の文化をミノア文化（ミノス文化とも）と名づけている。この文化はクレタ聖刻文字（Cretan hieroglyph）と線文字A（Linear A）と呼ばれている、いまだ未解読の二種類の文字を有しており、紀元前二〇〇〇年頃にすでに栄えていたらしいが、最盛期は紀元前一六五〇〜一三九〇年頃の新宮殿時代とされている。しかし前一五〇〇年頃に起こったエーゲ海の島サントリーニ（テラとも呼ぶ）の大噴火以降、次第に衰えはじめ、その後、ミュケーネ人と呼ばれる本土からのギリシア人の侵入もあって力を失い、文化の担い手はミュケーネ人になっていった。彼らが用いていた文字は線文字B（Linear B）と呼ばれ、こちらはギリシア語であることが確認されている。

こうしてギリシア人がギリシア本土とクレタ島の新たな支配者となったのだが、彼らの祖先はもともと黒海の北の南ロシアあるいはコーカサスの南方に原郷地があったと思われるインド＝ヨーロッパ語族と呼ばれる共通の言語を持った集団の一派であったが、何らかの理由（気候の悪化、人口の過剰、新たな発明としての車輪そして馬の飼育、さらに両者の結合としての馬車と戦車など、種々の要因が考えられている。あるいはそれらの複合か）によって枝分かれして西に移動した。そしてギリシアの地に入り、さらにエーゲ海を越えてクレタ島やキプロス島を含むエーゲ海の島々（たとえばキクラデス諸島）にも進出したのである。これはおそらく紀元前一二〇〇年以前であったと考えられている。この頃は青銅器時代から鉄器時代への移行期に当たっている。

この時代のギリシア文化については、本土のミュケナイ、ピュロスなどの地、そしてクレタにおいて前述の線文字Bとよばれる文字によって書かれた在庫管理の記録が残っており、この時期のギリシア文化は中心地の名前を採ってミュケナイ文化（ミケナイ文化とも）と呼ばれている。

しかし紀元前一二〇〇年頃には東地中海全域が大きな混乱期を迎え、ミュケナイ文化だけでなく、エジプト、ヒッタイトなどでも衰退や滅亡が観察される。これは「海の民」と呼ばれる謎の民族の侵入によって引き起こされたらしい。これ以降およそ三〇〇年あまり、ギリシアでは文字記録がなくなり、「暗黒時代」と呼ばれている。

この時期が終わると再びギリシア人の活動は活発になり、紀元前九～八世紀頃には吟遊詩人による英雄叙事詩が作られたと推測されている。また前八世紀にはフェニキアで考案されたアルファベットが採用され、これまでの在庫管理文書以外の文字記録も出現するようになる。

2 神話資料

まだ文字使用が一般的でなかった時代には、文学作品は文字なしで構想され、口誦され、記憶され、再現されて代々伝えられていたと思われる。そうした文学作品のうち、のちに文字によって記録されて残った最古のものが、トロイ戦争をテーマとした二つの叙事詩『イリアス』と『オデュッセイア』である。これら二作は盲目の口誦詩人ホメロスが詠ったとされるが、確証はない。そしてこれら二作品から少し遅れて、紀元前八～七世紀には詩人ヘシオドスが世界と神々の起源を詠った『仕事と日』

と『神統記』という作品を残している。これら四作品はいずれも詩であり、韻文で書かれているが、紀元前五世紀になると、ギリシア周辺の地域についても書かれたヘロドトスの『歴史』という散文の作品も登場する。これら五作品が以下でギリシア神話やギリシア語について論じる際に典拠とした著作である[1]。

3 インド＝ヨーロッパ語族

先に述べたようにギリシア語を話す集団は何らかの理由で黒海ないしコーカサス周辺から西に移動してきてギリシアに住むようになった。同じようにだが、しかし反対の東の方角に移動したのが、インド・イラン語派のグループで、このグループは途中でイランに住む集団とインドに住む集団に分かれた。このうちインドに住むようになった集団については、最古の段階ではヴェーダ語と呼ばれ、その後の時代にはサンスクリットと呼ばれるその言語によって書かれた神々への讃歌集である『リグ・ヴェーダ』や英雄叙事詩の『マハーバーラタ』などが伝えられている。

またギリシア語を話す集団よりもさらに西まで移動したのがゲルマン語派の集団であった。その中でもスカンジナビア半島、とくに現在のノルウェーにいた集団の一部が政治的な自由を求めて大西洋の島国であるアイスランドに移住した。このアイスランドに移住した集団にはゲルマン語に属する古代ノルド語によって『エッダ』と呼ばれる神話伝承群が記録として残っている。

インド＝ヨーロッパ語族は、元来は共通の言語を有していた。ただし共通の度合いについては諸説がある。父母をはじめとする親族名称や数詞を比較すると、かなりの一致が認められる。指示する語が共通であるなら、指示される対象も共通であると考えられるだろう。牛、ウマ、ヒツジ、ヤギといった語が共通ならば、インド＝ヨーロッパ語族は各地に拡散する以前からそうした家畜を飼育する生活をしていたと考えてよいし、そう考えるべきである。

4 比較言語学と比較神話学

共通の語彙、文法などを比較して、分化して拡散していく以前のより古い言語を再建しようとする学問分野がインド＝ヨーロッパ語族比較言語学であり、共通の神や神話がないかを探し、拡散以前からすでに存在していた神話や叙事詩について再建しようとする学問分野がインド＝ヨーロッパ語族比較神話学である〔2〕。

5 古代ギリシアにおける死の神話学

過去から現代までの世界各地での死をめぐる風習、観念、伝承についての概観としては、大林太良

『葬制の起源』（大林一九九七）や大城道則編『死者はどこへいくのか』が参考になるだろう[3]。なお、後者には私も「ギリシア・ローマの死生観と死後世界」という一文を寄せている[4]。

ギリシアにおける死の神話については上記の一文において私が述べたことも含め、他の切り口から論じることがもちろん可能である。古代ギリシアにおける死の問題については、M・P・ニルソン、ロバート・ガーランド、エミリー・ヴァーミュールという三人の研究者が多くの情報を提供してくれる[5]。

これらの研究から、古代ギリシア神話における死については、じつは多数のテーマを挙げることができる。最初に、これらのテーマを網羅的に見てみたい。

神は死なない？

建前として神々は死なない存在のはずだが、オリュンポスの神々による神界が成立する以前については そうではない。この点をギリシア神話の集成であるアポロドーロス『ギリシア神話』から見ておこう[6]。まず古いティタン神族と新しいオリュンポス神族の間で起こったティタノマキア（「ティタン族との戦い」）では殺されたと明言されている神はどちらの陣営にもいない。しかしそれに続く巨人ギガスたちとオリュンポス神族の戦いギガントマキア（「ギガスたちとの戦い」）においては、ギガスたちは神々とヘラクレスによって殺されている。ギガスたちはウラノスとガイアの子とされているので姿の異様さは別とすれば神族の一員のはずなのだが、例外的に殺されている。神話の流れの方が重要で、原理原則に反するがここではそうなっているのだろう。

次に別存在に生まれ変わる場合がある。英雄ヘラクレスは死後、不死を得て天上で神々とともに暮らすようになったとされる[7]。

別の姿に変身する例としては、月桂樹に姿を変えるダフネや木霊になるエコーや水仙になったナルキッソス、ヒアシンス（現在のものではなくアイリスの一種）になったヒュアキントスなどがいる。アドニスは猪に突き殺され、その血からアネモネが生じたとされる。

トロイが崩落した後、ヘレネと夫のメネラオスはギリシアに戻るが、死後はエリュシオンの野に移されたとされる[8]。これは死者の行くハデスとは異なる異世界である。彼らは死んだというべきなのだろうか？

英雄の食事が普通の人のそれとは別物として描かれていることに対応して、英雄には普通の人とは別の死後世界が用意されているという考えもあったのだろう。しかしすべての英雄がそこに行けたのではない。アキレウスやアガメムノンでさえ、そこには行っていない。普通の死者と同じハデスにいる。メネラオスがエリュシオンの野に行けたのは、ヘレネというゼウスの娘を妻にしていたからである。

現実の死との距離をギリシア人はどう理解していたのか？

現実の死者に対しては死者儀礼があり、それと一部重複する形で、英雄に加護を願う英雄崇拝がある。重複というのは、現実の人物が死後に英雄として崇拝を受ける場合と、現実にいたかは不明だが英雄として墓所があって崇拝を受けている場合があるからである。古代ギリシアでは英雄崇拝が盛んだったが（上掲の三冊の研究書を参照）、だからといって簡単な紹介ができる問題ではないので、本稿でも取りあげなかった。

死の怪物とそれを退治する英雄

出会うと必ず死ぬ怪物としては、ミノタウロス、メドゥーサ、スキュラ、カリュブディス、キマイラなどがいる。そしてそれらを退治する英雄としてはテセウス、ペルセウス、オデュッセウス、ベレロポンなどがいる。ただし英雄が相手をするのは必ずしも死の怪物ばかりではないので、そこで問題が複雑化する。したがってこれも本稿では取りあげなかった。

死に関連する図像の種類とそうした図像が描かれた品々の分類

図像だけでは死との関連がわかりにくい場合もある。陶器には直接には死を想起させない図柄も少なくない。しかし、形状や発見された場所などから死者儀礼において用いられたと推測されることがある。

哲学者は死について語っているか？

プラトンは師ソクラテスが死刑を前に弟子たちに語った死をめぐる思索を『パイドン』として残している。そこには自死をめぐる問題も論じられている。またプラトンは『国家』の末尾の第一〇巻で「エルの神話」を紹介している。これは死後の世界に行ったが生き返ったエルが語る魂の不滅あるいは死と再生についてのプラトンの個人的創作神話である。

ギリシア語世界のその他の宗教における死

古代後期から末期にかけての東地中海世界にはローマ帝国東部、その一部としてのユダヤ（パレスチナ）、ビザンツ帝国が属していたが、そこは国際語、文化語としてギリシア語が一般的な世界であった。そしてそこにはギリシアの多神教だけではなく、ユダヤ教、そしてキリスト教も存在していた。

キリスト教は選ばれた者には死の向こうに新しい生（天国）があると説いた。選ばれなかった者には救いはなく、罰が待っている（地獄）。これに対して、ユダヤ教は死後には関心がない（「第3章　聖書は死の起源についての神話を語るのか？——ヘブライ語聖書『原初史』を中心にして」を参照）。救済にも関心がない。この世がすべてのようである。しかしそのどちらもギリシア宗教、ギリシア神話の死後世界とは異なっている。

言語としてのギリシア語はユダヤ教やキリスト教の思想を広めるための道具ではあったが、ユダヤ教やキリスト教の思想の世界観を育む言語ではなかった。言語と文化はイコールではないが、ユダヤ教とキリスト教の死についての見方や神話はギリシア語とギリシア神話の影響なしに形成され維持されたと思われる。

コスモロジーの中の人間

神話や儀礼は何のためにあるのだろう。それは人間が世界の中で自分(たち)の存在を確認して安心するためだろう。そのために安全を保障してくれるような力ある存在として神(々)を想定して、それ(ら)についての物語(神話)を作り、それ(ら)に対する慰撫や嘆願の行為(儀礼)を行うのだろう。そうした神話を作る場合、自分たちの生活を基本に物語を作ることになる。つまり超自然存在(以下、便宜的に「神々」と呼ぶ)と敵対せずに仲良くして、保護や助力を願うなら、家族や隣人や共同体の他の成員と仲良くする時のやり方に倣うのである。では普通、私たちはどのようにして他人と仲良くしているだろう。会話、共食、共飲、遊戯、共同作業あたりだろうか。そのなかでも親子、夫婦、兄弟などが最も近い人間関係だろう。そしてそのなかでは夫婦が一番だろうか。何せ、衣食住の三要素を共有しているのだから。衣とは衣服だが、夫婦における衣の共有とはともに衣服を着ない状態(つまり性行為時の裸の状態)を共有するということである。これは基本的には夫婦のみの共有である。

食事や飲み会も仲良くなるための重要な行為である。だからこそ、神々に対する歓待や慰撫や贖罪では食料や飲料の共有が普遍的に見られるのだろう。こうした神々との交流の場つまり儀礼においては、平素とは異なる特別な食料や飲料が提供されることが多い。それは家畜の肉や魚介類など平素は口にしない豪華な食材であり、また特別に醸造されたアルコール飲料である。人間はそれらを共有することで、神々からの保護や助力を願ったのだ。

なぜアルコール飲料だったのだろうか？　一つにはそれが貴重な飲み物であったからだろう。わざわざ澱粉質を長い時間発酵させてアルコール濃度を高める。もちろん、アルコール飲料を飲むことで酩酊し、通常とは異なる状態を体験するので、それが宗教儀式としての神々との共食をより一層特別な場と感じさせたのであろう。それは日常とは異なる別存在への「変容」や「生まれ変わり」としても意義づけられたであろう。醸造の過程を経て絞り汁から美味なアルコール飲料へと「生まれ変わる」ことが儀礼の意義と重ね合わされているともいえる。酩酊飲料の引き起こす陶酔感は平素とは違う状態（「聖なる」状態ともされる）を喚起し、場合によっては人に自身を神と感じさせ、あるいは神との一体感を感じさせる。

6　用いる資料の紹介

フランスのジョルジュ・デュメジル（Dumézil, Georges 一八九八〜一九八六年）はインド＝ヨーロッパ語族比較言語学者から出発してインド＝ヨーロッパ語族比較神話学者となった［9］。彼は国家博士論文として二六歳の時に『不死の饗宴』（*Le Festin d'immortalité*）という著作を上梓した［10］。この作品の内容とそれについての後のデュメジル自身の評価はこの論考の後の方で紹介するとして、ここでは以下に述べる神々と人間の違いを生み出す、つまり不死の神々と死すべき人間の違いを生み出す食物や飲料という本稿での考え方は、このデュメジルの著作にかなりの部分を依存しているということを最初に述べておきたい。もちろん、すべてではない。すべてなら盗作になってしまう。デュメジルの考え方に学びつつ、さらに展開してみたというのが私自身の見方なのだが、どう評価するかは読者に委ねたい。またインド神話学がご専門の沖田瑞穂氏は、私と重なる問題意識と視点と方法論（デュメジルのインド＝ヨーロッパ比較神話学）をもって、アムリタとソーマと豊穣性という三者の関係を中心に据えた形で神々の不死の問題を論じておられる［11］。本稿と補い合う関係にあると思うので、ぜひ併せてお読みいただきたいと願っている。

7　ギリシア神話における人間と神々の共食

人間が神々に対して何か願う際には言葉による祈願だけではなく、貢物、捧げもの、供犠も行うことが知られている。それはコミュニケーションのひとつの様式である［12］。古代ギリシアでは神々に対して願いを聞き入れてもらうためや神々を慰撫するために家畜を供犠し、それを人間と神々が共食するという儀礼行為が行われていたが、この儀礼行為に対応する神話が存在したと当然想定される。

プロメテウスとゼウスが供犠獣の分配において神の取り分と人間の取り分を定めた顚末は、ヘシオドスの『神統記』(五三五―五五八行)に語られている[13]。供犠とは人間が神々を宴席に招き、共に飲食して、友情を深めるという極めて人間的な発想による友好行為なのだが、その際に神々と人間は違うので、同じように飲食するわけにはいかない。そこで分配が問題になるのだが、人間は供犠獣の肉と内臓を食べ、神々には脂肪と骨が祭壇で燃やされて送られる、つまり神々には供犠獣の焼かれる香りだけが届く、というのが最終的な形態となり、そうなったいきさつが神話として語られているのである。

こうした神と人間の分け前は、神々についての思索の産物であろう。神々は人間と同じであってはならない。つまり人間が食べるのと同じものを食べるべきではないのだ。他方、神々との交流の仕方は、人間社会でのやり方を踏襲して、共食と共飲そして娯楽である歌舞音曲が適切と考えられたのだろう。共食するが同じものは食べられないとするなら、神々には死すべき動物の肉や内臓ではなく、脂肪や骨を焼いた香りだけとするのは合理的な神話であろう。

8　アンブロシアとネクタル

ところがそれとは別に、人間が食事をするなら神々もまた同じように固有の食材での食事や固有の飲料を摂取するだろうという神話も作られたのである。それはホメロスの叙事詩『イリアス』と『オデュッセイア』に登場する。まず両書から具体的な場面を見ておこう（強調は筆者による）。

リュキアの王でゼウスの子であるサルペドンはトロイに味方して参戦する。しかしパトロクロスとの戦いで落命する。父であるゼウスはこれを知るとアポロンに命じて、戦場からサルペドンを連れ出して、「**アンブロシア**を塗って、不壊の衣を着せ」ることを命じる。そしてアポロンはその通りにする。（『イリアス』第一六書六六六―六八三行）

・ヘクトルに斃《たお》されたパトロクロスの亡骸が腐敗しないように女神テティスは防腐処置をする。（『イリアス』第一九書二九―三九行）

「女神は……パトロクロスの遺体には、**アンブロシア**と赤い**ネクタル**とを、その身が傷まず変わらぬようにと、鼻孔から体内に滴らせてやった」（三八行）。

これら二箇所では**アンブロシア**と**ネクタル**は腐敗防止剤として用いられている。不死の食物や飲料なのだから、本来の意味の拡張として理解できなくもないだろう。しかし、以下で言及するエジプトのミイラ制作による腐敗処理の問題と関連づけることもできそうである。

・ゼウスがアテナに対して、パトロクロスの死を嘆いて食事も摂らずにいるアキレウスについて語っている場面。

「さあ行って、彼の胸の中へ**ネクタル**と甘美の**アンブロシア**を滴し込んでやれ」(『イリアス』第一九書三四七行)。

「女神は辛い飢じさがアキレウスの足腰に及ばぬようにと、その胸に**ネクタル**と甘美の**アンブロシア**を滴してやる」(『イリアス』第一九書三五三行)。〔14〕

アキレウスは神ではないので、本来ならこの用法はおかしい。ただし、アキレウスは別格の英雄であり「不死身」なのだから、ホメロスがこうした表現をしているからといって非難しても仕方ないだろう。おそらくアキレウスの別格さの表現なのである。

ゼウスの使者であるヘルメスをニンフのカリュプソがもてなす場面では、次のように描かれる。

「仙女は、**神々の食物(アンブロシア)**を盛った食卓を傍らに据え、**赤い霊酒(ネクタル)**に水を割った」(『オデュッセイア』第五書九三行)。〔15〕

次にオデュッセウスとカリュプソの食事の場面では、「オデュッセウスが腰をおろすと、仙女はその傍らに、人間の口にするさまざまな食物と飲料とをならべる。仙女がオデュッセウスに向かい合って坐ると、侍女たちが**アンブロシア**と**ネクタル**とをその傍らに置く」(一九九行)。オデュッセウスは漂着したカリュプソの島でも人間の食事を摂っていたとされている。**ネクタル**はワインのようにイメージされていたようで、色も飲み方もワインのように描写されている。

一つ目巨人キュクロプスの洞窟に閉じ込められたオデュッセウスは強いワインをキュクロプスに飲ませて、眠らせて復讐と脱出を図る。ワインを飲んで上機嫌となったキュクロプスは次のように語る。

「この酒ときたら、正に**アンブロシア**と**ネクタル**のお流れといってもよい逸品だ」(『オデュッセイア』第九書三五九行)。

イタケ島に向かうオデュッセウスたちの船は危険な岩礁を避けなければならないが、その危険度は次のように形容されている。

「父神ゼウスの召し上がる**アンブロシア**を運ぶ気弱な鳩でさえ、無事にここを越えることができず~」(『オデュッセイア』第一二書六三行)。

ギリシア神話では神々が飲む「不死の飲料」は**ネクタル**と呼ばれている。こちらについても具体的な箇所を紹介しておこう。

オリュンポスでの神々の宴会の場面は次の通りである。

「ヘパイストスは他の神々にも左から右へと順番に、甘美な**霊酒（ネクタル）**を混酒器から汲み出しては、酌をして廻る」（『イリアス』第一書五九八行）。

オリュンポスでの神々の会議の場面は次の通りである。

「床に黄金を敷きつめた広間で、神々はゼウスを中に囲んで会議を開いていた。女神ヘベが一座の間を廻って**霊酒（ネクタル）**を注げば〜」（『イリアス』第四書三行）。

なお、廣川洋一はヘシオドス『神統記』の翻訳において、アンブロシアについては**神食**、ネクタルについては**神酒**という訳語を当てている[16]。

9 腐敗を防ぐためのアンブロシアとネクタル

先に示したように『イリアス』の一六書六六九―六八三行では、我が子サルペドンが戦場で亡くなったとき、ゼウスはアポロンにその亡骸に**アンブロシア**を塗ってやるように命じている。また一九書二九行から三九行の個所においては、戦場で斃れたパトロクロスの亡骸が腐食しないように**アンブロシア**と**ネクタル**が女神テティスによってその亡骸の中に鼻孔から注ぎ入れられている。また二三書一八四行から一八七行では、アキレウスに殺され、放置されていたヘクトルの亡骸に対して、アフロディテが傷つかぬように**アンブロシア**を塗っている。

こうして死体の腐食を防ぐために本来は神々の食物であるはずの**アンブロシア**や飲料である**ネクタル**を用いるという変則的で例外的と思われる形がホメロスに述べられていることが確認できる。そこでこれには何かモデルがあったのではないか、と考えたくなるのが普通だろう。

かつては「ギリシアの奇蹟」(Greek Miracle)などと称され、古代ギリシアは後の西洋文化、近代文化の礎となるさまざまな思想や制度を独力で生み出したと考えられていたが、事実はそうではなく、古代地中海世界の周辺文化から多くの刺激を受け、その結果として独自の文化を生み出したという見方が現在では正しいとされている[17]。

前五世紀の歴史家ヘロドトスの『歴史』はギリシアとペルシアの戦争を主題として書かれているが、その途中で彼はエジプトやスキタイの(ギリシア人にとって)珍しい風習についても紹介している。なかでも彼が、エジプトはさまざまな文化を世界で最初に発明し、ギリシアはそれを学んだと述べている第二巻の第四節は有名である。そして同じ第二巻の八六節では、エジプトでのミイラ作りの過程が紹介されている。そこでは「天然のソーダに漬けて七〇日間置く」と述べられている。この個所について岩波文庫版訳者の松平千秋の注には、この「天然のソーダ」つまりリトロン(ナトロン)について次のような説明がある。「litron (=natron) はナトリウム化合物であるに相違ないが、実際に何であったかについては異論が多い」[18]。

ホメロスで述べられている、戦士の死体の腐敗を防ぐための神々による**アンブロシア**と**ネクタル**の塗布や注入は、エジプトのミイラ作りの様子がギリシアに伝わって生まれたものではないかと推測できよう（エジプトのミイラ作りについては、「第2章　古代エジプトにおける死後の復活再生と神々の協働」でも触れられている）。

具体的に**アンブロシア**や**ネクタル**という語は出てこないが、ミイラ作りと関連するのではないかという意見もあるのが、『イリアス』七書八五行にあるtarchyeinという動詞である。この箇所は戦争を終えるためにトロイ側のヘクトルとギリシア側の大アイアスが一騎打ちをするというので、その前にヘクトルが演説をしているところなのだが、そのなかで松平千秋訳では「荼毘《だび》に附して」と訳されている部分がこの動詞なのである。死体に対して立派な葬儀を行うという意味と解されているらしい。しかしこの語はホメロスでは他に一四書四五六行でしか使われていない。それも同じサルペドンの葬儀についてである。『イリアス』は殺し合いの連続であり、葬儀のことは他でもたくさん出てくるのに、この語はサルペドンの葬儀についてしか使われていない。これはとても奇妙ではないだろうか。

じつはこの動詞ととてもよく似た別の動詞がある。それは、先に述べたヘロドトス『歴史』巻二、八六節のミイラ作りの「天然のソーダに漬けて」の部分で「漬けて」と訳されているtaricheueinという動詞である。形はとてもよく似ているのだが、興味深いことに、この語はヘロドトスではよく使われているのに、ホメロスではまったく使われていないのだ。その理由として二つの可能性を考えてみたい。

一つは両方の単語は、元来は一つであったという可能性である。もちろん、ギリシア語の語源辞典を見ると、言語学者はこの説を認めていない[19]。言語学的には説明できないということらしい。しかし、ミイラ作りの風習ややり方は『イリアス』が作られたころ（それはいつとは正確には決めがたいのだが）にはすでに知られていたと考えてみよう。それを表現する語（taricheuein）が特別な戦士の亡骸の防腐処置を表現するために存在していたが（次の第二の理由と合わさった結果として）、それをストレートに表現することは憚られたので、結局、本来の意味ではない葬儀一般の用語（ただしサルペドンという特定の英雄の場合についてのみ）として形を変えて（tarchyein）残ったのではないだろうか。

第二の可能性は、この語がギリシア語ではとくに塩漬けによる魚の保存において用いられるからではないか、というものである。ヘロドトス『歴史』の最終の巻九の一二〇節では、捕虜の監視人が塩魚（つまり保存のために塩漬けにされた魚）を焼いていると、「塩漬けにされた身の」死者が蘇って話をするという場面がある。塩漬けの魚と塩漬けの男（つまりミイラ）の意図的な対比がヘロドトス好みの語りの面白さなのだろう。

以下にも述べるように、ホメロスの食事風景では英雄たちは一切魚を口にしていない。塩漬けの魚はもちろんである。つまりエジプトのミイラにして死体を保存するやり方はギリシア人には魚を「塩漬け」にして保存するやり方と同一視され、英雄の食事の描写において避けられる魚を連想させるような液体に漬ける保存法は語られなかったのかもしれない。

なおさらにこうした推測を補強するような語源的な考察もあるので、次節ではそれを紹介してみたい。

10 アンブロシアとネクタルの語源

アンブロシアという語の語源解釈の方は明快である。否定の接頭辞のアンと「死すべき」という形容詞の組み合わせから造られた名詞であり、そこから「死なない」、「不死の」食材の意味となり、インドのサンスクリット語での**アムリタ**と共通の語源を有する[20]。**アムリタ**も否定の接頭辞ア＋「死なない」、「不死の」という形容詞ムリタから構成されている。しかし両者には一つ大きな違いがある、それは、**アンブロシア**は食物だが**アムリタ**は飲料だという点である。

ネクタルの語源については諸説がある。ギリシア語にはネクロス「死者、死体」、ネキュス「死体」、ラテン語にはネックス「殺害」、「死」とかノケオー「傷つける」、「損なう」などがあるが、こちらが語源だとすると、否定の接頭辞がないので、むしろ「死の飲料」になってしまう。したがって、ギリシア語起源ではなく、先ギリシア文化あるいはエジプト語やセム語からの借用も唱えられている[21]。

ネクタルの語源については興味深い説をグリフィス（R. Drew Griffith）が提案しているので紹介してみたい[22]。彼は北アイルランドのクイーンズ大学の西洋古典学の教授だが、古代ギリシアへのエジプトからの影響についていくつも論文を著しており、ここで紹介するのもその一篇である（内容的に先述の松平千秋訳『歴史』の注と一部重複している）。それによると、エジプトでは天然鉱物ナトロン（Na_2Co_3、炭酸ソーダ〔炭酸ナトリウム〕、sodium carbonate）が豊富に採取できるが、それに含まれる炭酸ナトリウムの脱水作用がミイラ作りには必須であった。

ナトロンはギリシア語では litron だが、古くはエジプト語 -ntjry 'に由来する nitron という形であった可能性があるという。そして -ntjry- という語自体は -ntjr 「神」に由来するという。その中の tj という子音は破裂音であり、ギリシア語ではこれが tr と表記されて、これにギリシア語の中性の語尾を追加したと考えるなら、ニトロンという形になる（nitr-on）。

そして、**アンブロシア**がア「否定」＋ブロトス「死」であったことから、**ネクタル**もまた「死」と関わる先に述べたネクロス「死者、死体」やネキュス「死体」といった語とのつながりが意識され、nitr- の形が *nektr- となった可能性があるというのである。ホメロスにおける死体腐敗を防ぐ**アンブロシア**と**ネクタル**の使用の描写がエジプトのミイラ作りに用いられたナトロンに由来するという見方やその語源解釈の妥当性については、素人の私には判断できないが、とても刺激的な解釈であることは間違いない。

11 インド神話、北欧神話との比較

さて、話を**アンブロシア**に戻そう。たしかに語源的には**アンブロシア**は古代インドで不死の飲料とされる**アムリタ**と一致するし、他の地域の神話や儀礼の例を見ても、重視されているのは「聖なる食材」よりは「聖なる飲料」である。ギリシア神話において神々の食事についての思索が進んだ結果、飲み物だけなく食材もあるべきだとされて、**アンブロシア**が食材に、そして飲料には新たに**ネクタル**

という名前が付けられたのかもしれない。この問題については、インド神話と北欧神話における不死の食べ物と飲み物について検討した後、再度考えるとしよう。

インド神話

ギリシア神話には**アンブロシア**や**ネクタル**の起源についての伝承はない。しかしインドには**アンブロシア**と同一語源の**アムリタ**の起源の神話が叙事詩『マハーバーラタ』（第一巻第一五章〜一七章）に語られている[23]。以下に本稿と関わる部分を要約して紹介しておく[24]。

アスラ族とデーヴァ（神々）族が争い、アスラが勝利した。デーヴァたちはブラフマーに助けを求めた。ブラフマーはヴィシュヌを頼るように助言した。ヴィシュヌは、アスラと一緒に乳海を攪拌《かくはん》し、アムリタ（甘露）を産出するようにと言った。デーヴァとアスラはマンダラ山を攪拌棒にして、ヴァースキ竜王を引き綱にして、アスラが竜の頭の方を持ち、デーヴァが尾の方を持って、山を海中で回転させた。ヴィシュヌは亀になり、攪拌棒を支えるための台座になった。薬草が投入されて攪拌された乳海からは牝牛スラビ、酒の女神ヴァールニー、天の聖樹パーリジャータ、水の妖精アプサラスたち、月神ソーマ、毒、**アムリタ**を手にした神々の侍医ダヌヴァンタリ、蓮華に乗った幸運の女神シュリー（ラクシュミー）が現れた。

アスラたちは**アムリタ**を奪った。しかしヴィシュヌは美女に姿を変え、アスラたちに油断させて**ア**

ムリタを奪い返してデーヴァたちに与えた。アスラたちはデーヴァに襲いかかったが、**アムリタ**を飲んで力を得たデーヴァ族はアスラ族をパーターラ（地下世界）に追い払った。

アスラとデーヴァの新旧ははっきりとは述べられていない。しかし**アムリタ**の獲得によってデーヴァが優位となったとされている。これはギリシア神話で古いティタン神族と新しいオリュンポス神族が戦ってオリュンポス神の側が勝利し、**アンブロシア**や**ネクタル**についてはオリュンポス神のみについて語られているのに対応している。

北欧神話

北欧神話では神々はアースとヴァンという二つのグループに分かれている。彼らは当初敵対し争うが、のちに和解する。その際の様子をスノリの散文エッダの第二部「詩語法」第五章が次のように伝えている[25]。

双方は平和の協議を催し、休戦協定を結んだ。まず彼らは共に壺に唾をした。……そこからクヴァシルという男を作った。彼は非常に賢く、いかなる質問でも答えられないものはなかった。……ある日彼はフィアラルとガラルという小人に祝いの席に招かれ、人気のない所で殺されてしまった。彼から流れ出た血は二つの壺と一つの鍋を満たした。……小人たちは血を蜂蜜と混ぜて蜜酒を作ったが、これを飲むと誰でも詩人や賢者になるという。

しかしこの後、小人たちはこの蜜酒を巨人に取りあげられてしまう。

小人たちはギリングという巨人と海に出るが、遭難して巨人は死んでしまう。小人たちは悲しむ巨人の妻の泣き声にうんざりして、巨人の妻の頭上に石臼を落として殺してしまう。ところがこのことをギリングの子スットゥングが知り、小人たちを捕らえて、賠償を要求した。小人たちは蜜酒を差し出して許してもらう。こうして蜜酒は巨人スットゥングの所有となった。巨人は蜜酒をフニトビョルグというところに隠し、娘のグンロズに見張りをさせた。

次の第六章では神々が蜜酒を巨人から奪う話が語られる。奪うのは変装したオーディンである。

オーディンはボルウェルクと名乗って、スットゥングの兄弟バウギのところで働きはじめる。そして労働の報酬にスットゥングの蜜酒を一口飲ませてほしいと求める。二人はスットゥングのところに行くが、巨人は申し出を拒絶した。そこでボルウェルク（オーディン）は錐でフニトビョルグの岩に穴を空け、蛇に変身すると穴の中に入り、蜜酒の番をしているグンロズに会うことができた。ボルウェルク（オーディン）はグンロズと三晩寝た。そして蜜酒を三口飲むことを許された。彼は三口ですべての蜜酒を飲み干して、鷲に姿を変えて、ものすごい速さで飛び去った。

スットゥングは鷲が飛んで行くのをみると自分も鷲の羽衣を付け、その後を追った。しかし神々は鷲の姿のオーディンを認めると、庭に壺を持ち出した。オーディンはその壺に蜜酒を吐き出した。こうして蜜酒は神々のものとなった。

若返りの林檎

もう一つ、神々の食べ物の問題も紹介しておかねばならない。これまで見てきたように、ギリシア神話では神々の食べ物の**アンブロシア**（「不死」）と飲み物の**ネクタル**（語源不明、ギリシア語以外からか）の二種類があった。これに対してインドでは神々が口にするのは**アムリタ**（「不死」）という飲料であり、食べ物への言及はない。では北欧神話ではどうだろう。飲み物は蜜酒だが、食べ物はあるのだろうか。

これについては、スノリの散文エッダ第一部「ギュルヴィたぶらかし」二六章が伝えている。

（知恵の神ブラギの妻イズンは）神々が年とったとき、食べなくてはならぬ林檎を梣《とねりこ》の箱に仕舞っている。それを食べれば、神々はみな若返って、神々の終末《ラグナレク》まで年をとらないでおれるのだ。

この林檎が神々のもとから奪われ、それが取り戻された顛末は「詩語法」に述べられている。

あるとき、オーディン、ロキ、ヘーニルが旅に出かけた。途中、鷲に変身した巨人シャチによってロキは捕らえられてしまう。解放する条件として巨人は女神イズンと彼女のもつ若返りの林檎を神々のもとから連れ出すことをロキに約束させる。ロキは言葉巧みにイズンを林檎とともに連れ出したが、そこにシャチが鷲の姿で現れてイズンと林檎を奪ってしまう（第二章）。[26]

イズンと若返りの林檎がなくなると「彼ら〔神々〕はすぐに白髪になり、年をとり出した」。そこで神々は集会を開き、誰がイズンと林檎の行方を知っているかが調べられ、犯人がロキであることがすぐに明らかになった。死刑、拷問と脅かされたロキは女神フレイヤから鷹の羽衣を借りて、巨人の国ヨーツンヘイムに飛んでいった。シャチは海に漁に出かけて不在だったので、ロキはイズンを木の実に変えて爪の間に挟んで逃げ出した。やがてシャチが漁から戻り、イズンがいないのに気づくと、鷲の羽衣を身に着けてロキを追跡してきた。

神々は鷹の姿のロキと鷲の姿のシャチを認めると、アースガルズを出て、かんな屑の山を作った。鷹（ロキ）が砦に飛び込み、壁の内側に降りると、神々はかんな屑に火をつけた。鷲は鷹を見失ったが、速度を落とすことができずに翼は炎に包まれた。こうして神々は巨人を殺害し、イズンと林檎を取り戻した。

ギリシア・インド・北欧の比較

以上、まとめてみると、北欧神話には神々の飲料である蜜酒と食べ物であるイズンの林檎の二種類があり、それぞれについて神々と巨人の間で所有をめぐる争いがあり、最終的に神々のものになったとされている。ギリシア神話では神々の飲料と食べ物がやはりあるが、それらの起源や争いによる獲得という神話は知られていない。そしてインドでは神々の食べ物はなく、飲料のみであるが、その起源についての神話では神々デーヴァともう一つのアスラ族の間での所有をめぐる争いが語られている。

これを表にすると、

ギリシア：飲み物と食べ物／起源の神話なし
インド：飲み物のみ／起源の神話あり／争いの結果、策略により神々が獲得
北欧：飲み物と食べ物／起源の神話あり／争いの結果、策略により神々が獲得

アンブロシアと**アムリタ**の語源の一致を考慮するなら、これら三者が独立して発生したとは考えにくいだろう。ギリシアにはかつて神々の不死の飲料と食べ物の起源神話があったが失われた、またインドにはかつては不死の食べ物についての神話もあったが、失われた、そして北欧神話では神々を不死にする飲料は神々に知恵を与える飲料となり、不死にする食べ物は若返りの林檎となったのではないだろうか。インドではヴィシュヌが美女に変装して、その性的な魅力で油断させてアスラから**アムリタ**を奪い返している。北欧ではオーディンが変装して、蜜酒を見張っている巨人の娘と性的な交わりをして蜜酒を奪っている。こうした策略の要素は偶然の一致かもしれないし、そうではなくインド＝ヨーロッパ語族（の一部）に共通の神話素かもしれない。

他のインド＝ヨーロッパ語族神話との比較

先に述べたようにデュメジルは一九二四年に、国家博士論文としてインド＝ヨーロッパ語族に共通すると思われる不死の飲料をめぐる神話についての著作『不死の饗宴』を著した。私は本稿を成すに際して、もちろんこの本を念頭に置いて検討し、何が生かせて何が生かせないかを判断しようとした。使えると判断したのはギリシア、インド、北欧の資料である。これに対して、使えないと判断したのは、イラン、ローマ、ケルト、スラヴ、アルメニアの資料であった。

『不死の饗宴』はデュメジルが二六歳の時に出版されている。この時の彼はインド＝ヨーロッパ語族全体に不死の飲料をめぐる神話が存在するはずだと信じていたと思われる。誰にも心当たりがあるかもしれないが、あるべきだと思うから無理にでも探そうとするし、見つけた資料を無理に共通の最古の原型（そういうものがあるとすればだが）に適合するように解釈するのである。

そのことはデュメジルもその後、当然理解していた。晩年に行われたインタビューで、彼はこの「正真正銘のデビュー作」は、「全体的な論旨は無価値です」とか「……大失敗でした。その後は読むこともありませんが、それでもこの本を書いたことを後悔していないのです」と述べている[27]。

無理してインド＝ヨーロッパ語族全体に共通の不死をめぐる神話があると想定しなければ、もっと楽になるだろう。インド＝ヨーロッパ語族は複数回にわたって拡散を行っているし、語派・語族間での近さ遠さに違いがある。ギリシア、インド、北欧の三グループに共通性が高いからといって、同じ基準を他の語派・語族にも無理に求める必要はないのだ。

ギリシア神話については先にも述べたように、ギリシアとオリエントとの交流によってインド＝ヨーロッパ語族由来の要素よりもオリエントからの影響を受けて成立した要素の方が多いという見方が近年は有力である。だから今回取りあげた不死の飲み物や食べ物をめぐる神話についてもその起源の部分が見当たらないとしても格別驚くには当たらない。むしろインドや北欧と共通する要素があることを重視すべきだと思う。

次に取りあげる英雄の死と不死の場合にも食べ物や飲み物が彼らの地位を示す指標になっている。そしてギリシア神話でのそれは北欧神話のそれと重なっている。このことも不死の飲み物と食べ物をめぐる共通の神話がインド＝ヨーロッパ語族のうち、少なくともギリシア、インド、北欧の三語派においては存在したという仮説をサポートしてくれるだろう。

北欧神話における英雄の死と不死

こうした英雄と特別な食事のつながりは北欧神話でも認められる。北欧神話は神々と悪の力の最終戦争ラグナレク「神々の黄昏」が語られていることで有名だが、主神のオーディンはこの最終戦争に備え、戦場で優秀な戦士たちを選び、わざとその命を奪い、ヴァルキューレ「戦死者を選ぶ乙女たち」に自分の館ヴァルハラ「戦死者の館」に連れてこさせ、住まわせるとされている。その生活ぶりは散文エッダである「ギュルヴィたぶらかし」三八章に次のように述べられている。

セーフニームリルという名の猪の肉は、どんなにたくさんの人がヴァルハラにいても、喰い尽くせることはないだろうさ。[28]

彼らの飲み物については次の三九章に次のように語られている。

ヘイズルーンという名の牝山羊（中略）その乳房からは蜜酒が流れ出るのだが、それは毎日大きな桶をいっぱいにみたす。その量は戦死者たちが、みなで思う存分飲めるほど多いのだ。[29]

こうした記述からわかるように、オーディンに選ばれた戦士たちは人間としては戦場で死ぬが、それは最終戦争において神々の仲間となるためである。つまりヴァルハラに住む彼らは、人間以上の存在となるのだ。これはギリシア神話における英雄に相当するだろう。そして北欧神話のヴァルハラの戦士たちもギリシア神話の英雄たちと同様に猪の肉（だけ）を食べ、蜜酒（だけ）を飲むのである。それ以外の食料も飲料も述べられていない。

おわりに――神と人間と英雄と

ギリシア神話の特徴の一つは、神と人間の間に生まれる英雄が数多くいて、その活躍が神話総体の中でかなりの部分を占めていることだろう。英雄は神の要素を半分持っているのだから、神ではないが、普通の人間とも異なっている。したがって食事の面においても英雄を普通の人間と区別しようという考えが存在しても不思議ではない。**アンブロシア**や**ネクタル**は摂れないが、普通の人間とは異なることをどのようにしたら、食事で表現できるだろうか。

ギリシア神話では英雄たちの食事が特異であることが知られている。『イリアス』や『オデュッセイア』の食事風景では英雄たちは家畜の焼肉、パン、ブドウ酒しか口にしていない。これはやはり英雄たちが主な登場人物であるギリシア悲劇においても確認されている。これに対して、英雄でない一般人が主人公の場合、たとえばギリシア喜劇、ギリシア小説では肉ではなくて魚が多く食べられている。そしてこちらの方が実際の古代ギリシア人の食事であったことは、ローマ帝政期のギリシア人作家アテナイオス（一六〇頃～二三〇年頃）が著した食事についての大著『食卓の賢人たち』が証言している。さらにアテナイオスは上記の叙事詩や悲劇における食事風景の奇妙さがすでに古代でも気づかれていたことについて、次のように証言している。

ホメロスは、英雄たちが野菜や魚や鳥を食べるさまを描いてはいない。こういうものを食べるのは道楽者の連中のやることだし、それにもうひとつ、こういうものを調理するというのはふさわしくない、英雄や神々にさせては畏れ多い、と考えたからだ。[30]

このアテナイオスの意見はおそらく正しいだろう。英雄は一般人とは異なるのだから、それを食事でも示そうとしたのだろう。では英雄の食事として何を描けばよいかとなったとき、選ばれたのはプロメテウスとゼウスの間での供犠獣を巡るヘシオドスの神話だったのではないだろうか。人間と神の間に位置する英雄たちが食するべきなのは、神に捧げられる供犠獣すなわち家畜の肉であるべきとされたのではないか。

†註

[1]以上、ギリシアの歴史と文化についてより詳しくは、周藤芳幸『古代ギリシア　地中海への展開』(京都大学学術出版会、二〇〇六年)を参照。

[2]比較言語学と比較神話学については、松村一男『神話学入門』(講談社学術文庫、二〇一九年)、第二章「十九世紀型神話学と比較言語学」も参照。

[3]大林太良『葬制の起源』(中公文庫、一九九七年)、大城道則[編]『死者はどこへいくのか』(河出書房新社、二〇一七年)。

[4]松村一男「ギリシア・ローマの死生観と死後世界」『死者はどこへいくのか』三四～六四頁。本稿はそれとの重複を避けて書かれている。

[5]M・P・ニルソン『ギリシア宗教史』(小山宙丸ほか[訳]、創文社、一九九二年)、ロバート・ガーランド『古代ギリシア人と死』(高木正朗ほか[訳]、晃洋書房、二〇〇八年)、Vermeule, Emily, *Aspects of Death in Early Greek Art and Poetry*, (Berkeley: University of California Press, 1979).

[6]アポロドーロス『ギリシア神話』(高津春繁[訳]、岩波文庫、一九五三年)第一巻第一～六章「神々について」。

[7]アポロドーロス『ギリシア神話』(高津春繁[訳]、岩波文庫、一九五三年)第二巻第七章。

[8]アポロドーロス、前掲書、摘要第六章二九。

[9]デュメジル、ジョルジュ／ディディエ・エリボン『デュメジルとの対話』(松村一男[訳]、平凡社、一九九三年)。松村一男『神話学入門』、第五章「デュメジルと『新比較神話学』」

[10] Dumézil, Georges, *Le Festin d'immortalité, Etude de Mythologie comparée Indo-européenne. Annales du Musée Guimet*, I, XXXIV, Paris, Librairie Orientaliste Paul Geuthner. Novembre-décembre 1924.

[11]沖田瑞穂「神々の不死の起源――インド神界の第三機能グループ」『マハーバーラタの神話学』(弘文堂、二〇〇八年)第三章、五九～八六頁。沖田瑞穂「神々の不死の起源――アムリタとソーマと蘇生の術」『マハーバーラタ、聖性と戦闘と豊穣』(みず

き書林、二〇二〇年）第三章、八六〜九六頁。

[12]コミュニケーションとして贈与や交換については、モース、マルセル『贈与論　他二篇』（森山工［訳］、岩波文庫、二〇一四年）参照。

[13]『神統記』（廣川洋一［訳］、岩波文庫、一九八四年）。

[14]ホメロス『イリアス』（松平千秋［訳］、岩波文庫、一九九二年）。

[15]ホメロス『オデュッセイア』（松平千秋［訳］、岩波文庫、一九九四年）。

[16]廣川、前掲書、一九八四年、六四〇行。

[17]周藤芳幸『古代ギリシア　地中海への展開』（京都大学学術出版会、二〇〇六年）。周藤芳幸［編］『古代地中海世界と文化的記憶』（山川出版社、二〇二二年）。葛西康徳・ヴァネッサ・カッツァート［編］『古典の挑戦　古代ギリシア・ローマ研究ナビ』（知泉書院、二〇二一年）等参照。

[18]ヘロドトス『歴史』（松平千秋［訳］、岩波文庫、一九七一〜七二年）。岩波文庫版訳者の松平千秋の注、四二三頁注五。

[19] Beeks, Robert, *Etymological Dictionary of Greek*, (Leiden: Brill, 2009), s.v. tarichos, tarchyo.

[20] Beeks, Robert, *Etymological Dictionary of Greek*, (Leiden: Brill, 2009), s.v. brotos.

[21] Beeks, Robert, *Etymological Dictionary of Greek*, (Leiden: Brill, 2009), s.v. Nektar, -aros.

[22] Griffith, Drew, "Nektar and Nitron," *Glotta* 72,(1994), pp.2-23.

[23]『マハーバーラタ1』（上村勝彦［訳］、ちくま学芸文庫、二〇〇二年）、第一巻第一五章〜一七章、一四三〜一五一頁。

[24]定方晟『インド宇宙誌』（春秋社、一九八五年）、一四〇頁も参考にした。

[25]『エッダ——古代北欧歌謡集』（谷口幸男［訳］、新潮社、一九七三年）。

[26]谷口幸男訳「スノリ『エッダ』「詩語法」訳注」『広島大学文学部紀要』四三（一九八三年）一〜一二一頁。

[27]デュメジル、ジョルジュ／ディディエ・エリボン、前掲書、一九九三年、二〇〜二一頁。

[28]谷口、前掲書、一九七三年、二五五頁。

[29]谷口、前掲書、一九七三年、二五六頁。

[30]アテナイオス『食卓の賢人たち1』（柳沼重剛［訳］、京都大学学術出版会、一九九七年）八九頁。

第12章

『ドイツ伝説集』「死の伝説」「生の伝説」をめぐる〈神話的な死〉

植朗子

はじめに

筆者は「伝承文学」を研究領域とし、とくにドイツ語でザーゲSageと呼ばれる「伝説」というジャンルを研究対象としている。この章では、一九世紀に民間伝承を蒐集し、ドイツ民俗学の礎を築いたといわれるグリム兄弟（兄・ヤーコプJacob Grimm 一七八五～一八六三年／弟・ヴィルヘルムWilhelm Grimm 一七八六～一八五九年）の著作の中から、『ドイツ伝説集』*Deutsche Sagen*〔1〕を題材に、「死の伝説」「生の伝説」を取りあげ、伝説における「神話的な死」について論じたい。なお、伝承研究にはさまざまな手法があるが、ここではストーリー（話の筋）に強く影響を与えるモティーフの分析を中心とする。

1 グリム兄弟『ドイツ伝説集』で語られる生と死

グリム兄弟『ドイツ伝説集』

グリム兄弟の『ドイツ伝説集』は一八一六年に第一巻の土地伝説集が、一八一八年に第二巻の歴史伝説集が出版されている。この土地伝説集が発表されるわずか四年前、一八一二年に彼らが『子どもと家庭のためのメルヒェン集』（通称『グリム童話集』〔2〕）*Kinder- und Hausmärchen*の初版を刊行して以降、ドイツ語圏だけでなく日本を含めて世界中で民間伝承の蒐集と研究に光が当てられるようになった。この伝説集には全五七九話[3]が収録されており、第一巻には一話目から三六二話目が収載され、第二巻は三六三話目から始まり五七九話目までが収められている。『グリム童話集』の七版が二一〇話であることを考えると、話数はそれよりもかなり多い[4]。しかし、「読み物」として広く一般の人々にも受け入れられた童話集に対して、素朴な文体で起承転結すらないこともある伝説集は商業的に成功したとは言いがたいものであった。

それでも『ドイツ伝説集』はドイツ語圏に住む人々の生活のすぐそばにある、実在する不思議な場所、奇妙な事件、その地域で継承されていた民間信仰や異界の住人たちの姿、魔術(呪い)や民間療法の痕跡、部族の由来、土地の由来、物語としての歴史を語り継ぐなど、その編纂には大きな意味があった(「第9章　インドネシア――死と天界と生まれ変わり」でも異界としての森、海などが触れられている)。

とりわけ通常では起こりえないような「死」と「生」にまつわる伝承は、われわれ人間が希求する救済、そして受け入れざるをえない「死すべき運命」への道筋を示す語りを含んでいる。こういった伝承におけるモティーフの特色が強く感じられるのは、第一巻の土地伝説集の方である。第二巻の歴史伝説集では宗教改革までの伝説がゆるやかに時代順に並ぶという方針で編集されているため、モティーフの連結部分がより明確に示されているのは土地伝説集の方だった。よって、モティーフ分析を中心に扱う本稿においては、土地伝説集の「死の伝説」「生の伝説」をおもに取りあげ、歴史伝説集に収録されている話は、それらを補完するための類話として扱う。

神話と伝説

本章では、神話と伝説、そして神話的伝承、神話的伝説ということばを使用するが、これらのジャンルの境界は曖昧であるといわれている。さらに神話の定義はどの文学ジャンルよりも複雑だというのは、民間伝承研究者の間ではごく当たり前のこととして認識されている。民間伝承はおもに「神話Mythos・Mythologie」「伝説Sage」「メルヒェンMärchen」に大別されるが[5]、これらの間には共通する要素があり、どちらにも分類される話が数多く存在する。グリム兄弟が伝説とメルヒェンの根源に神話があると考えていたこと[6]は広く知られているが、同じモティーフを含む物語が民間伝承としてのジャンルの垣根を超えたところに点在している。

伝説は、定義上「事実として信じられている話、または事実として伝えようとしている話」で、実在する人物、時代、場所などが明記されていることが多いのが特徴である。一方、メルヒェンでは、現実世界と結びつく具体性は排除され、「むかしむかし、あるところに」という語りを含ませ、その曖昧さから生まれる空隙によって空想性を残そうとする。しかし、神話においては、事実性が強いとみなされる話と、空想的・幻想的な話のどちらも存在する。神話と歴史の語りの比較、そしてこれまで繰り広げられてきた、神話における事実性に関する議論の過程をふりかえれば、神話が「現実」と「非現実」のどちらも必要としてきたことは間違いない。

生と死――われわれがいまだ解決しえないこの命題――を紐解くために物語を読むのならば、やはり「事実性」の語りを無視することはできないだろう。現実社会や生活に根ざした「伝説」という題材を扱って、「死の神話的伝説」の中に潜む「事実」から生み出される物語作用について明らかにしたい。

民間伝承における生と死のモティーフ

生と死をめぐるモティーフは、あらゆる民間伝承の中で使用されてきた。ドイツ文学者の高木昌史による『決定版　グリム童話事典』〔7〕には、主要なモティーフの項目がたてられているが、その中で直接的に「死」と関連するものとして「生命、死／死者、石化、骨、血、魂、地下世界／地獄、天国／煉獄、ガラス山」などがある。民間伝承の話型分類とモティーフ分類を完成させた民話研究者スティス・トンプソン Stith Thompson（一八八五～一九七六年）は「伝説と言い伝え」の分類で、「死」と関連する項目に「死者の帰来、奇跡」〔8〕を加えている。他にも「死者」のモティーフとしては、「蘇生、幽霊と亡霊、生まれかわり、霊魂」があり、グリムの『ドイツ伝説集』の中でもその事例を見ることができる。

間接的に「生と死」にかかわるモティーフもここに加えていくと、それはさらに多岐にわたる。神話的な「動植物」のこともあれば、黄金やガラスなどの「物質」、洞窟や森や地下といった異界をイメージさせる「場所」のこともある。次節以降、生と死をめぐる神話的伝説において、これらのモティーフが話中でどのように使用されているか、具体例をあげてストーリーへの影響を確認することにする。

2 「死」をまぬがれる伝説

神による「死からの救済」の伝説――『ドイツ伝説集』第一巻・第一話

グリム兄弟は伝説集においても童話集においても、その著作全体を貫くようなテーマ性を持つ話を第一話目に置いている[9]。伝説集の場合は、土地伝説集の第一話目と最終話のいずれにも、ふつうの人間の「生」を超越した特殊な人物のエピソードが収録されている。第一話は鉱山の落盤事故で生き埋めになってしまった三人の鉱夫の伝説だった。彼らは不運な事故に巻き込まれるが、神によって救済が示される。『ドイツ伝説集』が単純な「生と死」の物語からではなく、「神話的な生と死の伝説」で始まることは示唆的であるといえよう。

ボヘミアにクッテンベルクという山があり、そこには三人の鉱夫が長年勤めていて、妻子のために糧を得ていた。朝、彼らは山に入る時、三つの物を持っていった。一つ目はお祈りの本、二つ目は一日分の油が入ったカンテラ、三つ目は一日分のパンだった。[略]ところがある日、仕事を終えて夕方になろうという時に、突然山の表側が崩落して、出口を塞いでしまった。(『ドイツ伝説集』第一話「クッテンベルクの三人の鉱夫」)[10]

生き埋めという悲惨な状況であるにもかかわらず、この勤勉で信仰に篤い三人の鉱夫は仕事を続け、土を掘るたびに神に祈りを捧げ続けた。不思議なことに一日分しかなかったはずのカンテラの油もパンも、そのまま尽きることはなかった。彼らは死にもせず、七年の月日がすぎていく。ある時、鉱夫たちはそれぞれの願いを口にした。


「ああ！　もう一度だけ太陽の光を見ることができたら、喜んで死ぬのだけど！」

「ああ！　もう一度だけ家に戻って、カミさんと一緒にテーブルに座って、一緒に食事ができたなら、喜んで死ぬのだけど！」

「ああ！　たった一年だけでいいから、カミさんと仲良く一緒に暮らすことができたなら、喜んで死ぬのだけど！」[11]

そして彼らの願いは神に聞き入れられる。この伝説の最後の一文は「彼らの信心深さのため、神は彼らの願いを叶えたのだった。」と終えられている[12]。

異様な「長命」の伝説――『ドイツ伝説集』第一巻・最終話

次に土地伝説集最終話の内容を紹介する。興味深いのは、第一話目は生還が困難な落盤事故でも

〈死ななかった〉〈三人の〉〈男たち〉の伝説であるのに対して、この最終話もまた〈三人の〉〈死なない〉〈男たち〉のエピソードであるという点だ。グリム兄弟が無頓着にこの配列をとったとは考えられず、この二話は呼応関係にあると思われる。第一話目との間にどのような共通点、あるいは相違点があるのだろうか。土地伝説集最終話の「三人の老人」という話は、シュレースヴィヒのアンゲルンというところでエーストという名の牧師が語ったことが、不思議な実話として書き記されたというものだ。ある時、真っ白な髭を生やした老人が道端で激しく泣いていた。それを見かけた牧師が声をかけると、その老人は父親にぶたれたのだと訴えかけた。泣いていたのがかなり年配の老いた男であったことから、その老人よりもさらに年老いた人物が暴力を振るったということになる。話を聞いた牧師は怪訝に思いながらも、事実確認のため、その老人の家の中まで入っていった。すると、聞いたとおり、もう一人の老人が激昂しており、牧師に向かってこんなふうに言った。

「ああもう、私の息子が、私の父親を突き飛ばしたんだ!」(『ドイツ伝説集』第三六二話「三人の老人」)[13]

それを聞いて牧師はひどく驚いた。しかし、その言葉に偽りはなく、暖炉のそばの安楽椅子に、先に会った二人の老人よりもさらに年をとった男が座っていた。つまり、道端で泣いていた男、その父親、その祖父、という血縁者三代が登場しているのだが、彼らが異様なほど長命であることが示されている。

この伝説には教訓もなければ、結末らしい結末もないため、語りの目的がはっきりとしない。この話は単純に、異常に長命な男が三人もおり、彼らは仲良く暮らしているというわけでもなく、幸せそうに多くの家族に囲まれているわけでもなく、まるで子どものような諍いを起こして、それを牧師に目撃されたというつまらない内容で終わっている。なぜこの話が土地伝説集の最終話として収録されたのだろうか。

土地伝説集の第一話と最終話の呼応から浮かび上がるもの

『ドイツ伝説集』の冒頭には不幸な災害から救われる神話的な伝説が置かれ、信仰心から起こる奇跡が語られた。それに対して、土地伝説の最終話では、何らかの理由によって「長命」という普通の人にはない幸運を得た人物が、つまらない日常を過ごしている様子が描かれた。人間は死を恐れ、災害や事故、病や怪我からの生還を日々の中で願う。しかし、「長いだけの生」に喜びはない。クッテンベルクで生き埋めからまぬがれた三人の男たちは、「永遠の生命」を祈ったわけではなかった。彼らはそれぞれに太陽の下の死を、愛する妻と一度だけ食事をともにすることを、一年だけ妻との暮らしを取り戻すことを願った。三人の鉱夫は「死までの猶予」の期間を求め、それが神に聞き入れられた結果、「満足な死」を手に入れる。

この冒頭の伝承によって、理想的な人生とは、理想的な死をむかえることにあるのだということが語られる。したがって、この神話的伝説の本質は「生の伝説」ではなく、人間が穏やかな最後の瞬間を求める「死の伝説」であり「死の神話」でもあったことがわかる。

哲学者のエルンスト・カッシーラー（Ernst Cassirer 一八七四〜一九四五年）は『国家と神話』*The Myth of the State* において、神話について以下のように述べている。


神話は、あるいは宗教は一般にたんに恐怖の所産にすぎないとは、くりかえし言明されてきたところである。しかしながら、人間の宗教的な生にあってもっとも本質的なものは、恐怖という事実ではなく、恐怖のメタモルフォーゼなのである。恐怖は生物学的本能である。それを完全に克服したり、抑圧したりすることは不可能である一方、その形態を変化させることはできる。神話を満たしているのはもっとも暴力的な情動であり、もっとも恐怖に満ちたヴィジョンである。[14]

カッシーラーは神話・宗教は恐怖と切り離すことはできず、本能的な恐怖を変換（メタモルフォーゼ）した語りとして神話が生み出されたとしている。人間の最大の恐怖は「死」である。しかし、その一方で、死の恐怖を克服することは、必ずしも「不死」を意味するわけではない。死すべき運命にある人間が、神話あるいは神話的伝説に求めるのは、不可避な事実として提示される「死」に対して与えられる救いであり、物語性そのものである。

グリム兄弟の土地伝説集の冒頭話は、人間としての「あるべき生」を語るために、「理想的な死」の物語を語った。それに対する最終話は、異常に長生きな人物のエピソードから、人間としての「あるべき死」を外れてしまうことの不気味さを語る物語であると考えられよう。

3 「死」を奪い、「死」を与える神の伝説

死をつかさどる神のイメージ

グリム兄弟の兄・ヤーコプは一八三五年に刊行した『ドイツ神話学』*Deutsche Mythologie* の中で、人間に「死」を与える死神が、骸骨の姿でイメージされるようになる以前のことを紹介している。ドイツ語圏の古代の社会で語られていた、非キリスト教的な異教の神話において、人々は人間的あるいは神的な姿をしたものが「死」をもたらすと考えていた[15]。

『ドイツ伝説集』には、さまざまな時代の伝説が収録されているため、キリスト教的な神の物語と、異教的な神々の物語が混在しており、そのなかでも、人間に「死」を与える神、「死」を奪う神、「死」から救うものとしての神など、多様な語りをみせる。この節では、神と「死」のかかわり方を示す神話的伝説のバリエーションについて述べる。

死を奪う神の伝説

まず、神が人間から「死を奪う」話である。死を奪われた人間は、この世に留まり続けなくてはならなくなる。生きていた頃にともにいた家族や恋人たちと離れ、共同体から排除され、永遠に孤独な

生を過ごすことが科せられる。神に呪いの言葉を吐いた人間や、不遜な願いを神に求めた人間、好んでたくさんの殺生を重ねた人間は、「死」を永遠に奪われてしまうのだ。『ドイツ伝説集』には、狩猟の魅力に取り憑かれてしまったある男が「死ねなくなる」話がある。その不死の男は、通りかかった人にこんなふうに語りかけていた。

　私はお前と同じく人間だった。ひとりでここにはいるが、かつては領主だったのだ。しかし、狩りをしていたいという欲求から、神に対して最後の審判の日がくるまで狩りをさせてくださいと懇願した。(『ドイツ伝説集』第三〇八話「永遠の狩人」)[16]

　神にこの願いが聞き届けられた男は、幽霊 Geist として永遠に狩りをし続けなくてはならなくなった。その顔には数百年の時の経過が刻まれており、皺が深く干からびたような姿だったという。この世をさまようことを余儀なくされた人間は、あらゆる人に平等に訪れるはずの「死」から拒まれ、生きたまま現世に取り残される。

「死ねない人間」をめぐる類話はいたるところに分布している。この作品のように「さまよう幽霊」と表記される場合と、「死ぬことができない肉体を持つ人間」のパターンがあるが、この伝承の型の場合、「肉体の有無」に大きな意味はない。この筋において何よりも重要なことは、彼らが「死ねない」(＝この世を去ることができない)点にあるからだ。

　あらゆる伝承において、生命の危機から救われることを神の恩恵とみなす物語の系譜がある。そのいっぽうで、これらの話のように、不死、あるいは幽霊としてこの世に留まり続けるという状況が、「呪い」や「罰」として描かれる場合もある。この「永遠の狩人」の伝説は、神への不敬を語るという側面において神話的でもあった。そして、苦しくも醜い「不死」の罰に見舞われた人間は、それが神から与えられたものであっても、本人が願ったことであったとしても決して人間の喜びとは結びつかないのだった。

死を与える神の伝説

『ドイツ伝説集』第九二話「ブリューメリスアルプ」では、自分のためには食べ物を贅沢に扱い、母親には腐った牛乳を飲ませようとした羊飼いの男が、神の罰によって家ごと土砂に埋もれさせられて命を落とす話が収録されている。これは神が「死」を与えるタイプの伝承である。しかもその後、羊飼いの魂は幽霊になって山をさまよい続けなくてはならなくなった。肉体的には死が与えられ、魂は現世に縛られ「救済の死」を得ることができないという、肉体と魂と二重の意味で罰を受けることになった話である[17]。

前述の九二話以降、伝説集には死の伝説が連続して収録されている。九六話にもよく似た話があり、波打ち際を歩く聖女の信心深さを嘲った村人たちが、神罰を受けて村ごと砂に埋もれて亡くなるという内容だった。この村人たちの村は、どこからともなくやってきた牡牛二頭が、すぐ近くにあった大きな砂山を朝から晩まで掘り続け、砂山が村の方へと崩れ落ちたことによって、土砂に埋められてしまったのだった。

近くの村の人々がやってきて、土砂で埋まったものを掘り起こそうとしたが、昼間にどれだけ作業しても、夜には再び風が吹きつけて塞いでしまった。これは今日も続いている。(『ドイツ伝説集』第九六話「海辺の村」)[18]

この話では神の罰が語られているのだが、①神の怒りが今もなお続いていること(=時の異様な経過)、②罪深い村人たちを砂に埋もれさせて殺したのが二頭の牛である点(=「神の使いの動物」のモティーフ)、③人間が手作業で掘り起こした砂が一夜のうちに風によって埋もれてしまうこと(=自然界の力を操る神的な力)から、神話的なエピソードであるといえよう。村ひとつが土砂に埋もれてしまった自然災害を伝えるタイプの伝説であるが、伝説でありながらこの話では具体的な日時・場所などが示されておらず、事実性よりも神話的な側面、神の怒りという普遍的な内容が強調されている。

このように『ドイツ伝説集』で語られる神は、その多くが「神の姿」を直接的には現さず、人間の願望に呼応する形でその力を行使し、神の存在を人間に感じさせている。人間の願望の浅ましさ、または慎み深さによって、神は「死」を罰のように与えたり、奪ったりし、時に人間を救うこともあるのだった。いずれも普通の死とは異なる「物語性」に満ちている。「事実」という要素との結びつきが強いはずの伝説という文学ジャンルにおいて、死の恐怖を実態のままに語るのではなく、神話的な物語要素を加えた上で語っている点が興味深い。

4

人間の死に関与する「神以外の存在」をめぐる伝説

死者の魂を管理する精霊の伝説

次に、「自然界の精霊」が人間の生死に関与したという世俗的な伝説を例にとり、前の節で述べた「死」をつかさどる神の伝承と、その内容を比較する。まずは、伝説集収録の「水の精霊」の一種とされる水妖と人間との関わりを記した伝説から考察する。ある日、農夫が水妖の住処を訪れた時に、人間の「魂」が囚われている様子を偶然目にしたという話である。

その農夫は、水妖にそれは一体何ですか?と尋ねた。「それは溺死者たちの魂ですよ。それを壺の中に保存してあって、しっかり閉じ込めてあります。魂が逃げ出してしまわないように。」これを聞いた農夫は静かに黙り、しばらくしてから地上に戻った。(『ドイツ伝説集』第五二話「水妖と農夫」)[19]

もともと農夫はこの水妖と親しい近所付き合いをしていたのだが、この出来事がきっかけとなって、農夫は水妖に捕らえられている溺死者たちの魂を解放してやろうと画策するようになった。そして、水底にある水妖の家に忍びこみ、魂の入れ物である壺をひっくり返して魂を逃してやることに成功する。この話で「魂の救済者」として描かれているのは、ただの農夫である。彼には知恵と行動力以外に何か特別な才があるわけでもない。普通の男が機転を利かせて魔物を出し抜くという、昔話らしい伝説である。

なお、この「水妖と農夫」の伝説のそばには、人間を溺死させる「水の精霊」の伝承が複数収録されている。つまり、前後の物語の繫がりを考慮すれば、この水妖は五二話の中では「魂の管理人」の役割のみが語られていたが、水死・水難事故を引き起こす恐ろしい存在だとも考えられよう。人間に死を与え、人間の魂を自在に操る能力を備えた存在だと推察される。

正体不明の老人から死が与えられる伝説

この次に紹介する伝説は、チロルのザルルンという村で一六八八年に起こったという言い伝えである。古ザルルン城の跡地で地下に降りる階段を見つけたクリストフ・パッツエーバーという男は、そこで良質のワインを発見し、それを持ち帰った。その地下のワイン蔵には三人の老人がテーブルに座っていて、そのテーブルに置いてあった黒板にチョークで文字が書かれていたという。老人たちはワインを持ち出すことを許可したが、黒板に×の字を書くと、そのすぐ後に消えてしまったそうだ。

このパッツエーバーという男は十日後に死んでしまった。それはワインの代金を彼の命で支払わねばならなかったということだ。おそらく（ワイン庫にあった黒板に書かれた）大きなバツ印は、十日ということを意味していたのだろう。(『ドイツ伝説集』第一五話「ザルルンの古いワイン庫」)[20]

パッツエーバーの死は、地下室にいた老人たちによって予言されたように見え、いっぽうで、この世のものとは思えないほど美味なワインの対価として、死を与えられたようにも見える。この話の結末では、命の期日として「十日」という意味のバツ印を黒板に記した後に、三人の老人は幻のように消えている。彼らは地下室のワインを守る精霊のような存在なのか、単なる幽霊なのかも不明であり、神話的要素は含まないが不気味な伝説である。

幽霊から死が与えられる伝説

次に死者の霊から人間に「死」がもたらされる伝説について取りあげる。伝説集の第二六一話には、「死者の気配」に気づいてしまう霊能力を持った少年が、霊と遭遇する恐怖体験によって寿命を縮めてしまったという話が収録されている。この少年は、対象となる死者が埋葬されていたり、隠されていたりする状態であっても、その死人の外見的特徴を鮮明に目視することができたそうだ。彼は、日々恐ろしい思いに耐えていた。

コルマルのプフェッフェルのそばの家に住んでいたある子どもは、友達たちが何も気にせずに遊んでいた時も、家の庭にある特定の場所には決して行こうとしなかった。［略］「そこには人間がひとり埋められているんだ。彼の両手と両足はこれこれこんなふうになっていて（彼はすべてのことを正確に話した）、その片方の手の指には指輪がつけられている」と言った。（『ドイツ伝説集』第二六一話「コルマルの少年」）［21］

コルマルの少年は死体がある場所にくると、そこに死体があることを事前に教えられていなくても、死体が見えない状態であっても、なぜか死者の姿を見てしまうのだ。この少年はやがて衰弱し、早逝してしまった。

この話のように幽霊と死者が生者を死の世界に呼び寄せてしまうことと、神あるいは神的存在が人間に死を与えることには、語りにおいて大きな隔たりがある。神が人間の死に関与するのは、その人物の運命そのものや、その人物の性質・性格に関連する理由づけがあった。その一方で、魔物や死者から与えられる死は不条理で、突発的な理由が多い。傾向として、生と死に因果関係が語られるのが神にまつわる伝説で、理由が不明瞭なものは魔物や幽霊に関連する伝説である。

5

魂と肉体にまつわる生と死の伝説

肉体から抜け出す魂、魂を失った肉体

人間は死すべき時以外にも、肉体から魂が抜け出してしまう場合があり、そういったケースでは比較的容易に蘇生をすることが可能である。伝説集にはそのような奇譚が収録されている。魂が肉体の外に出てしまうとどうなるかというと、魂がそのまま肉体に帰って来さえすれば、その人物は生き返ることができるのだ。しかし、何らかの原因によって魂が戻れなくなると人間は死に至る。

ドイツ語圏の伝承では、人間の魂はおもに口から出入りし、魂は小動物、とりわけネズミや蛇のような形状をとるものとして語られている。それは小さく、丸い本体部分に、細長い尾のようなものがついているイメージで、その点が日本の説話や昔話で語られる「浮遊する霊魂（ひとだま）」の表象とよく似ている。

ここで『ドイツ伝説集』の「魂の離脱」に関する二つの話を比べてみる。休憩している下働きの女の口から魂が逃げ出してしまう事件があった。一七世紀の初め、テューリンゲン地方のヴィルバッハの屋敷で、召使いの女性が眠気をおぼえて長椅子でうたた寝した時に、不思議な現象が目撃された。

しばらくの間、彼女（下女）は静かに横になっていたが、彼女の開けられたままの口の中から、

一匹の赤い小ネズミが這い出してきた。それをほとんどの者たちが見ており、互いにそのことを伝え合った。その小ネズミはちょうど開いていた窓にむかって走り、そこから外に出てしばらく帰って来なかった。(『ドイツ伝説集』第二四七話「小ネズミ」)[22]

下女の霊魂はこの後すぐに小ネズミの姿のまま本体のところに戻ってくるのだが、近くにいた侍女がおせっかいなことに下女の身体を動かしてしまったため、小ネズミは口の中に入ることができなくなり、姿を消してしまった。魂を失った下女は息絶えて、二度と生き返ることもなかったという。次に紹介するのは、歴史に名が刻まれた王、グントラム(在位五六一〜五九三年)の伝説である。これは第二巻の歴史伝説集に収録されているが、「魂の離脱」をテーマとするさきほどの伝説の類話としてここに引用したい。

グントラムが眠ると、彼の口から小さな動物が蛇のように忍び出て、近くを流れる小川まで走り去っていった。(『ドイツ伝説集』第四二八話「眠る王」)[23]

フランク王であるグントラムが狩猟で疲れ、信頼できる家臣の膝に頭をあずけて横になった時、彼の魂が蛇のような姿になって口から抜け出した。飛び出したグントラムの魂は、小川の向こうの洞窟でおびただしい財宝を発見する。二、三時間もすると魂は肉体まで戻り、蛇の姿のまま口の中から体内に入り込んで、グントラム王は再び目を覚ました。

蘇生の伝説と主人公の属性

民間伝承では、物語の主要人物の属性が話の筋に影響を及ぼすため、「どんな人物が」物語の中で、「どのような行為に至るのか」という点を検証する必要がある。こういった検証は昔話や民話の構造分析に頻繁に使用される。これらの記号的な意味を持つものが民間伝承のモティーフであり、物語の機能として作用する。モティーフ研究と話型分析は、前述のスティス・トンプソンや、ドイツ語圏ではハンス＝イェルク・ウター Hans-Jörg Uther（一九四四年〜）などの研究があり、主人公の行為に注目した物語機能については、物語の構造分析の基礎を作ったロシアのウラジーミル・プロップ Vladimir Propp（一八九五〜一九七〇年）の研究がある。彼らは主人公の属性を重要なモティーフのひとつとして見なしている点で共通している。

「魂の離脱」の伝説では、一つ目の主人公は下女、二つ目の主人公は王だった。この二つの伝説を使って主人公の属性と話の筋とを比較すると、魂が抜け出た際、彼らの周囲の対応には大きな違いがあったことがわかる。人間が生きていくためには、魂と肉体の両方が必要で、魂が肉体に戻ることを阻害する事象が起きると、生還することができなくなる。したがって、魂が離脱してしまう事態に見舞われた場合は、阻害されない休眠、睡眠の状態が保全されるということが何より重要だ。下女の周りには、彼女を守ってくれる人物はいなかった。しかし、グントラムのそばには、命をかけて彼に忠誠を誓う家臣がおり、その忠臣は王のそばを片時も離れようとはしなかった。仮死状態の人物、あるいは眠る人物、復活を待つ人物には、それを「守護する者」が必要なのだ。

伝説には、聖者伝や英雄伝説などのバリエーションがあるが、歴史に名だたる「王・英雄」が登場する英雄伝説は、その人物の特異性、成し遂げた事柄の偉大さや種類から、神話に分類されることがある。ト女の魂の離脱の話が世俗的な伝説であるのに対して、グントラム王の魂の帰還の話は神話的伝説であるといえよう。

6 王・英雄の復活にまつわる神話的伝説

復活を待つ王と英雄たち

ディズニーの「眠りの森の美女」の源泉でもある、グリム兄弟のあの有名なメルヒェン「いばら姫 *Dornröschen*」[24]を読むとよくわかるが、「眠り」のモティーフは「死」あるいは仮死状態を意味している。前節において引用した「魂の離脱」の伝説でも、肉体から魂が抜け出せる状態になるのには、「眠り」のモティーフが必須であった。この「眠り」の時間は、長ければ長いほど、蘇生することは困難になる。睡眠中の肉体を動かさず、その場に静かに安全に留めようとするには、従者、その人物を隠す建物、王のための武具など、肉体を守るものが必要だ。

復活の時を待って数百年もの眠りについているのは、そのほとんどが一般の市民ではなく、神的な力の恩恵にあやかることができる人物、「王・英雄」など特殊な人物だ。なお、この「王・英雄」という属性も、民間伝承のモティーフの一種である。

伝説によると、カール大帝はニュルンベルクの城の深い井戸の中で自らを呪い、そこに留まり続けている。彼の髭は彼が座っている場所の前にある石卓を突き破ってしまうくらい伸びているそうだ。(『ドイツ伝説集』第二二話「ニュルンベルクのカール大帝」)[25]

じつはこの「ニュルンベルクのカール大帝」という伝説の本文は、ここに引用したものがその全文である。これだけの話の長さでは、「カール大帝」という歴史上きわめてよく知られる王が、死ぬことなく井戸の底で生き続けているということしかわからない。なぜ彼は死なないのか。伝説がしばしば物語として不完全で、結末や語りの目的を欠いているといわれるのは、こういった短い話が残されていることが原因であろう。伝説にせよ、神話にせよ、メルヒェンにせよ、長い年月をへて継承される過程で、語りが一部分しか残っていないものが存在する。また、民間伝承は作家による創作性があるわけではないため、素朴な文体のものもあり、物語が「閉じて」いないケースも散見される。この場合、語りの目的を探る手がかりになるのが類話であり、『ドイツ伝説集』の場合は該当する伝説の前後に配置されている話の内容である。

この第二二話の前にある、第二一話「ゲーロルツェック」という話は、ヴァースガウという土地にある古城の名前がそのままタイトルになっている。この城には「ドイツの英雄アリオヴィスト王、ヘルマン王、ヴィテキント王、不死身のジークフリート」たちが集っており、ドイツに苦難の時がおとずれた際に復活して、人々を救う[26]のだと信じられている。また、この後に配置されている第二三話「キュフホイザーのフリードリヒ赤髭帝」はこんな書き出しで始まる。

この皇帝について伝えられている伝説はたくさんある。彼は死んだのではなく、最後の審判の時まで生き続けている、あるいは彼の後には、彼よりも素晴らしい皇帝が現れなかったのだと言われている。(『ドイツ伝説集』第二三話「キュフホイザーのフリードリヒ赤髭帝」)[27]

フリードリヒ赤髭帝が復活すると、素晴らしい世の中が訪れるのだと語られている。しかもこの皇帝には、彼の身の回りの世話をする従者としてこびとがおり、復活の時まで王に仕えているそうだ。グントラム王のように、彼の忠実な下僕が話中に登場している。

この『ドイツ伝説集』の二一話目から二八話目までは、いずれもドイツ史とその周辺において名を残す王と英雄、史跡とかかわりが深い伝説ばかりがまとまって収録されている。この伝説グループは、その地域が戦火に巻き込まれた際、王あるいは英雄が長い眠りから目醒めて、人々を救うという内容を伝えるものである。伝承のカテゴリー的には「英雄伝説」に属し、神的な加護を得ている者にしか起こしえない内容となっている。

これらの「復活の時を待つ王・英雄」たちは、その地の守護神としての役割をおっていると考えられ、彼らは神的な力をその身に受け、同時にその力を民衆のために行使することが求められているのだ。まるでこの世に降り立った神そのもののようである。伝説集に収録された作品でありながら、神話的な内容であるといえよう。死ねなくなった「永遠の狩人」とは異なるタイプの話型である。

王と英雄の復活を象徴する植物のモティーフ

伝説集二一話目から二八話目の「復活を待つ王・英雄」の伝説グループには、不思議な伝説がひとつ含まれている。第二四話の「梨の古木」にまつわる話である。

ヴァルザーフェルトに立っている枯れた梨の木は最後の戦いの印である。というのも、この木は過去に三回も切り倒されているが、いつも枝が芽吹き、再び成長して完全な木へと育つのだ。(『ドイツ伝説集』第二四話「ヴァルザーフェルトの梨の木」)[28]

この伝説が語られている時点では、梨の古木は枯れたままヴァルザーフェルトに残されている。しかし、この木が再び果実を付けるまでに成長した時には、新しい大きな戦いがはじまると信じられている。つまり、この枯れたように見える梨の古木の復活は戦争開始の合図になっており、この伝説の前後に配置されていた「王と英雄」の伝説の語りと同一の意味を含有していることがわかる。復活する古木の伝承は単なる蘇生譚なのではなく、戦いに巻き込まれる人々を救う「救済者」のメタファーなのだ。その地を復興させる者、英雄の表象であり、「枯れる=休眠(仮死)」、「芽吹く=蘇生する」ことを意味している。

死からの復活のモティーフとして、梨の木が使用されているのは、梨の樹齢が比較的長いことが関係している。ぶどうの樹齢は五〇年から六〇年ほど、リンゴで一五年から二〇年ほどだが、オーストリアのモストフィアテルという地域には、樹齢三〇〇年をこえる梨の木が実在し〔29〕、果実酒の原材料の実が収穫されるほどだという。

このように、梨の木は人間の寿命を超えるほど長命であり、枯れたように見えても果実を実らせる力を秘めている。特別な樹木が持つ特殊な力が、伝承の中でモティーフ化し、物語に神話性をもたらしているのだと考えられる。

不滅をあらわす植物のモティーフ

伝説には他にも神話的な植物のモティーフが存在するが、生と死、あるいは蘇生や不滅に関連する意味を含有するものの中に、「ヒルデスハイムの薔薇」の話がある。これは『ドイツ伝説集』に取りあげられた植物モティーフの中で最も有名なもので、ユネスコ世界遺産に登録された北ドイツのヒルデスハイムの聖マリア教会に現存している。「ヒルデスハイムの薔薇」の由来はこんな話だ。

ルートヴィヒ敬虔王は、冬にヒルデスハイム近郊で狩りをしていた時、聖遺物を入れた十字架をなくしてしまった。王はその十字架をなによりも大切にしていた。王は従者に十字架を探すように命じた。そして、もしそれを見つけることができたなら、その場所に礼拝堂を建てると誓った。従者たちが雪の上に残っている、昨日の狩りの跡をたどっていくと、遠くの森の中で、緑なす芝生と野薔薇の茂みが見えた。彼らがそこに近寄っていくと、なくしたはずの十字架がそこにぶら下がっていた。(『ドイツ伝説集』第四五七話「ヒルデスハイムの薔薇の茂み」)[30]

二一世紀になった今もなお聖マリア教会で咲き続けている「世界最古の薔薇の木」の伝承が、伝説集の中に記録されている。さらに、現代の別のエピソードであるが、この薔薇は第二次世界大戦の爆撃で焼失していて、その枯れ枝が再び芽吹き、花を咲かせるようになったという。まるでメルヒェンのような、そしてあまりにも神話的なエピソードである。そして、この話が「事実」であること、薔薇が現存することに意味があり、この伝承ほど「伝説」という文学ジャンルの意義を明確に伝えるものはないだろう。①ルートヴィヒ敬虔王の在位は八一四年から八四〇年であること、②通常の薔薇の樹齢が数年から数十年程度であること、③焼失からの復活の経緯、④焼失の理由が戦火によるものであることからも明らかである。伝説集での語りの内容も神話的で、ヒルデスハイムの薔薇は雪の降り積もる真冬の出来事として語られており、狩りの痕跡を足跡から追えるほどに積もった雪の中でありながら、十字架がかかっていた薔薇の木とその木の周囲の芝生が青々としているところも、奇跡譚らしい語りであるといえよう。

忘れてはならないのは、さきほどの「復活する梨の古木」の話も、この「ヒルデスハイムの薔薇」も、「休眠」という形式はとっているものの、死の状態を経ているという点だ。この二つの伝説において、「死」のエピソードがなければ、復活と不滅の物語は成立し得ない。「復活の伝説」「不滅の伝説」もまた、「死」がメタモルフォーゼした「死の伝説」「死の神話」であるといえよう【図1】。

【図1】ヒルデスハイム大聖堂博物館所蔵「ヒルデスハイム大聖堂の建立伝承」。作者不明。
Gründungslegende des Hildesheimer Doms (Gemälde, 1652)

7 生と死をめぐる神話的伝説

生を語る「死の神話」「死の神話的伝説」

ここまで『ドイツ伝説集』における死、霊魂、肉体、仮死、休眠、眠り、肉体の復活、蘇生、不滅に関する話を見てきた。いずれも「人間の生と死」に関連する伝承であった。伝説集の冒頭には、神の意思で一時的に死をまぬがれ、安らかな死を得ることができた三人の信心深い男たちの伝説が配置されていた。土地伝説集最終話が、三人の不気味な長命の男の話で終えられていたが、じつはこの最終話の直前にあたる三六一話目に、神から救済された少年の伝説が収録されている。一話目と三六一話目には類似する要素があるのだが、この伝説は最終話とはされなかった。それはなぜか。

第三六一話はフォークラント地方の伝説である。ある少年が、草を食べている牛を連れて帰るように両親から命じられた。しかし、この少年はまだ幼かった。彼は自分の不手際のせいで、夜になっても家に帰ることができなくなる。よりによって、その日は大雪が降り、少年の両親は三日間も息子を迎えに行くことができなかった。その後、両親たちがやっと捜索に出かけると、一箇所だけ雪が積もっていないところがあり、そこで少年を発見することができた。三日も家に帰れなかったというのに、少年はいたって元気だった。彼のこの様子をみて両親たちは驚いた。

彼（その少年）に何を食べたのかと尋ねると、ある男が少年のもとにやってきてチーズとパンをくれたのだと言った。つまり、この少年は疑いの気持ちすら持たずに、神の御使である天使に食事をもらい、面倒をみてもらっていたのだ。（『ドイツ伝説集』第三六一話「神の食事」）［31］

死すべき厳しい状況からの奇跡的な生還、これは第一話目の鉱夫の話と明らかに関連性がある。神話性という意味においても土地伝説集の最終話である第三六二話にはなかったキリスト教的な影響が見てとれる。しかし、グリム兄弟はこの話を最終話のひとつ前に置いた。第一話の伝説に含まれていて、第三六一話にはない要素は何か。それは「死」である。神の力によって鉱山の事故で生かされた三人は、その後の「幸せな死の瞬間」が物語の中で明示されていた。一方で第三六一話には登場人物がまだ年若い少年であるということもあり、その後、彼がどのような死を迎えたのかまでは描写されていない。この話では、奇跡によって救われた命はいつ尽きるのか、どのような死に方が幸せなのかという命題が残されたままになってしまう。

しかし、最終話三六二話を読むと、異常な長命は人間の幸福、人間の精神的成長とは直接的にかかわりがあるわけではないことが示される。土地伝説集の最終話は、この「神話的な生」の物語である第三六一話と、「世俗的な伝説の生」の物語である第三六二話が対になることによって、やっと完成するのだ。この二つの話が最後に置かれているからこそ、第一話目の「神話的な死の伝説」の意味が活かされる。

神話的な死・現実の死

生命あるものは必ず死ぬ。伝説や神話的伝説において語られる「生命の救済」とは、病や飢えや寒さや事故といった、突発的な不幸によって生じる苦痛から、一時的に救われることであり、不死や不滅は人間に幸福をもたらすわけではない。宗教学者ミルチャ・エリアーデ（Mircea Eliade 一九〇七～一九八六年）は「死」と「神話」についてこのように述べていた。

しかし、人が死すべきものであるというこの平凡な肯定は、その神話学的脈絡から切り離された時にのみ、平凡なものに映るに過ぎない。筋の通った意味のある結語は「……それ故にわれわれは死ぬ」であろう。実際、ほとんどの伝統文化において、死の到来は始原に起こったひとつの不幸な出来事として示される。死は最初の人間、すなわち神話的始祖には知られていなかった。それは原初の時代に偶発した何らかの出来事の結果である。[32]

エリアーデは、神話学的な文脈の外にある死は平凡であると言う。そして、その凡庸さとは、死が万人に必ずおとずれるという共通理解に起因するのだとした。しかし、民衆の間で、宗教的な意味を失い世俗的な物語となってしまった死の伝説は、人を恐怖に陥れるような奇抜さに満ちていることもしばしばある。そして、神が登場する神話的伝説においてですら、苦悶に満ちた死の物語が語られることがある。

ある時、ハーナウで一人の女が重い罪について訴えられて、死刑判決を受けた。彼女は「私に反するような証拠が示されたとしても、私は無実です。そのことが(=無実である主張が)確かである証明に、今、神は、私とともに泣いてくださることでしょう。」と言った。すると晴れた空から、雨が降り始めた。彼女は処刑されたが、その後に彼女が無実であることが証明された。(『ドイツ伝説集』第三六〇話「無実の者と共に泣く神」)[33]

この神話的伝説のように、神は無実の証明を果たしてくれるが、神は彼女の処刑を止めてくれるわけではなかった。第三六一話では、天使によって凍死と空腹から救われた少年の奇跡が語られ、その直前の第三六〇話では、神から死への慰めだけが示され、死から逃れられるわけではないことが明らかになった。『ドイツ伝説集』の神話的伝説における神の役割とは、単に命を長らえさせることではないのだろう。第三六二話の長命の不気味さが、その理由を補完する。

しかし、それでも、人間は延命と救済を願う。

おわりに

第一話の死の神話的伝説、第三六一話の生の神話的伝説によって、死の危機から救われた信心深い男たちと無垢な子供の様子をみて、神によって命が救われることの本質的な意味をわれわれは知る。生きたいという執着とは違うところで、人は生かされており、人間らしい死、自然な死は決して不幸なものでないという考えが示される。

『ドイツ伝説集』において、死から救済される神話的な伝説には、絶望を緩和させる作用と、信心によって死の恐怖を回避させる作用があることを伝えた。神話的ではない生の伝説は、死は自然のサイクルの中に生じるものだということをわれわれに語り聞かせる。死の神話がもたらす作用と生の伝説がもたらす作用は、このように表裏一体だ。「死の神話」と「死の伝説」が混ざり合うことで生じる神話的伝説は、生の意味が死とともにあることを語るのだった。

［付記］本稿はＪＳＰＳ科研費、基盤研究Ｃ「植物民俗学」によるヨーロッパ伝承文学研究の発展」（18K99451）の助成を受けた成果の一部である。

†註

[1]『ドイツ伝説集』のテクストとして以下を使用する。Brüder Grimm, *Deutsche Sagen*, Hrsg.v. Heinz Rölleke, (Frankfurt a. M.: Deutscher Klassiker Verlag, 1994). 本文中の和訳はすべてこの章の執筆者による。

[2]書名に含まれるメルヒェンMärchenにはかつて「童話」という日本語があてられていたが、今日ではメルヘン、メルヒェンと表記することが多くなっている。しかし、『グリム童話集』という呼称が広く知られているため、本文中では〝グリム童話集〟と表記する。

[3]それぞれに作品番号が付されているのだが、書名の*Deutsche Sagen*の頭文字をとってDS＋数字で表記される。『ドイツ伝説集』はグリム兄弟生前には2版まで出され五七九話の収録であったが、彼らの死後に出版された3版ではグリム兄弟が注につけていた伝説6話も本文に含まれることになり、全五八五話になっている。本論ではグリム兄弟自身による配列についても言及している部分があるため、初版の五七九話で論じる。

[4]その理由のひとつに、伝説集には類話とおぼしき話がいくつも含まれていることがあげられるだろう。伝説集第一巻の序文「多様な蒐集」という項目において、ヤーコプ・グリムは「似ているということを理由に」伝説の取捨を行ってはならないと述べており、可能な限りのバリエーションを収録する意図があったため、話数も増えたものと思われる。*Deutsche Sagen*, S.16.

[5]なお、日本語で同じく「伝説」と訳されるドイツ語のレゲンデLegendeは「聖者伝」の意味であるため、ザーゲのSageの関連領域にはあるが、別のものとして考える。下宮忠雄『ドイツ・ゲルマン文献学小事典』(同学社、一九九五年)一〇二頁を参照。

[6]「メルヒェンの伝説の源泉は神話にある」とするグリム兄弟の考えは、部分的には肯定されるものの、のちに伝承のすべてが神話から生まれるわけではないという説が一般的になった。横道誠『グリム兄弟とその学問的後継者たち――神話に魂を奪われて』(ミネルヴァ書房、二〇二三年)一七四〜一七五頁参照。

ドイツ社会学者の阿部謹也は、伝説とメルヒェンの解釈の際に、グリム兄弟がゲルマン神話と関連させることに懸念を示した。阿部は「グリム自身、伝説やメルヘンの個々の特徴を神話から理解しようとしたが、その方向はグリム以後のあまり優れているとはいえない後継者たちによって、より極端なまでにすすめられた」と述べ、民間伝承のあらゆるモティーフを神話と強く結び付けることに否定的であった。阿部謹也『ハーメルンの笛吹き男　伝説とその世界』(ちくま文庫、一九九九年)二八〇頁。

[7]高木昌史［編著］『決定版　グリム童話事典』(三弥井書店、二〇一七年)

[8]スティス・トンプソン『民間説話 世界の昔話とその分類』(荒木博之・石原綏代［訳］、八坂書房、二〇一三年)二三一～二四五頁参照。

[9]グリム童話集の第一話目は、「カエルの王様あるいは鉄のハインリヒ *Der Froschkönig oder der eiserne Heinrich*」である。

[10] *Deutsche Sagen*, S.35.

[11] *Deutsche Sagen*, S.35f.

[12] *Deutsche Sagen*, S.36.

[13] *Deutsche Sagen*, S.383f.

[14]エルンスト・カッシーラー『国家と神話』上（熊野純彦［訳］、岩波文庫、二〇二一年）一七八～一七九頁。

[15] Jacob Grimm, *Deutsche Mythologie*, (Wiesbaden, Deutschland: Marixver LAG, 2007), S.634.

[16] *Deutsche Sagen*, S.333.

[17] *Deutsche Sagen*, S.146f.

[18] *Deutsche Sagen*, S.150f.

[19] *Deutsche Sagen*, S.85.

[20] *Deutsche Sagen*, S.51.

[21] *Deutsche Sagen*, S.296f.

[22] *Deutsche Sagen*, S.285.

[23] *Deutsche Sagen*, S.472.

[24] Brüder Grimm, *Kinder-und Hausmärchen*, Hrsg.v. Heinz Rölleke. (Stuttgart: Reclam Philipp Jun, 2001).この「いばら姫」は作品番号50で、作品番号については、Kinder-und Hausmärchenの頭文字をとって、通常「KHM50」のように「KHM＋数字」で表記される。

[25] *Deutsche Sagen*, S.55.

[26] *Deutsche Sagen*, S.55.

[27] *Deutsche Sagen*, S.55f.

[28] *Deutsche Sagen*, S.56f.

[29] 梨の木から作られる果実酒、梨の古木に関する紹介は、オーストリア政府観光局のホームページにも記載されている。
https://www.austria.info/jp/things-to-do/food-and-drink/the-land-where-the-pear-trees-grow ［二〇二四年一月閲覧］
[30] *Deutsche Sagen*, S.512ff.
[31] *Deutsche Sagen*, S.382f.
[32] ミルチア・エリアーデ『オカルティズム・魔術・文化流行』（楠正弘・池上良正［訳］、未來社、二〇〇二年）六〇頁。
[33] *Deutsche Sagen*, S.382.

第13章

メソアメリカの《死と生の旅》の神話

――一六世紀メキシコの史料『第二クアウティンチャン絵図』より

岩崎賢

はじめに

メソアメリカは一六世紀のスペインによる征服のときまで、今日のメキシコ中部からグアテマラ・ホンジュラスあたりの中米諸国までを含む地域に、二〇〇〇年以上にわたり繁栄した古代文明圏である。この文明に属するものとして広く知られているのは、太陽と月の巨大なピラミッドで知られるテオティワカン文明、ユカタン半島のジャングルで高度な天文学を発達させていたマヤ文明、そしてスペイン人到来時にこの地で最も強い勢力を誇り、血の匂いが漂う生贄の儀礼を大々的に行っていたアステカ文明などである。

メソアメリカの宗教的世界を知るための史料としては、まず考古学の発掘により明らかにされる諸情報がある。次にスペイン人による征服以降にアルファベットで記録された文字史料がある。本論で使用するベルナルディーノ・デ・サアグンの『フィレンツェ文書』やディエゴ・ドゥランの『ヌエバ・エスパーニャ誌』はその代表的なものであり、当時の先住民の世界創造神話、信仰されていた神々、宗教儀礼の様子などについて知ることができる。さらに征服以前からこの地で作成されてきた神話や神々についての絵画的史料が存在する。これはスペイン征服以前のものとしては『ボルジア絵文書』など一八点が現存し、征服後のものは本論でも使用する『ヴァティカンA絵文書』などが現存する。そこにはさまざまな属性を持つ神々や、儀礼の様子を表現していると考えられる図像が描かれており、先住民の宗教的世界を知るうえで重要な史料となっている。副題に示した、本論で解釈を試みる『第二クアウティンチャン絵図』は、この最後の絵画的史料に属する。

この絵図は一六世紀のスペインによる征服直後に、メキシコ中央部の現在のプエブラ州クアウティンチャンの先住民によって作成された。現在、クアウティンチャンはプエブラ州の二一七のムニシピオ（地方自治体）の一つであり、人口一万人弱の小さな町であるが、スペイン人が到来した一六世紀初頭はこの地域の有力な都市の一つとして存立していた【図1】。

地理的には、この町の西方にはメソアメリカで最も重要な古代都市の一つであったチョルーラがあり、遥かその先にはポポカテペトル山とイスタクシワトル山が並ぶ。北方にはマリンチェ山があり、その麓から流れ出るアトヤク川はチョルーラとクアウティンチャンの間を南方へと流れていく。そして東方にはメキシコ最高峰のオリサバ山がそびえたつ。

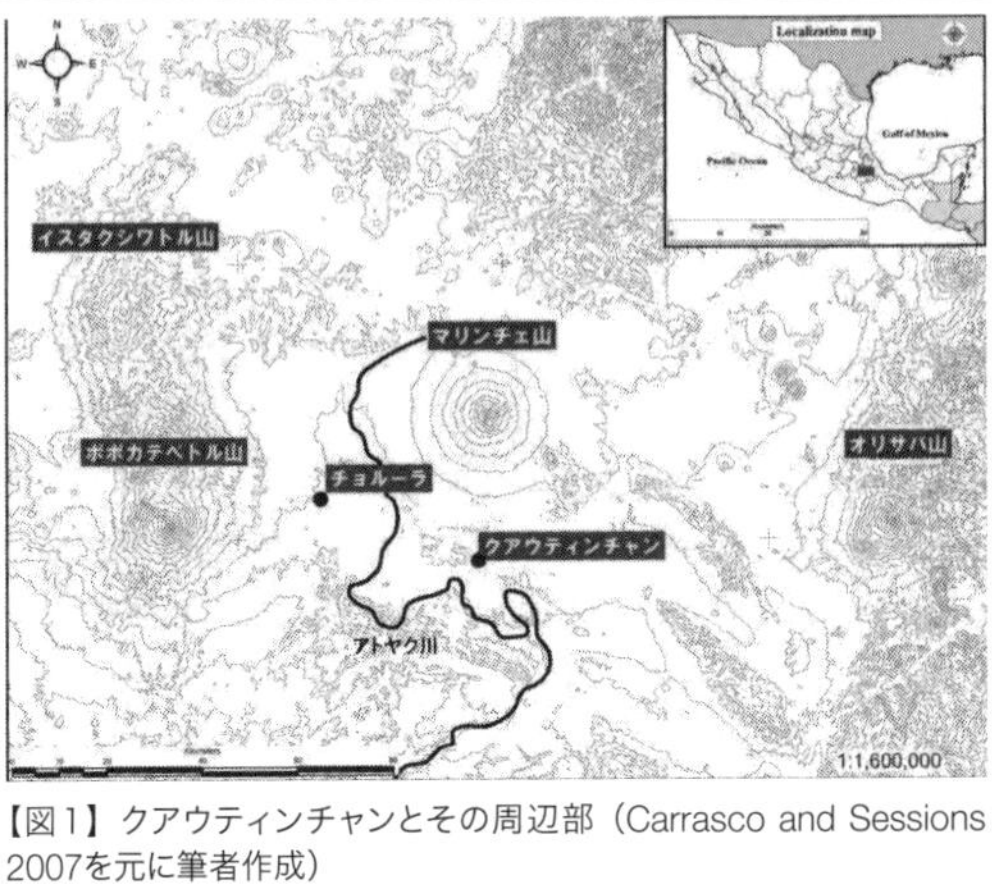

【図1】クアウティンチャンとその周辺部（Carrasco and Sessions 2007を元に筆者作成）

この絵図【図2】には、神話的起源の地である《チコモストク》を出発した部族集団が、数々の場所を通過していき、やがて神聖都市《チョルーラ》にたどりつき、最後にその近くに自分たちの《クアウティンチャン》の町を築くという物語が、縦一メートル×横二メートルほどの巨大な絵図として表現されている。

描かれているのは、山や川、部族が歩いた道、通過した土地の絵だけではない。そこにはまた彼らが旅の途中で経験したさまざまな出来事、すなわち狩猟・戦い・婚姻・天変地異・生贄の儀礼などの様子が、先住民特有の表現様式によって色彩豊かに描かれている。

さて、この絵図の存在は一九世紀より知られていたが、その文献学的研究が本格化したのは一九七〇年代に入ってからである。メキシコ在住の米田恵子はこの史料について網羅的な研究を行っており、とりわけその諸図像の基本的分析について、本論は負うところが大きい［1］。二〇〇〇年代に入るとアメリカのダヴィッド・カラスコを中心とする研究グループがこの絵図に関して重要な研究プロジェクトを実施し、その成果は二〇〇七年に論文集『洞穴・都市・鷲の巣：第二クアウティンチャン絵図を巡る解釈の旅』として出版された［2］。絵図に描かれた数々の図像の宗教的意味についての筆者の理解は、この論文集に収録された諸論文に多くを負っていることをここで断っておく。

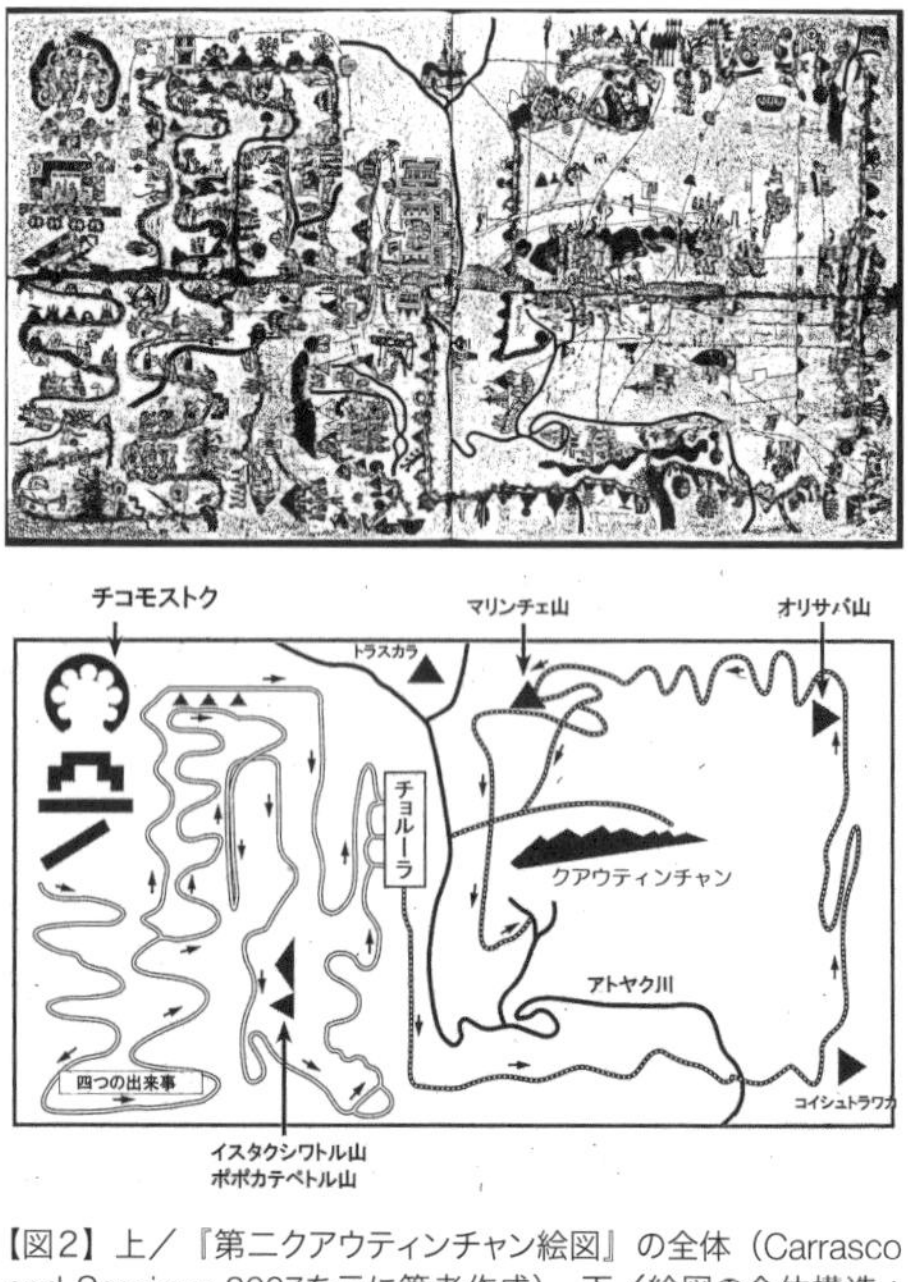

【図2】上／『第二クアウティンチャン絵図』の全体（Carrasco and Sessions 2007を元に筆者作成） 下／絵図の全体構造：出発点〔チコモストク〕、「四つの出来事」の箇所、経由地〔チョルーラ〕、終着点〔クアウティンチャン〕の位置

さて、この絵図に描かれているもの（その全体的構造については次の節で説明する）の中で、筆者がとくに注目したいのは、その左下に描かれた四つの図像である【図3】。

その一つ目は《暴風》、二つ目は《大地の割れ目》、三つ目は《大水》、四つ目はふたたび《暴風》である。これら「四つの出来事」は、ある小部族集団が、長い放浪の旅を経て、最終的に自分自身の町の創建者になるという、この絵図全体に示されたイニシエーション的な変容過程の、その核心部をなすものである。

イニシエーションとは、人間が自らの古い存在様態において死に、新たなる存在として生まれ出る出来事である。それは当事者の主観においては、非日常的・超自然的なものの経験を通してそれまでの生き方やものの見方・考え方から脱却し、世界と自己の在り方についてより高次の認識を獲得するという過程である。

人間は子供から大人になる成人儀礼や、特別な社会集団に加入する際など、さまざまな機会にイニシエーションを経験する。そのなかでも《身体の死》は、人生における最大のイニシエーションの機会の一つである。『第二クアウティンチャン絵図』の興味深いところは、部族集団のイニシエーションを表現する「四つの出来事」の直前と直後に、この

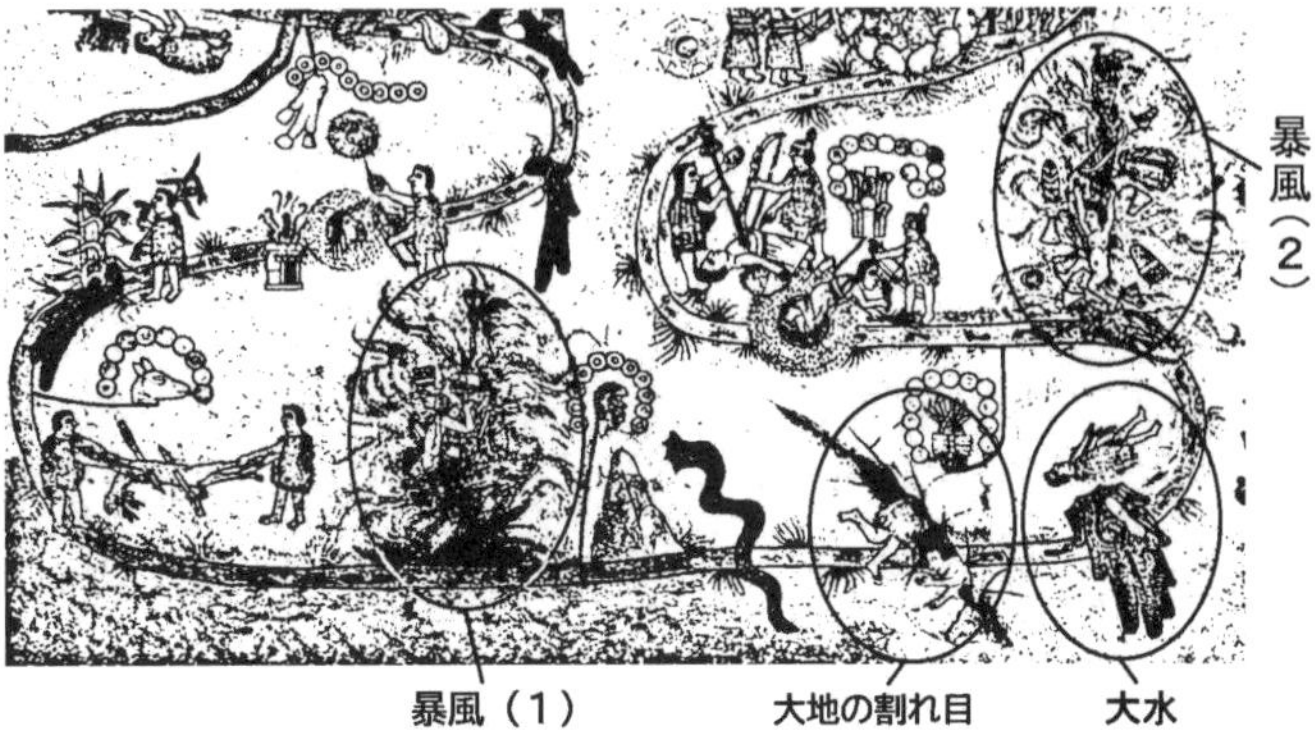

【図3】MC2の左下部分に描かれた「四つの出来事」(丸で囲んだ部分)。左から右に「暴風」「大地の割れ目」「大水」「暴風」(Carrasco and Sessions 2007を元に筆者作成)

《身体の死》の儀礼（人身供犠）の図像が描かれている点である。このことの意味については、本論の最後に検討するつもりである。

以下では筆者は宗教学・比較宗教学の視点から、先述の文字史料や絵画的史料を用いて、『第二クアウティンチャン絵図』の中のイニシエーション的な死と生の主題を考察することで、《死の神話》とは同時に《生の神話》でもあることを示そうと思う。具体的には、まずこの絵図の全体的構造と、その右半分に描かれているものの性質について簡単に解説する。そのあとで、焦点となる「四つの出来事」の図像が含まれる絵図左半分の解釈を試みる。そうすることで、古代メキシコの人々にとって《死》とは、そしてそれと表裏一体のものである《生》とは、どのような出来事であったのかについて考えてみたい。

1　絵図の右半分について

「迷路」と「庭園」

図2を見るとすぐに気づくことだが、この絵図は全体の構図に、ある明確な特徴がある。それは、左半分と右半分とでは、描かれているものの様相が異なっているということである。たとえて言うなら、左半分が入り組んだ「迷路」のようであるのに対して、右半分はよく整備された「庭園」のよう

な、すっきりとした描かれ方をしている。

絵図の全体構造は、一番左上に描かれた起源の地《チコモストク》を出発した部族が、そのまま下方に向かって蛇行した道を進み、そこから「四つの出来事」の場所を通過して、上方に向かって進み、やがて絵図の中心付近にある神聖都市《チョルーラ》に到着する。ここまでが「迷路」の部分である。そこから先は「庭園」の部分がはじまる。そこでは道は蛇行することなく真っすぐに伸びている。部族は、絵図の右半分を囲むように描かれた道を反時計回りに進み、最後に絵図右半分の真ん中に描かれた《クアウティンチャン》に到着する。

この「庭園」のような右半分に描かれているのは《クアウティンチャン》の町、及びそれを取り囲む、他の都市・町・村や、この地域の主要な山や川である。それらの位置関係はおおよそ現実の地理に対応しており、その意味ではこの右半分は現代でいうところの地図としての性格を持っている。

神聖都市《チョルーラ》

この絵図では《チョルーラ》は、《クアウティンチャン》含めそこに描かれているどの町よりも壮麗な神殿として、この絵図全体のまさに中心に描かれている。絵図を見てみると、左半分の蛇行する道を通って《チョルーラ》にたどり着いた部族は、その神殿の中に入っていく。その内部には二人の人物にはさまれて、左上にウズラ、右上に蛇、左下に頭部を切断されたバッタ、そして右下に頭部を切断された蝶が描かれている【図4】。

歴史的には、古代メキシコにおいて《チョルーラ》は極めて高い宗教的権威を持った都市であった。最盛期には約五万の人口を擁した、この地域有数の政治・経済・文化の中心地であり、その神殿を各地から多数の巡礼者が訪れていた。この都市の主神は、鳥のようなくちばしの付いた顔を持った創造神、ケツァルコアトルであった。この神は、鳥や蝶などの小動物の生贄の儀礼を好んだことで知られる（神殿内の二人の人物の行為は、このことに対応していると考えられる）[3]。

絵図の左半分で定住地を求めて旅を続けていた人々は、困難の末に、世界の中心である《チョルーラ》の都にたどり着く。そして小動物の供犠というケツァルコアトル神の儀礼を遂行することでその宗教的権威を自らのものとし、その権威を分有する町としての《クアウティンチャン》の町を創建する。

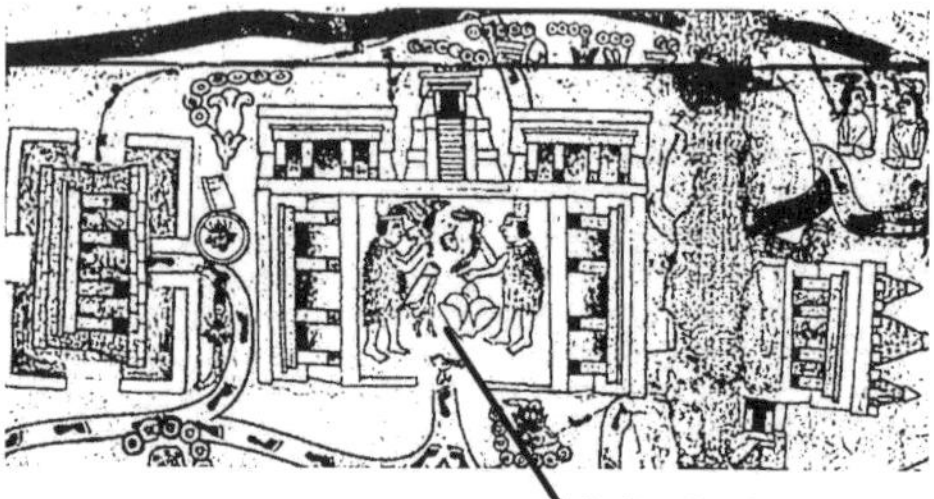

【図4】チョルーラの神殿（Carrasco and Sessions 2007を元に筆者作成）

2
絵図の左半分の解釈

物語の始まりの場所《チコモストク》

絵図の右半分の基本的性格を解説し終えたところで、ここからは本題となる絵図の左半分の解釈に入ろう。この絵図に描かれた物語のすべての始まりは、左上の《チコモストク》からの人々の出現である。《チコモストク》は「七つの洞窟」という意味で、象徴的には大地母神の子宮を表している。これは古代メキシコの各地の神話にしばしば現れる主題である。この絵図では、七つの洞窟から人々がこの世界に出現する様子が描かれている【図5】。

この図像をよく見ると、《チコモストク》から出てくる人々は、女性の導き手（逆L字型の杖と丸い楯を手にしている）に率いられて、空中を飛ぶようにしてこの世界に出現している。宗教学者のD・カラスコはこのシーンについて「これは一つの存在領域から別の存在領域へと旅をする、先祖たちのシャーマニスティックな能力と関連した『魔術的飛翔』の一例である」[4]と述べている。この指摘は重要である。実際

【図5】チコモストク（Carrasco and Sessions 2007を元に筆者作成）

のところ、以下で見て行くように、この後に続く数々のシーンはそれらがシャーマン的な神秘体験に関連していることを強く示唆している。

神話的出来事の連続としての絵図左半分

《チコモストク》から出現して「四つの出来事」の場所に到着するまでに、人々はさまざまな出来事に遭遇する。ここでは、本論においてとくに重要と思われるものを二点のみ挙げておく。

①《チコモストク》を出た後、人々は蛇行する道を歩きはじめ、やがて、その内部に《白い鷺》が住む岩山にたどり着く。人々はこの鷺を、弓で射ている。その後のシーンでは、地面から煙が立ち昇る場所で、先と同じ《白い鷺》が再び出現しており、それを人々が弓で射ている。よく見ると、この《白い鷺》のくちばしの間からは、目の付近を黒く塗り鼻飾りを付けた人間の顔がのぞいている【図6】。

これはこの鷺の正体が、シャーマンが変身した姿（古代メキシコで「ナワル nahual」と呼ばれるもの）であることを示している。

【図6】白い鷺（シャーマンのナワル）との遭遇（Carrasco and Sessions 2007を元に筆者作成）

②この白い鷺との遭遇の後に描かれているのは、生贄の儀礼

（人身供犠）によって、人の心臓が太陽に捧げられている様子である。図3では「暴風1」の図像の真上にそのシーンが描かれている。また「四つの出来事」の直後にも、同様のシーンが描かれている【図7】。

人身供犠はメソアメリカの宗教的伝統における極めて重要な要素の一つである。とくにスペイン人到来時にこの地に栄えていたアステカ王国では、この儀礼は王の即位式や神殿の落成式、そして月ごとの大祭において、大規模に実施されていた。その方法は、斬首、矢を射かけるもの、水に沈めるもの、さらに剣闘士として戦わせるものなど多岐にわたった［5］。次の記述は、アステカ王国の都、テノチティトランで行われていた生贄の儀礼の様子である。

【図7】生贄のシーン（Carrasco and Sessions 2007を元に筆者作成）

石刀を手にした儀式の執行者は満身の力を込めて仰向けに寝かされた犠牲者の胸を切り開き、素早くその心臓を取り出す。……儀礼の執行者は、取り出した心臓を神殿の入り口の上にあるまぐさ石の外側に向けて投げ付け、そこに血の跡を付ける。落ちてくる心臓は地上でまだピクピクしているが、その後すぐに祭壇の前におかれた碗形の容器にいれられる。またあるいは心臓を取り出すとそれを太陽に向けて高く差し上げることもあれば、時には神像の唇に血を塗り付けることもある。［6］

このようにして行われていた重要な宗教儀礼が、「四つの出来事」の前後に書かれていることの意味については、本論の最後のところで考えてみたい。

3 「四つの出来事」の解釈――《暴風》

ここから「四つの出来事」の図像の解釈に入る。図3において最初に現れるのは《暴風》の図像である。

この図像を見て思い出されるのは、この地域で一六世紀初頭に作成された『ヴァティカンA絵文書』という史料の中の、「五つの太陽の神話」における「風の太陽の時代」の終焉の絵である【図8】。

「五つの太陽の神話」はメキシコ中央部で広く知られていた神話であり、内容を簡単に説明すれば、世界はこれまで何度も滅んでおり、現在は第五番目（あるいは第四番目）の太陽の時代を迎えている、というものである。ある史料によれば、各時代は以下のような順序で推移していく[7]。

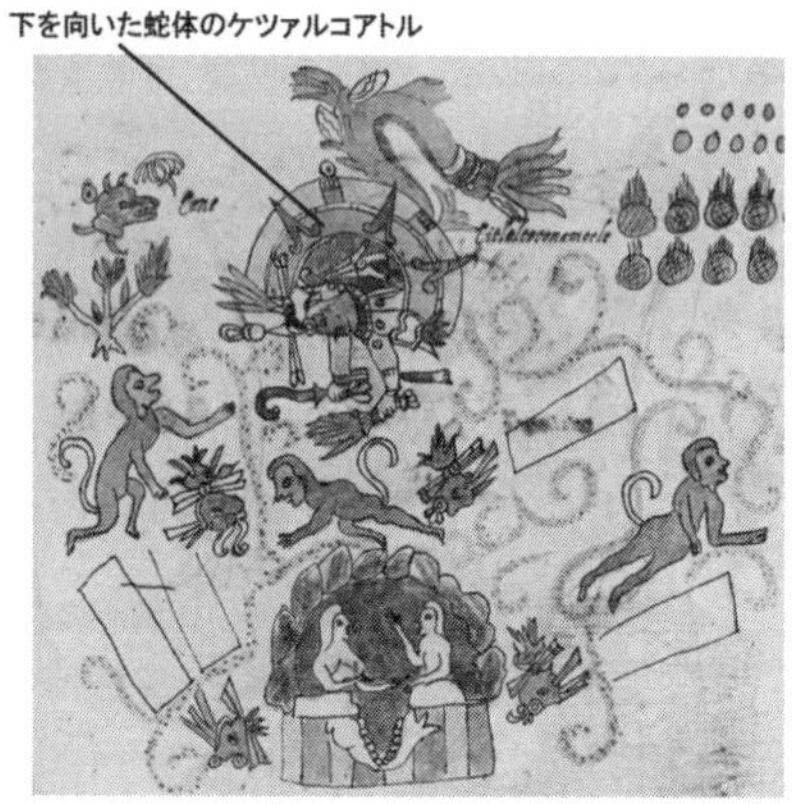

【図8】『ヴァティカンA絵文書』に描かれた「風の時代」の終焉の様子 *Códice Vaticano A 3738*, p.10.

最初の時代の太陽は「4・ジャガー」と呼ばれ、テスカトリポカ神（アステカの創造と破壊の神）が支配していたが、その時代の人間はすべてジャガーに食べられて滅んでしまった。

二番目の時代は「4・風」と呼ばれ、ケツァルコアトル神（アステカの創造の神・風の神）が支配していたが、暴風で世界は滅んでしまった。

三番目は「4・雨」と呼ばれ、トラロク神（アステカの雨と水の男神）が支配していたが、天から火の雨が降ってきて世界は滅んでしまった。

四番目は「4・水」と呼ばれ、チャルチウトリクエ神（アステカの水の女神）が支配していたが、大洪水によってすべてが押し流されてしまった。

五番目は「4・動き」と呼ばれ、トナティウ神（アステカの太陽神）が支配する現在の時代であるが、それもいずれは大地震で滅ぶであろう。

図8では、顔を下に向けた蛇体の風神ケツァルコアトルが描かれ、この神が巻き起こす暴風の中にさまざまな物が舞っている。そこに描かれている三匹の猿は、暴風によって姿を変えられたこの時代の人間たちである。

一方、『第二クアウティンチャン絵図』の《暴風》を見てみると、この図像にも上部に風神ケツァルコアトルのくちばしを上に向けた顔が描かれているのが認められる【図9】。

つまりこの図像は、《暴風》の正体は風神ケツァルコアトルであり、この神がすさまじい破壊の力を発揮している様子を表現しているのである。

暴風の中でさまざまなものが舞い散るというイメージに関連して、さらにもう一つ参照すべきものがある。それはメソアメリカにおいて死者たちの魂が死後世界ミクトラン（地下世界にあると考えられていた死者の国）への旅において経験しなければならないとされた、数々の苦難についての話である。

ある史料によると、死者の魂は死後の旅において「山々がぶつかり合う場所」、「八つの荒地」、「八つの丘」、「九つの河」など、数々の難関を越えていかなければならない[8]。そうした難関の一つに、「黒曜石ナイフの風の地」と呼ばれるものがある。その様子は、次のように記されている。

黒曜石のナイフが風に舞う
砂が風に舞う、雨が風に舞う
ティワクトリの棘と、
火打石のナイフが風に舞う

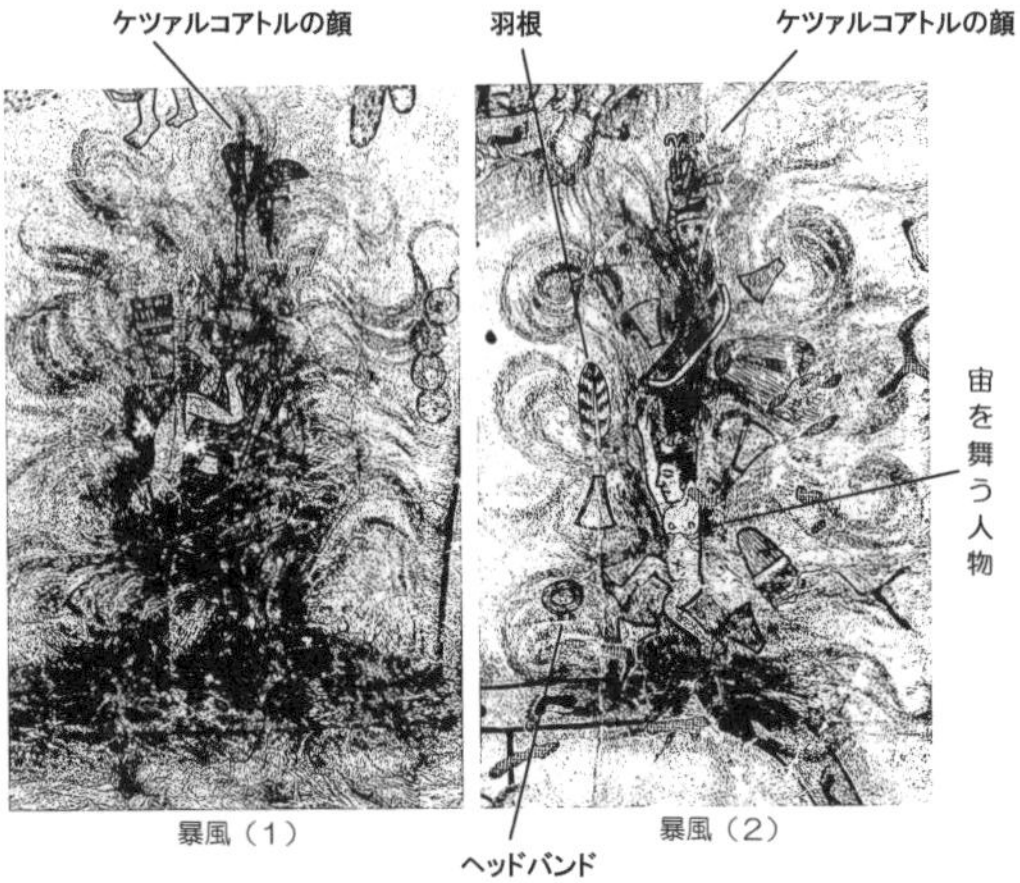

【図9】《暴風》のシーン（Carrasco and Sessions 2007を元に筆者作成）

ネクアメトル、ネツォリ、
テオコミトルの棘が、風に舞う
とても寒く、とても苦しい〔9〕

ここに出てくるナイフやさまざまな植物の棘は、いずれも自らの血を神々に捧げる儀礼のときに使用する道具を指している。このような危険な物が宙に舞い狂う「暴風」の中を切り抜けていかなければ、死者の魂は最後の休息の地にはたどりつけないのである。この話からもうかがえるように、この地の先住民たちにとって「暴風」は、神話的テーマとしては馴染み深いものの一つであった。

ここで図9の、最初の《暴風》と最後の《暴風》を見比べてもらいたい。そこには、ある重要な差異が認められる。それは最後の《暴風》の絵の方に、新しい要素として「羽根」と「ヘッドバンド」が出現している点である〔10〕。そして興味深いことに、絵図の各所に描かれている人間たちを見てみると、彼らは最初の《暴風》以前には頭に何も付けていないのに、最後の《暴風》以後は、常に羽根飾りのついたヘッドバンドを装着した姿で描かれているのである【図10】。

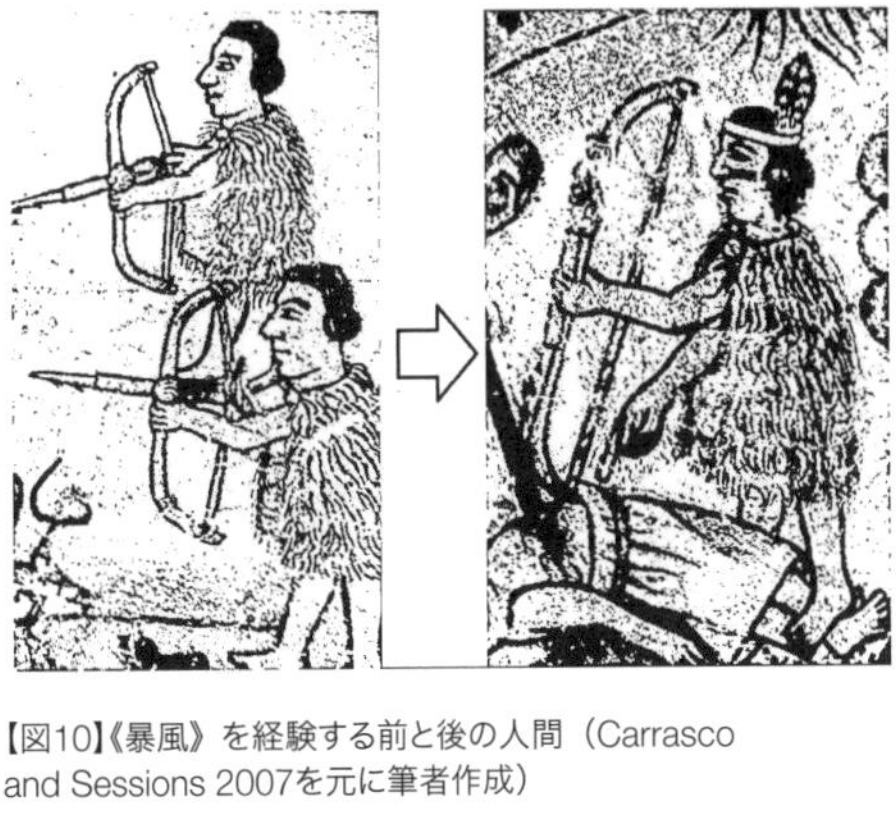
【図10】《暴風》を経験する前と後の人間（Carrasco and Sessions 2007を元に筆者作成）

これはつまり、最初の《暴風》から、《大地の割れ目》、《大水》を経て、最後の《暴風》に至る一連の出来事を通して、人々にあるステータスの変化が起こったことを意味している。ここでいうステータスの変化とは、人類学者のV・ヘネップが著書『通過儀礼』で論じ、のちにV・ターナーによって議論が深化された、「分離・過渡・統合」という過程を有した儀礼による、個人的・社会的アイデンティティの変化のことを指す。この儀礼は、誕生、成人、結婚、特定の地位への就任、死などの機会において行われ、それにより儀礼参加者は古い自己の象徴的な死と、新しい自己の誕生を経験する[11]。

もしここで、そうした意味での変化が起ったとすると、この最初と最後の《暴風》の間に、人々は果たしてどのような経験をしたのだろうか。この点を明らかにすべく、次の《大地の割れ目》の出来事に進もう。

4　「四つの出来事」の解釈——《大地の割れ目》

図3のこの部分の図像は、一見すると、二人の人物が地面の割れ目、クレバスのようなところに落ちている様子を描いているように見える。

ここで参照したいのは、一六世紀後半にドミニコ会士ディエゴ・ドゥランが記した『ヌエバ・エスパーニャ誌』の中の、次のようなエピソードである。

モクテスマ二世（在位：一五〇二〜一五二〇年）がアステカの王であった頃、ある農夫が畑で突然、強大な鷲に襲われた。そしてまたたく間に天高くまで引き上げられ、空を飛んで、そのまま山の上にある洞窟に連れていかれた。そこで農夫は「あらゆるものの創造者」に会い、モクテスマ二世の治世が間もなく終焉を迎えるであろうことを告げられた。それからふたたび鷲によって空に引き上げられ、元の場所に戻され、そこで「夢から覚めたようになって、自分が見たことについて怖れおののいた」[12]。

このエピソードの最後にある「夢から覚めたようになって」という一文は、注目に値する。そこでは鷲に連れ去られた男は一介の農夫ということになっているが、じつは、シャーマンのような特殊な霊能力を持った存在だったのかもしれない。エピソードが意味するのは、この人物はトランス状態に入ることで天空を飛翔し、大地の開口部に入って創造神と会い、そこで、この世の運命に関する重要な知らせを受け取った、ということなのではなかろうか。

絵図の「四つの出来事」に関して、それらがトランス状態に入ったシャーマンの神秘的体験に関係していると推察するに足る、十分な理由が存在する。この「四つの出来事」の特異性に注目した歴史学者のアセルバーグスは、次のような興味深い指摘をしている。

これらの四つのシーンにおいて、チチメカ人たちは目を閉じた姿で描かれている。これは彼らが幻覚剤によるトランスの状態にあることを示している。これらのシーンは人間が儀礼的行為において、肉体的にあるいは精神的に、風・大地・水と関わりあう様子を表現している[13]。

たしかに、古代メキシコの図像学的伝統においては、ある人物の目が閉じられて描かれている場合、それが意味するのは、その人が死んでいる、あるいは意識を失った状態にあるということである。そう考えると、絵図の「四つの出来事」のシーン全体と、このディエゴ・ドゥランの「農夫」のエピソードには、ある構造的類似性が存在することに気づく。すなわち、どちらの場合も、①まず人間が突如として空中に投げ出され、②それから大地の割れ目（あるいは洞穴）の中に入っていき、③それから再び空中を舞って元の世界に戻ってくるという、三段階の構造が認められるのである。

地下世界への入口としての《大地の割れ目》

ここでさらにもう一つ、《大地の割れ目》の図像について考える上で興味深い事例として、現代メキシコのゲレロ州に住むナワトル語系先住民によって語られた、ある話を紹介したい。

これは同州に存在するオストテンパンと呼ばれる聖地にまつわる話である。オストテンパンは長さ三〇〇メートルにもわたって伸びる断崖絶壁の谷である。この地域の先住民たちは、毎年雨季が始まる四月になるとこの崖の上に集まり、夜通し酒を飲み、祈りを捧げ、踊りに興じた後、底の見えない崖下に向けて花束や食べ物、生きた七面鳥などを投げ込む。そのようにして人々は、豊穣の神に雨季の順調な到来を祈願する。

民族学者のグッドはこの地域で、ある興味深い物語を採集している。その話では、あるとき一人の男が、自分の妻をオストテンパンの崖に落として殺そうとする。

……この妻は崖の下に落ちたが、体は無事だった。そこには大きな平地があった。そこにはトウモロコシやフリホル豆やカボチャの畑が広がっていた。緑が生い茂り、まるで雨季のときのようだった。植物はどれも生き生きとしていて、花が咲き、きれいな水が豊富に流れていた。彼女は歩きだした。すると一人の男が現れて、彼女を家に連れて行った。……男は彼女にトウモロコシを食べさせてくれた。それはとても甘くて美味しかった[14]。

その後、この親切な男のおかげで妻は地上に帰ることができたと語られる。さて、この親切な男は何者なのだろう。この地域の人々によると、オストテンパンは風神が住む「風の家」であり、そこから飛んでくるコンドルは風神の化身であるという。メソアメリカでは風神は豊穣の雨を招来する神として信仰されてきたことを考えると、この親切な男は、この地で水と作物の豊穣を司ってきた古い神格なのかもしれない[15]。

クアウティンチャン周辺にも、オストテンパンと似たような聖地が存在する。歴史学者のモンテロは、この地域では植民地期以降も洞穴への信仰が続けられてきたことを、いくつかの事例を挙げて論じている。そこで彼は、洞穴という特異な空間が人々の精神に及ぼす作用について、次のように述べている。

洞穴は人間の感覚を活性化し、超自然的なものの領域へと方向付ける。それは非合理的・無意識的な力が宿るエクスタシー的トランスのための特権的な場所であり、シャーマンあるいは神官たちが必要とする自然のエネルギーが充満する場所である[16]。

もしモンテロの言うようであれば、絵図において《大地の割れ目》に入っていった人物たちも、母なる大地の内奥部でトランス状態に入り、ドゥランの物語の「農夫」やオストテンパンの物語の「妻」のように、異界において神的存在と出会い、この世の運命について重要な知らせを受けたり、異界の神秘に驚嘆したりしたのかもしれない（異界で神的存在と出会うという説話は、「第9章　インドネシア——死と天界と生まれ変わり」でも触れられている）。

なお、地下世界の探訪というテーマでは、マヤ神話『ポポル・ブフ』における、主人公の双子の兄弟による地下世界《シバルバー》への旅の物語が有名である。そこでは双子の兄弟は、命が脅かされるような数々の試練——そのなかには「ナイフが宙を飛び交う館」の試練も含まれる——をくぐりぬけ、最後に死者の国の神々に打ち勝って、華々しく地上に生還し、そのまま天に昇って太陽と月になる[17]。これは典型的な通過儀礼＝イニシエーション的な主題の神話であるが、おそらくは『第二クアウティンチャン絵図』のわずか一シーンに過ぎない《大地の割れ目》の図像の背後にも、部族の間で口承伝統として伝えられてきた奇想天外な物語の世界が広がっていたはずである。

5 「四つの出来事」の解釈——《大水》

《大地の割れ目》に続くシーンは《大水》である。そこでは一人の人物が、激しく流れ出る水の上に描かれている。

この《大水》の絵は、一六世紀に作成された『ボルボニクス絵文書』に描かれた、水の女神チャルチウトリクエの絵とよく似ている【図11】。

その絵では、女神の玉座から勢いよく流れ出る水が、武器や装身具、そして二人の人間を押し流している。

先に挙げたアステカの「五つの太陽の神話」では、女神チャルチウトリクエが司るのは第四番目の時代であった。その終焉の様子は、ある史料には次のように語られている。

次のチャルチウトリクエの太陽の時代には、大量の雨が降った。それはあまりにも大量だったので、空が落ちてしまい、水はすべての人間を流してしまった。その人間たちは、いろんな魚になった[18]。

【図11】水の女神チャルチウトリクエ Códice Borbónico, f.5

絵図の《大水》の図像を理解するには、この話に示されるような、水というものの破壊的な力――天界をも崩落させるような力――に対する、メソアメリカの人々の根源的な畏怖の感情を踏まえておく必要がある。しかしながら、この女神は破壊の神であると同時に、強力な創造の神でもある。図11の図像では、女神の玉座から流れ出る水の先端には、それが極めて貴重なものであることを示す丸いチャルチウィトル（ヒスイ）や巻き貝の絵が描かれている。

ヒスイは古くからメソアメリカで、水、天空、植生、そして生命そのものと同一視されてきた[19]。それがこの女神の名前（チャルチウトリクエ＝ヒスイの腰巻）の由来となりシンボルとなっているところに、大地の肥沃をもたらす水への畏敬の感情をうかがい知ることができる。このような意味では、図11の図像は、女神がものを荒々しく押し流している姿としてだけでなく、見方によれば、人間や貴重な品々を出産している姿としても理解することができる。

この出産という文脈において一つ、興味深い物語が存在する。それは現代メキシコのゲレロ州マリナルテペクで記録された、村の創建についての伝説である。それによると、この村の先祖たちは最初は定住の地を求めて、さまざまな場所を放浪していたという。その途中で、

（先祖たちは）大地の穴の中に入った。そしてルセルナ山のふもとにある泉から抜け出た。彼らはそこが村を作るのに良い場所かどうかを思案した。そこは良い場所ではなかった。山の端だったからだ。彼らはそこから下の方に、村を作るのに良い場所があるかどうか見てみた。そしてふたた

び泉の中にある穴の中に入り……アグア・デ・テペワへの深い泉から出てきた。……こうして地下の水脈を歩きまわって、人々は最終的な居住地を定めることができた〔20〕。

興味深いことに、この地域に住む人々の間では、山腹にある洞窟や大地の割れ目は魔術的な場所であり、一年の特定の瞬間に開いたり閉じたりする秘密の門であると考えられているという〔21〕。

このマリナルテペクの物語は、《大地の割れ目》と《大水》の関係をうかがい知るための新たな視点を与えてくれるように思う。すなわち、絵図の《大地の割れ目》のシーンは、人々がそこから地下水脈（地下世界）に入り込んでいく様子を描いており、それに続く《大水》のシーンは、人々がその同じ地下水脈から出てくる様子を描いている、と解釈できるのである。

さらにもう一歩踏み込んだ解釈をするなら、この二つの図像は、《大地の割れ目》のシーンでは人々は母なる大地の胎内に深く入り込み、《大水》のシーンではその胎内から新しい存在として産まれ出るということを、意味しているのかもしれない。

6 「四つの出来事」の解釈——ふたたび《暴風》

ここまでの議論で示されたように、絵図の「四つの出来事」は、それぞれ独立した出来事としてではなく、まとまりを持った一連の出来事として解釈することができそうである。

第一の《暴風》において人々は衣服を剝ぎ取られる。これは象徴的に、ヘネップやターナーが明らかにした通過儀礼の三局面における「分離」、あるいは、古い自己の死の局面を意味している。そこから人々は《大地の割れ目》と《大水》の試練を経験する。ここでは人々は地上に開いた入口を通って、大地の内部、すなわち日常的世界から隠された神々の領域に入り込み、やがて、大量の水に流されて地上へと生まれ出てくる。それは「過渡」の局面であるといえる。そして第二の《暴風》の中で、人は新しいアイデンティティを獲得し、この世を構成する存在の一つとして「統合」される。

「四つの出来事」の図像をこのように理解することで、この絵図全体の構造もより明瞭になるだろう。ここでもう一度、図9の《暴風》の図像を見ていただきたい。この《暴風》は、あらゆるものを創造し、また破壊する力を持ったケツァルコアトル神の顕現である。この神は絵図に描かれた世界全体を支配している。この神は、絵図の左半分のところでは、《チコモストク》を出て放浪する民に決定的な変容を促す。そこでは「四つの出来事」のシーンが、決定的な意味を持っている。そしてこの神は、絵図の右半分のところでは、《クアウティンチャン》の町を創建した部族に《聖都チョルーラ》の威光を授けるのである。

おわりに――人身供犠の図像の意味

最後に、これら「四つの出来事」の前後に描かれた人身供犠の図像の意味について考えてみたい。筆者の見るところでは、生贄から心臓が取り出されて太陽に捧げられている様子を描いたこれらの図像が示そうとしているのは、供犠において生贄となる者が経験する過程は「四つの出来事」において人が経験する過程と同じものである、ということである。

供犠において生贄となって死ぬ者の身に起こるのは、ある存在から別の存在への変身（メタモルフォーゼ）である。あるアステカの神話は、世界創造のときにナナワツィンという神が炎の中に飛び込み、太陽に変身する様子を次のように語る。

それから神々は炎を囲んだ。……神々は炎の両側に二列になり、その中央にテクシステカトルとナナワツィンの二神を立たせた。彼らは炎に正対し、炎を見つめていた。……神々はナナワツィンに叫んだ。「さあ、ナナワツィンよ、飛び込め！」ナナワツィンは、覚悟を決めた。気持ちを強くした。目をしっかり閉じた。怖れなかった。ぐずぐずしなかった。たじろがなかった。後ずさりしなかった。そして火に飛び込んだ。その体は、燃えた、はじけた[22]。

こうして炎の中に飛び込んで死んだ神は、その後、東の空から燃えさかる太陽となって出現する。

そして出てきた、現われた、太陽が
それは真っ赤に揺れていた
その顔を見ることはできなかった
それは眩しかった

それは激しくものを照らしていた
それは熱と光を放っていた
その熱と光は、あらゆるところに広がった
その熱と光は、あらゆるところに入りこんだ[23]

メソアメリカの宗教的伝統においては、供犠の儀礼によって死ぬものはその肉体を失いはするが、やがて、別の姿と形を持った存在としてこの世に生まれ出る。肉体を失うことは苦痛と恐怖を伴なう。しかし、その先にあるのは、大いなる存在として生まれ出るという栄光である。

一六世紀のスペイン人の征服によってこの地にキリスト教の教えが広められ、クアウティンチャンの人々は古い神々を信仰したり神話を語ったりすることはできなくなった。そうした状況の中で、クアウティンチャンの人々はスペイン人たちの眼を盗んでこの絵図の前に集まり、古老たちの物語に耳を傾けていたのだろう。自分たちの先祖はかつて遠い場所からやってきたこと。さまざまな苦難を乗り越えながら旅を続け、最終的にクアウティンチャンにたどり着いて自分たちの町を創建したこと。何よりもその先祖たちの旅は、かつて神が自ら生贄となって死ぬことで太陽に生まれ変わったのと同じような、死と生からなるイニシエーションの旅であったこと。そうした共同体の聖なる知識が、この絵図を教材として、若い世代に伝えられていったのだろう。

†註

[1] Keiko Yoneda, "Glyphs and Messages in the MC2," in Carrasco, Davíd and Scott Sessions, eds., *Cave, City and Eagle's Nest*, (Albuquerque: University of New Mexico Press, 2007), pp.161-203.

[2] Davíd Carrasco and Scott Sessions, eds., *Cave, City and Eagle's Nest*, (Albuquerque: University of New Mexico Press, 2007).

[3] Geoffery G. McCafferty, "Cholula," in David Carrasco, ed., *The Oxford Encyclopedia of Mesoamerican Cultures: The Civilizations of Mexico and Central America*, , Vol. 1, (New York: Oxford University Press, 2001), p.206.

[4] Carrasco and Sessions 2007:430　宗教学者のエリアーデは、伝統的社会におけるシャーマンの最も重要な能力の一つについて、次のように述べている。「シャーマンの最高のテクニックとは、一つの宇宙域から他の宇宙域へ——この世から天上界へ、あるいはこの世から地下界へ——と過渡できることである。シャーマンは一つの平面を突破する秘法を知っている。」ミルチャ・エリアーデ『シャーマニズム（上）』（堀一郎［訳］、ちくま書房、二〇〇四年）四三六頁。

[5] 岩崎賢『アステカ王国の生贄の祭祀／血・花・笑・戦』（刀水書房、二〇一五年）六〇～六六頁。

[6] モトリニーア『ヌエバ・エスパーニャ布教史』（小林一宏［訳］、岩波書店、一九七九年）九八頁。

[7] John Bierhorst, trans., *History and Mythology of the Aztecs*, (Tucson: The University of Arizona Press, 1992),p.142.

[8] Fray Bernardino de. Sahagún, *Florentine Codex: General History of the Things of New Spain*, bk.3, Arthur J. O. Anderson and C. E. Dibble, trans., (Santa Fe: The University of Utah, 1978), p.43.

[9] Fray Bernardino de. Sahagún, *Primeros Memoriales*, Thelma D. Sullivan, ed., (Norman: University of Oklahoma Press, 1997), p.177.

[10] 米田恵子によるこれらの図像についての分析を参照。Yoneda 2007:181

[11] ファン・ヘネップ『通過儀礼』（綾部恒雄［訳］、弘文堂、一九七七年）三頁。ビクター・ターナー『儀礼の過程』（冨倉光雄［訳］、新思索社、一九九六年）一七六頁。

[12] Diego Durán, *Historia de las Indias de Nueva España e islas de Tierra Firme*, vol.1, R. Camelo y J. R. Romero, eds., (México: CONACULTA, 1995), p.561.

[13] Florine G. L. Asselberg, "A Claim to Rulership: Presentation Strategies in the MC2," in Carrasco, op.cit., p.125.

[14] Catherine Good, "Oztotempan: el ombligo del mundo," in Broda, Johanna, S. Iwaniszewski y A. Montero, eds., *La montaña en el paisaje ritual* (México: INAH, 2001), p.385.

[15] 集落の近隣の山や丘には守護神が住み、そこから村人や動植物に成長の力を授けるというメキシコ先住民の宗教的観念については、次を参照されたい。ロペス・アウスティン『カルプリ』（篠原愛人・林みどり・曽根尚子・柳沼孝一郎［訳］、文化

科学高等研究院出版局、二〇一三年）八三～八七頁。

[16] Arturo Montero, "Apuntes al Mapa de Cuauhtinchan II desde la geografía simbólica," in, Tucker, Tim y A. Montero, eds., *Mapa de Cuauhtinchan II: Entre la ciencia y lo sagrado* (México: Mesoamerican Research Foundation, 2008), p.119.

[17]『ポポル・ヴフ』（A・レシーノス［原訳］、林屋永吉［訳］、中公文庫、二〇一六年）四五～一二二頁。

[18] Rafael Tena, trans., *Mitos e historias de los antiguos nahuas*, (México: CONACULTA, 2002), p.34.

[19] メアリー・ミラー／カール・タウベ『マヤ・アステカ神話宗教事典』（武井摩利［訳］、東洋書林、二〇〇〇年）二四四頁。

[20] Fransoise Neff Nuixa, "La lucerna y el Volcán Negro," in Broda, op.cit., p.355.

[21] Ibid.,p.356.

[22] *Florentine Codex* , Book 7, pp. 3-9.

[23] Ibid., p. 7.

第14章

北米先住民宗教における死の神話

木村武史

はじめに

広大な北アメリカ大陸に居住する北米先住民の間には多種多様な文化・社会があり、一括りで語ることはできない。各先住民社会（部族社会）には独自の言語・歴史・社会組織・伝統があり、伝播を通して伝えられた神話・伝承を共有している場合でも、独自の色合いを施している。歴史的に見れば、先住民族同士でも戦っており、各部族には戦士の伝統があり、勇敢な女性戦士もいた。そして、身内の者を殺した敵に復讐を仕掛ける「弔いの戦さ」という慣習もあったことが知られている[1]。日本の敵討ちに近いであろうか。戦さには死がつきものであり、出陣と帰還の儀式は重要であった。今日でも米軍に従軍した先住民出自のベテランに敬意を示すことは、先住民社会では重要である。

北米先住民の「死」についての考えは、たとえば、「今日は死ぬのにもってこいの日だ。」という、人間と自然世界との統合された生き方を表しているとされるプエブロの古老の言葉がよく知られている[2]。だが、数多くの先住民の間に伝えられている死に関する神話・伝承には、それ以外の多様な要素がある。神話は社会と密接な関連を持つが、本章では、神話の文化的・社会的背景は十分に取りあげることはできないことは予め断っておきたい。

さて、最初に先住民社会の物語伝統における神話・説話・民話・童話といったカテゴリーについて、一言述べておきたい。これらの概念は、北米先住民にとって宗教という語が外来語であるのと同じく、西洋社会から持ち込まれた近代的概念である。他方、神話語りは特定の聖なる時間にだけ語られることが許された聖なる物語であるという一面があるのもたしかである[3]。ただし、ここではより広い観点から神話という語の意味を使うこととする。

本章の構成は以下の通りである。最初に、現代における北米先住民社会において社会問題としての「死」について述べておきたい。そして、実際に起きた突然の若者の「死」をどのように受け止め、理解しようとしたのかを、ズニ族の事例から考えてみる。第二に、冥界探訪譚について触れる。また、守護霊との関係で「死」の受容がなされていた様子を、ヘヤー族の事例から考えてみる。第三に、死の問題として、人間を食らい、殺す怪物についての神話・伝承を取りあげる。そして、第四に、名に「死」を意味する語を持つ神霊の神話伝承を取りあげる。

さて、本章における筆者の立場は、北米先住民の間に伝わる神話・伝説・伝承の民族学誌資料、研究書を資料・題材として用いて、いくつかの地域の先住民の間に伝わっていた死に関わる神話・伝承の一部を取りあげ、生と死についての神話的理解について、宗教学の見地から、若干の考察を試みることにある。

1　北米先住民の概要と今日の社会状況

現代の先住民社会における死の問題

死の神話・伝承を取りあげる前に、現代の北米先住民社会における死について少しだけ言及しておくことは必要であろう。というのも、北米先住民社会にとって「死」というテーマは、実際の「死」と関連する極めて重大な社会問題でもあり、その点を触れずに、神話、説話、伝承における「死」だけを取りあげるのは不十分であると考えられるからである。たとえば、二〇二〇年に始まったコロナ禍で先住民社会における死亡率は、他のアメリカ人に比べ、二倍ほど高かったという。たとえば、ディネ（ナヴァホ族）の高齢者の死亡率が非常に高かったとニュースで取りあげられていた。手を洗う水道水の不足や医療機関へのアクセスの不足などが主要な要因とも言われる。また、二〇二二年には、カナダのカトリック教会が運営していた寄宿学校の跡地で、一九世紀から二〇世紀半ばに寄宿学校に強制的に連れて行かれた先住民の子供たちの遺体が多数発見され、大きな問題となった。これらの子供たちの遺体を丁寧に埋葬する様子がSNSを通じて報じられていた。同年七月には、カナダを訪れた教皇フランシスが先住民にお詫びを述べたが、カナダ政府は十分ではないと応答した。先住民に対する差別は今日でも続いている。先住民の女性が殺され、行方不明になる割合は、白人女性よりもかなり高いと言われている。また、コロナ以前においては、先住民の一五歳から二四歳の間の若者の自殺率は、アメリカの若者と比べて、二・五倍高いと言われていた[4]。それは先住民社会がアメリカによる植民地主義政策と抑圧による負の遺産、トラウマからはまだ十分に解放されていないことの証左でもある。このような差別に起因する死は、先住民社会において今日でも深刻な社会問題でもあるという点を最初に触れておきたい。

さて、今日のアメリカ先住民の人たちにとって神話論的意義を持つ死の歴史的出来事の伝承としては、涙の道（Trail of Tears）やロング・ウォーク、ウーンデッド・ニーの虐殺の伝承等を挙げることができる。前者は、東部から西部の保留地へ強制的に移住させられたチェロキー、チカソー、セミノールの人々の苦難と死の経験やディネ（ナヴァホ）の人々が六四年の戦さの後から六六年の末までの間に、四〇〇マイル以上離れた地に強制的に歩かされたホウィールディ（Hwéeldi）と呼ぶロング・ウォーク途上で多くの人が亡くなり、苦難の経験をした出来事にかかわる伝承である。後者は、ゴーストダンスを踊っていたラコタ族の老若男女が、突如アメリカ軍の兵士たちに銃殺されたという一八九〇年に起きた事件にかかわる伝承である。ラコタの人々はただ平和に祖先の霊が回帰するのを希求する輪の踊りを踊っていただけである。どちらの出来事に関する記憶も、アメリカ社会の先住民に対する非人間的な態度を伝える広く汎先住民的意義を持つ伝承として継承されているといえる。

他方、二〇二〇年からのコロナ禍では、北米先住民の若者たちがSNSを通して、癒しとしてのジングル・ドレス・ダンスを踊り、世界に発信していた。そして、コロナ禍でオジブエ族のジングル・ドレス・ダンスの起源が呼び起こされたのである。ブレンダ・J・チャイルドによると[5]、ジングル・ドレス・ダンスが始まったのは、一九一八年から二〇年にかけて全世界で一億人近くの人が死亡したとされるスペイン風邪のパンデミックの時であった。当時は、第一次世界大戦の影響があっただけではなく、オジブエ族の人々には保留地が割り当てられるなど、土地を奪われ、経済的にも困難な時代でもあった。ある時、オジブエ族のレッド・レイク・バンドで、ある少女が病に陥り、重体になった。父親は娘が死んでしまうのではないかと恐れ、娘の生命を救うためにヴィジョン（霊的な教え）を求めた。ヴィジョンで見た通り、ジングル・ドレスを作り、常に片方の足が地面についたまま跳ねるように踊りをするように娘に教えた。娘は父親に言われたような踊りを始めると、しばらくして元気になり、病から快復した。のちに、最初のジングル・ドレス・ダンスの集まりが成立した。ジングル・ドレス・ダンスは今日では大勢の女性が参加して踊るポピュラーな踊りとなっている。

さて、筆者は、神話には独自の次元があることは認めるが、同時に、文化・社会と結び付けて読み解くことによって、その意義がよりよく理解できると考える。たとえば、ズニ族のある若者の事故死について論じたデニス・テドロックの議論を少し参照してみよう［6］。具体的で日常的な死の出来事の意義を読み解こうとするズニ族の人々が神話的世界の中で考えていることがよくわかると思われる。

一九六六年の夏、オットーという若者が、親戚の家で畑仕事を手伝っている時に、銃の手入れをしている最中に過って引き金を引いてしまい、大けがをして死んでしまった。銃口を覗きながら、手入れをしていたという。弟には危ないからそのようなことはしないようにと常に注意していたのに、その仕方で自分を傷つけてしまった。オットーの死を巡って、関わりのある人々が罪の意識を感じながら、早すぎる死の理由をいろいろと推測していた。人々は、オットーの早すぎる死を予感させるようなことがあったと、思い返して語っている。たとえば、オットーはトラクターの運転の仕方をものすごく早く覚えてしまっていた。他の事柄についても早熟であり、生き急いでいたのではないかという。ズニ族の間では、死を予兆させる夢を見ると、死が近々訪れるという。もしかしたら、オットーは自分の死を予感する夢を見たのではないのか。

親族の長老であるダニエルは、周辺で事故死が続いていたことから、何かが正しくないと感じていた。オットーが事故で死んだ理由として三つの要因が考えられた。第一の理由としては、祖先の霊との双方的な関係における守護が受けられない状態にあったのではないか、というものである。ズニ族の宗教では、オットー自身を含めた親族全員が宇宙（コスモス）との正しい関係を保つように努める必要があった。祖先に毎日食事を供え、贈り物を贈り、その返礼として一族に幸運が贈られる。夏至と冬至には、男性は父なる太陽に、女性は母なる月に、それぞれ供え物の人形を捧げる。秘密結社のメンバーは、毎月満月の夜に人形を作り、捧げる。カチナ結社のメンバーは少なくとも年に一度は結社の仮面を付ける集会に参加すべきであり、秘密結社のメンバーは、冬至の集会には参加すべきであった。何らかの理由で、死者への敬意と供え物が正しくされなかったため、幸運が失われてしまい、オットーの事故死が起きたのではないか。第二の理由としては、悪意を持った者によって呪術が掛けられてしまったためである。第三の理由としては、事故死した人が意識的ではないが、自死を選択した、というものである。それは必ずしも意識的な自殺ではないが、無意識的な自死の選択も可能性としてある、というものであった。

テドロックは、ズニ族の神話論的な枠組みから更なる説明を行っている。動物の死と人間の死は異なる。動物は死んだら動物のままであり、単に生まれ変わるだけである。鹿は死んだら鹿になるし、熊が死んだら熊になる。動物の生は季節の如くである。ズニの宗教的用語では、動物は「生（柔らかい）の人」であるのに対して、人間は、「熟した（調理された）人」と呼ばれる。人間はまた「光の人々」とも呼ばれている。というのも、世界創世神話で、父なる太陽が地下世界から人間の祖先を招き出し、地上の光のもとで生きられるようにしたからである。この始原の出来事は、自然の生の世界と循環の時間から「熟した人々」を切り離したともいえる。一人の個人の一生は、この人間化の神話的出来事の繰り返しである。

ズニ族の男子は、五歳頃と一五歳頃にカチナ結社への入社儀式を経験する。それは、また、人間が死んだ時にいかなる経験をするのかを前もって知るための神話的・儀礼的な経験でもある。カチナは死んだ祖先たちの霊的存在でもあるが、その霊的存在が持続するには、子孫たちが贈る儀礼的供物を得ることに依っている。祖先は、生者からの儀礼的供物を得るかわりに、子孫たちに幸福をもたらす。死者の世界に存在している祖先は、じつに何度かの死を経験し、少しずつ世界創世神話の時の流れとは逆の流れで祖先の始まりの状態、つまり動物などと同じ生の存在形態へと回帰することになる。

実際に起きたオットーの死を巡って人々がその理由について思いを馳せた背景を理解するには、このような神話論的背景にも目を向ける必要がある。ここで参照したズニ族における死の神話は一例であるが、以下で取りあげる神話的物語を読む時の一つの助けとなると考えられる。

2

死後の世界——死者の世界と生者の世界の連続と境界

オルフェウス型冥界探訪譚

北米先住民の間には多様な死後の世界観がある。死後の世界について曖昧な観念しかもたない部族もいたし、複雑な死の観念を発達させ、複雑な死の儀礼を作り出した部族もあった。その中間に、死者の魂は生前と同じような生活を死後の世界でも行っているという世界観を持つ人々がいた［7］。これらの人々の神話的世界は、冥界探訪譚として、死者の世界と生者の世界との間の行き来が可能なことを示す神話に表されている（「第9章　インドネシア――死と天界と生まれ変わり」を参照のこと）。

北米先住民の神話モチーフの研究を行ったトンプソンによれば、死者の世界への探訪譚には四つの要素がある。第一は、妻（あるいは恋人）を連れ戻しに死者の国へ赴く。第二は、死者を連れ戻す許可が与えられる。第三は、戻る途中に妻を見てはいけないという禁忌（あるいは他の禁忌）が与えられる。第四は、禁忌が破られ、妻は失われる。これらは抽象化された共通点であるので、実際の神話には他の要素が取り込まれていることはいうまでもない［8］。この冥界探訪譚は、オルフェウス型神話と呼ばれるが、古代オリエントのイナンナの冥界下りやイザナギ・イザナミの神話にも見られる。最後に願いが叶えられなくなるという点で共通点が見られる。

さて、北米先住民の間の冥界探訪譚の登場人物は男女のカップルであることが多い。死者が男性と女性の場合の両方の神話が知られている。ここでは、死んだ妻が蘇って再び家族と生活をするラコタ（スー）族の精霊女房の話、生きている女性が死んだ恋人の男性の魂が住む死者の世界に行き、そこで死者である男性とともに生活をし、子供をもうけるチノーカン族の冥界結婚の話を取りあげる。

精霊女房（ブルーレ・スー族）

仲の良い夫婦がいた。しかし、三人目の子供の出産時、赤ん坊は死産し、妻も死んでしまった。嘆き悲しんでいる夫を可哀そうに思った妻の霊魂が夫のもとを訪れてきた。ある晩、男は自分のティーピーの外を女性の姿をした幽霊が歩いているのを見た。それは死んだ妻の幽霊であった。死んだ妻は、夫があまりにも悲しんでいるので、可哀そうに思い、死者の世界はそれほど悪いところではないので、こちらに来たらと誘う。夫は子供たちもまだ小さいので死ぬ用意はできていない、かわりに妻の方が生き返ったらどうなのかと尋ねる。妻はそのような方法があるのかどうか調べるので四日待って欲しいと頼む。四日後、再び妻の幽霊が訪れ、生き返る準備ができたと伝える。バッファローの毛皮で妻の体を隠すカーテンを作り、四日間、見なければ、生き返ることができると夫に言う。夫が妻の幽霊の指示通りにすると、四日目に妻が生き返った。まるで一度も死ななかったかのように美しかった。夫は喜んだが、しばらくすると、他の女性に恋をしてしまった。生き返った妻に二番目の妻をもらうことにしたという。最初の妻には二人目の妻がくれば一緒に仕事をし、話し相手になり、生活は良くなると言った。二人目の若い妻が来てからは、夫は若い妻の方にばかり目を向けてしまっていた。二人目の妻は若かったが、高慢で嫉妬深かった。二人目の妻は、最初の妻は幽霊なのだから、いるべき世界に戻るべきだというと、幽霊の妻は男と子供たちを連れて、霊界へと行ってしまった。二人目の妻は何が起きたのか気づいたが、二人は二度と戻って来なかった。

死者世界での結婚生活（チノーカン族）

オレゴン州ワスコ郡の都市ザ・ダルズ近くを流れるコロンビア川の中に、かつて埋葬地として用いられていた島々があった。その中でも一番大きな島であるメマロース島を舞台とする伝承である。この辺りは、チノーカン族のウイシュラム部族の人々が住んでいた地域である。この神話では、死による異性愛の断絶は起きないので、トンプソンが挙げた四要素とは異なる神話ということができる［9］。では、その内容を見てみたい。

若い戦士と美しい娘が恋仲になり、大変幸せに過ごしていたが、男性は病気になり、死んでしまった。死者の霊魂は、死者の土地へ行き、そこで恋人のことを想い、悲しんでいた。娘も、死んだ恋人のことを想い、悲しんでいた。男性が死んでから二、三夜して、男性の霊魂が娘の夢の中へ訪れ、娘に会いたいので、美しい死者の土地に来て欲しいと頼んだ。娘はこの夢で苦しみ、両親に相談したが、どうしたらよいかわからなかった。男性の魂が三夜続けて娘に語り続けるので、両親は娘を死者が幸せに暮らす土地にカヌーで連れていくことにした。島に近づいた時はすでに暮れ始めていた。島からは音楽に合わせて踊りながら歌っている死者の魂と太鼓の音がしていた。島の岸辺では、四人の霊魂が家族を迎え、両親には自分の家に戻るように伝え、娘を舞踏場である小屋に連れて行った。そこで娘は生者の世界でいた時よりも美しく、上品な姿に変わった。そして、ぜいたくな装いをした恋人の男性の姿を見つけ、一晩中楽しく歌い、踊った。夜が明け始めると、皆、寝る場所に戻っていった。娘も眠りについた。

日が昇ると、娘は目を覚ました。周りを見渡すと、骸骨が横たわっていた。それは娘の恋人の骸骨であった。周りは死臭で満ちていた。寝ている間、死者は骨の姿になるのであった。娘は驚き、恐れ、カヌーを見つけて、親のもとに戻って行った。しかし、両親と友人たちは、娘が死者の世界を去ったことで、人々を罰するのではないかと恐れ、娘に死者の霊魂の島に戻るように諭した。そして、人間の世界と死者の世界とでは昼夜が逆転しているので、死者の霊魂が寝る時には娘も一緒に眠り、死者が起きる時に一緒に起きるようにと教えた。娘は死者の霊魂の美しい島に戻り、恋人の男性と死者の島で幸せに過ごした。やがて娘は子供を産んだ。半分が人間で、半分が霊魂である子供であった。若い父親は赤ん坊を自分の母親に見せたかったので、使いを送ることにした。その際、使いには次のような伝言を頼んだ。死者の霊魂の土地で自分たちは幸せに暮らしており、子供が生まれたので、一度、見に来るように。その後で赤ん坊と妻、母親を生者の世界に戻し、その後、自分もすべての死者を連れて、生者の世界に戻り、すべての死者はもう一度生者の世界で生きるようになると。男性の母親はこの知らせに大変喜び、喜んで死者の島に行った。男性は母親を歓迎したが、一〇日間は赤ん坊を見ることはできないと注意した。お婆さんは最初は辛抱していたが、二、三日すると我慢できずに、少し見ても誰の害にもならないだろうと思い、赤ん坊に掛けてあった布をつまみ上げ、眠っている子供を見た。すると子供は病気になり、死んでしまった。そのため、死者の霊魂たちは、生者の世界に戻ることができなくなってしまい、大変腹を立てた。お婆さんは自分の集落に戻され、それ以降、若い二人のことは聞かれることはなかった。

この伝承では、死者の世界では死者は生者と同じように生活をしているが、生者の世界とは逆転しているという他界観を認めることができる。同時に、死者は生者の世界に戻ることができなくなった由来を説明もしている。死の起源よりも、死者は生者の世界に戻ることは許されない存在であることが示されている。生者の世界からは死者の世界は連続しているが、死者の世界からは断絶していなくてはならないのである。

同種の伝承に、弟が死んだ姉を慕って、死者の町を訪れるという話がある。死者の世界では、生者の世界とはすべてがあべこべになっているので、弟はそれになかなかうまく慣れずに、失敗をしてしまうという話である。この神話では、死者の世界の訪問が若干滑稽に描かれているという点で興味深い。

このような伝承を読むと、先住民の世界では死者の霊魂、幽霊は恐れられていないのかと思うかもしれないが、そうではない。アパッチの葬送儀礼では死者を葬った帰路、死者の霊魂に出会わないようにしなくてはならないと伝えられており、死者の霊魂は恐れられ、避けられる対象であることには変わりはない。

チェロキー族の冥界探訪譚

チェロキー族の冥界探訪譚の主要な登場人物は太陽と人間である[10]。この伝承では、死ぬのは太陽の娘であり、死者の世界に赴くのは、母なる太陽の使者である。それゆえ、死による異性愛的な婚姻関係の断絶という要素とは異なっている。

かつて、太陽は天空の彼方に居住していた。太陽には娘がいたが、天空の中間に住んでいた。太陽は、毎日、空に掛けられている半円の橋を西に昇りながら、途中で娘の家に滞在し、食事をしていた。ところで、太陽は、人間が太陽を見上げる時に顔をしかめて見るので、人間が嫌いであった。そこで、太陽は、地上にいる人間に暑い風を送り、皆殺しにしようとした。太陽の暑さで弱った人々は、小人族に助けを頼むことにした。小人族は、呪術的な力のある薬を作り、仲間のうちの二人を蛇とマムシに姿を変えた。そして、太陽が通り過ぎようとしたら噛みついて殺すように、計画を立てたが、太陽の光の強さに目がくらみ、計画は失敗した。困った人々はまた小人族を訪ね、改めて頼んだ。小人族は再度呪術的な力のある薬を作り、今度は別の二人を怪物ウクテナとガラガラ蛇に変え、計画を実行した。ところが、空の中ほどにいた太陽の娘が母親を探そうと戸を開いた時に、ガラガラ蛇が太陽の娘に噛みついたので、太陽の娘は死んでしまった。娘が死んでしまったのを見つけた太陽は嘆き悲しみ、家の中に閉じこもってしまった。今度は、太陽が隠れてしまったので、世界一面が暗闇に包まれてしまった。

人々は困ってしまい、再び小人族を訪れ、どうしたものかと相談した。小人族は、太陽に再び姿を現してもらうためには、黄泉の国であるツスギナイから娘を取り戻してこなくてはならないと答えた。そこで、黄泉の国を訪れる七人の使者を選び、各人に手の幅の長さのシャクナゲの杖と箱を持って出かけるように言い、次のように命じた。

黄泉の国であるツスギナイにたどり着くと、亡霊たちが踊っているのを見るので、踊りの輪の外に立って、太陽の娘が近づいてくるのを待ちなさい。そして、娘が踊りながら通り過ぎようとした時に、杖で娘を打ち倒し、箱に入れて、母親のもとに連れて帰ってくるように、と。

七人の使者たちは命じられた通りにし、娘を箱の中に入れて、帰って来た。その途中、娘は息を吹き返して、箱の中から出すようにと何度も頼んだが、使者たちは箱の蓋を決して開けないようにと言われていたので、娘の頼みを聞かなかった。しかし、家のすぐ近くまで来た時、息ができずに死にそうだというので、空気を入れるために蓋を開けると、突然、ばたばたと音を立てて、何かが飛び出て、茂みの中に飛び込んだ。それは「クゥイシュ、クゥイシュ、クゥイシュ」と茂みの中で鳴いた。それは一羽の赤い鳥ウソ（猩々紅冠鳥）であった。使者たちは、箱の蓋を閉めて、集落まで戻って、蓋を開けると、中身は空っぽだった。

赤い鳥は太陽の娘であった。もし使者たちがいうことを聞いて、箱を閉めたまま戻ってきたら、娘を無事に家に連れ戻すことができたし、他の死者たちも連れ戻すことができたのだが、できなくなってしまった。母親である太陽は使者たちが死者の国に向かって出発した時は喜んでいたが、娘を連れて帰って来なかったので、嘆き悲しんだ。そのため涙が地上に溢れ、洪水になった。人々は集まり、若い男女を遣わし、太陽をなだめて泣くのを止めさせようとした。若い男女は太陽の前で踊りを披露し、歌を歌った。長い間、太陽は顔を覆っていたが、太鼓のリズムが急に変わった時、太陽は顔を上げ、喜んだ。太陽は悲しみを忘れ、笑顔になった。

このチェロキーの冥界探訪譚では、死んだ太陽の娘を死者の世界から連れ戻す術があったにもかかわらず、使者が指示に従わずに、箱を開けてしまったので、太陽の娘は赤い鳥ウソとして生き返ってしまった。この逸話に付随する形で、死者が復活できなくなった理由を語る神話でもある。最後に、天岩戸神話を彷彿させる逸話があるのは、比較神話学の観点から興味深い。

ヘヤー・インディアンの死の受け入れ

ところで、北米先住民の人々は、実際の生活の中では死をどのように受け止めていたのであろうか。ここでは、具体例をカナダ北西部のヘヤー・インディアンを研究した原ひろ子の著作から見てみたい[11]。

ヘヤー・インディアンにとって、霊魂(エヴェウェン)とは肉体を出たり、入ったりするものである。寝ている時に霊魂は肉体を離れて旅をする。霊魂が旅をして体験するのが夢であり、夢の中で、守護霊からその時々の指針を授かるのである。

ヘヤー・インディアンは自分の守護霊が「生きよ。」と命じている間は生への意志を捨てないが、守護霊が「お前はもう死ぬぞ。」というと、生への執着を容易に捨て去る。原が伝えているのは、五〇歳の名ハンターの男性チャーニーの話である。ほんの一週間前には大きなムースを射止めたチャーニーであるが、五日前に風邪をひいてしまった。チャーニーの姪のマーサが原のもとを訪れて、オジさんが死ぬことにしたから会いに行ってあげてと伝えに来た。マーサがいうには、前日の晩、夢から醒めたチャーニーがそのように言い始めたので、親族、一族、関係者、全員に伝えているという。チャーニーはその時以来、食べ物を少ししか摂らなくなり、紅茶を時折口に含むだけとなった。チャーニーはテントに集まってきている人に自分の思い出話をぼそぼそと語っていた。時折、目を閉じて沈黙している間は、守護霊と対話をしている。普段、誰かが話をする時は、話の続きを促すように、「それから?」と聞くが、死にゆく人にはそのようなことは言ってはいけないことになっている。

ヘヤー・インディアンは良い死に顔で死ぬことが本人の願いであり、見送る人の願いでもある。良い死に顔で死んだ人の霊魂は、再びこの世に生まれるべく旅路につく。良い死に顔で死んだ人は、死後、埋葬するまで近しい人の霊魂を道連れにしようとはしない。チャーニーとはそれほど親しくない人はテントの中に入らずに、薪を運んできたり、水を汲んできたりして、手伝っている。死者が使った品物には死者の霊魂が移りやすいので、以前は、死者の持ち物はすべて焼かれていた。しかし、一九二〇年代以降、高価な品物が使われるようになると、これらの品物を形見分けするようになった。持ち主自身が死ぬ前に、高価な品物を誰に贈るかを決めるようにもなった。やがてチャーニーはカトリックの神父から聖油の秘跡を受け、次の日の未明、息を引き取った。良い死に顔をしていたという。

すると、それまでテントに集まっていた人々は、それぞれ自分のテントに戻ったり、近くに新たにテントを張り、肉体を離れたチャーニーの霊魂に道連れにされないように、眠らずに身を寄せ合った。チャーニーとそれほど親しくなかった人々が遺体を守り、遺族の食事や薪の世話をした。そして、教会でのミサの後、埋葬が行われた。死者の霊魂は埋葬によって地上をさまようことを止め、あの世に旅立つのである。こうして、残されたものは、道連れにされる恐怖から解放されるのである。

このヘヤー・インディアンの男性に見られる死の受容の態度は、神話伝承を読み解く際に一つの視点を提供してくれる。死の神話物語には、人間の霊魂の話しか描かれないかもしれないが、人間と守護霊との関係がその背後にはある場合もある。ここで重要なのは、守護霊が人間の生死を司っており、人間は単に死のときだけではなく、生涯を通じて、守護霊の指針、守護に従う。死は人生の最後の時であるが、その時が単独で成立しているのではないのである。

3 人間を食らう怪物

さて、死の神話といえば、人間に死の恐怖をもたらす怪物について取りあげなくてはならない。神話的な怪物が恐れられるのは、それらが人間を傷つけ、殺すからである。殺さずに怖がらせるだけという怪物もいるが、ここでは人間を食らい、殺す怪物について考えてみたい。怪物にはバッファローなど動物の怪物もいるが、ここでは異形の怪物、首の怪物の神話について最初に見てみよう。ホデノショニ（イロクォイ）の飛ぶ首、ウィントゥ族の転がる首、シャイアン族の切り落とされた首の追跡等の神話伝承を取りあげる。切り落とされた首そのものは死を象徴しており、かつ首の怪物は人間を食らう恐ろしい怪物である。

飛ぶ首

ホデノショニ（イロクォイ）の人々の間には、飛ぶ首（Flying Head）という怪物についての伝承がある[12]。飛ぶ首の神話は何種類かあるが、ここでは次の話を紹介する。

世界でまだ怪物が彷徨っていた時代、人間を食らう飛ぶ首という怪物が人々を恐怖に陥れていた。この飛ぶ首は人々を睨みつけ、唸るだけであったが、大きさは人の四倍ほどもあった。皮膚は分厚く、びっしりと体毛に覆われていたので、どんな武器も突き通すことはできなかった。大きな鳥の翼が二本、両頬から突き出ており、禿鷹のように飛び、急降下もできた。鋭い牙で獲物を捕らえ、人間を含めてあらゆる生き物を貪り食った。ある時、飛ぶ首が集落を襲い、人々は逃げたが、一人の赤子を抱いた女性だけ家に留まっていた。女性は、誰かがこの怪物に立ち向かわなくてはならないと思った。女性が飛ぶ首がやってくるのを待っていると、戸口に突然、飛ぶ首が現れた。女性は気づかぬ振りをして、食事を作っている振りをしながら、熱せられて赤くなった石を棒でつまみ上げながら、口に入れる振りをし、とても美味しいご馳走だと、嬉しそうに話した。これを聞いて、怪物は我慢ができず、飛んできて、赤く焼けた石の山を一気に飲み込んだ。飲み込んだ途端に、怪物は凄まじい叫び声をあげ、翼をばたばたさせて、悲鳴をあげながら山や川を越えて飛んでいった。次第に飛ぶ首の悲鳴は小さくなり、ついには聞こえなくなった。隠れていた人々が戻って来て、ほっとした。この時以来、飛ぶ首が現れることはなくなった。

この飛ぶ首の神話は、飛ぶ首が退治されるエピソードに焦点があるといえる。男性を含んだ集落のほとんどの人が逃げ出して隠れたのに対して、赤子を抱いた一人の女性が機転を働かせて飛ぶ首を退治した話である。

転がる首

次に、転がる首の神話を見てみよう。転がる首が人間を襲い、食らい、殺す。類似した話は、シャイアン族など、いくつかの部族に見られる[13]。ここでは、ウィトン族の転がる首の神話を見てみよう[14]。

昔、大勢の人が住んでいる集落があった。人々は川の西岸と東岸の平地に住んでいた。族長には二人の娘がいて、妹の成人を祝う儀式の準備をしていた。ある晩、父親は妹以外の女性たちに、次の朝になったら、楓の樹皮の前掛けを作るために樹皮を剥ぎに行くように頼んだ。ただし、下の娘は連れて行かず、密かに出かけるように言った。次の日の朝、女性たちは早起きして、こっそりと抜け出したが、妹は目を覚まし、禁じられていたにもかかわらず、女性たちの後を追って出かけた。少女が追いついた時、女性たちは楓の樹皮を剥いでいた。少女も一緒に樹皮をそぎ始めたが、切れ端で小指を傷つけてしまい、血が流れ出た。姉が枯れ葉で血を拭いてくれたが、他の女性たちは血が止まらないと恐れ、逃げ帰ってしまった。家に帰り父親に起きた出来事を話すと、父親はあの娘は自分のいうことを聞かないと言った。

少女は姉と二人っきりで残されていたが、北に続く下り坂に立って、少女は指から流れでる血を吸っては吐き出していたが、血は止まらなかった。夕暮れになっても血は止まらなかった。突然、少女が血を飲み込んでみると美味しかったので、小指を食べ始めた。そのまま食べ続け、手、両手、足、両足、身体全部を食べ尽くしてしまい、首だけが残った。少女の首は坂を転がり落ちていった。集落では父親の族長が、北から娘がやってくるので、戦う準備をするようにと言った。首となった少女は、ひと休みした後、最初は川の西岸の集落を襲い、すべての人々を貪り食った。そして、川を越えて東岸の集落を襲い、そこに住んでいた人々も全員貪り食ってしまった。ただし、姉だけは食べなかった。首は世界中を回り、あらゆる人間を食べ尽くしてしまった。最後に姉だけが残っていたが、姉も食べてしまった。首は大きな入り江のところにやってきて、どのように対岸に行こうかと思案していると、向こう岸に一人の男が座っているのに気づいた。首は男を呼ぶと、男は橋を架けた。首が橋を渡り始め、橋の真ん中までやってきた時、男は橋をぐいっと引っ張ったので、首は川に落ちてしまった。早瀬の川にいたかますが首を飲み込んでしまった。

このウィトン族の転がる首の伝承は、なぜ人を食らう首が誕生したのかを説明しており、興味深い。族長である父親の命令を聞かないという社会的権威に反抗する「娘（女性）」、自分の「血」を飲み込み、美味しいと思ったので、自分の身体全部を食べてしまうという自己カンニバルの貪欲で自分の欲望を制御できない「娘（女性）」が人間を貪り食う首になってしまうという起源譚を含んでいる。

　ホデノショニの飛ぶ首もウィトン族の転がる首も、人間を食らうがゆえに恐れられ、死をもたらす。そして、同じ「食らう」ことによって退治される。飛ぶ首は、貪欲に熱く熱せられた石を大量に飲み込んでしまい、死ぬ。転がる首は、落ちた川にいるかますに食われて死ぬ。この二つの伝承からは、生を維持する身体的行為である「食べる」という人間にとって本質的な行動自身が、恐怖と死をもたらす怪物にもなり得るという価値の逆転が起きていることがわかる。

ウィンディゴ

　人間を貪り食らう怪物のなかでよく知られているのが、アニシナベなどアルゴンキン語族の伝承で知られている人間を食らう怪物のウィンディゴであろう。ウィンディゴについては、他のところで詳しく論じたので、詳細はそちらを参照してもらいたい[15]。しかし、ウィンディゴは単なる怪物ではない。バジル・ジョンストンによれば、マニトゥの一種でもある[16]。マニトゥは、マナなどと類似した霊的力の観念であり、キチ・マニトゥなどの人間に有益な力の側面も見られる。むしろ、そちらの方がマナの特質として知られており、ウィンディゴもマナの一部であるということは興味深い。以下、ウィンディゴについて少しみてみよう。

　まず、ウィンディゴは森の中で遭遇する怪物である。ケベックの西に住んでいたテト・デ・ブーレ族の間で伝えられていた伝承では、ウィンディゴは腐った樹木を食べ、沼の岸辺の苔や動物の死肉を食べるが、一番の好物は人間の肉である。ウィンディゴの声は恐ろしく、人々が集まっているキャンプに近づくと、人間の肉が食べられると喜んで心臓が高鳴る。一七世紀頃の伝承では、ウィンディゴは醜い姿をした巨人であり、背の高い松の木を道具として使い、とても大きな足をしている。ウィンディゴの心臓は氷でできており、殺すためには氷の心臓を溶かさなくてはならない。ウィンディゴは複数いる。それゆえ、森の中でウィンディゴ同士が出会うと、殺し合いを始め、勝った方のウィンディゴは相手を食べ尽くしてしまう。

別の伝承では、ウィンディゴは、黒い皮膚をしており、年中裸で動き回り、木の枝で体をこすっている。ウィンディゴは自分の唇を食べてしまったので、唇はなくなっており、目は大きく、フクロウのように丸く赤く染まってる。足の指は一本しか残っておらず、手の指は熊の指のように尖っているという。先に取りあげた飛ぶ首のようである。

二〇世紀半ばになると、ウィンディゴは次のように描かれる。

ウィンディゴは、やせ細ってガリガリしており、皮膚は乾ききり、その下から骨が浮き上がっている。中には、骨が皮膚を突き破って飛び出し、灰色の死の顔をし、眼は深く落ちくぼんでいるものもある。ウィンディゴは墓から掘り出されたやせ細った骸骨のようである。その口はボロボロで血だらけである。腐敗した肉の膿で酷く臭い匂いを発しており、不気味で気持ち悪く、腐敗と死臭の悪臭をまき散らしている。[17]

ウィンディゴが恐ろしいのは、ウィンディゴに食われてしまうだけではなく、冬の飢饉の時、ウィンディゴに憑りつかれた人は、ウィンディゴになってしまい、他の人を食らうようになってしまうからである。

ウィンディゴについては他にも注目すべき特徴があるが、本章では、以上の要約で十分であろう。

さて、これらの飛ぶ首、転がる首、ウィンディゴの神話からうかがうことのできる「死」のイメージとは何であろうか。当たり前過ぎて言うまでもないことだが、人間が怪物に食われるというイメージが死の恐怖を呼び起こす。怪物に食われることによる死は、格別に恐ろしく、無残な死である。死は死であるが、病気や戦での死ではない。

これらの人間が食われることによる死のイメージの意義をより深い次元で解釈するには、「食べる」という象徴自身について目を向ける必要がある。というのも、「食べる」という行為はそれ自身が生・生命にかかわっているからである。言うまでもなく、動物を狩り、植物を栽培し、食事を作り、「食べる」ことによって個人の生命は存続し、共同体は維持される。「食べる」という象徴は儀礼の場においても重要な要素である。たとえば、供犠を通じての神々と人間のコミュニオンにおいても「食べる」という象徴は、中心的象徴となる。それゆえ、怪物によって食われることによる死は、日常の生活における人間存在の基本的行為を「食べる」という人間の側からではなく、食われるものの視点から見るという側面が含まれていることがわかる。「食う」という人間にとって基本的な最も肯定的な行為の意味が、人間が「食われ、死ぬ」立場になる時、その象徴的意味が正反対の意味を持つようになる。食べることによって可能とされる人間の生命を根本的に無意味化するような価値の逆転が起きていることがわかる。

4 名に「死」を持つ神

名に死を持つ神

さて、最後に、名前に「死」を持つ神霊（神）にかかわる死の神話について取りあげてみたい。本節で取りあげるのは、ホピの世界創成神話で、地下世界から人間の祖先が地上世界に出てきた時に、暗闇に包まれていた地上世界で、独りぼっちで炎を見ていた主神であるマーサウ（あるいはマサウ）である。マーサウについては、すでに他のところで詳しく取りあげたが[18]、ここまでに取りあげてきた死の神話伝承の類型がマーサウが関係する神話伝承にも読み取ることができるという観点から以前とは異なる解釈も試みるので、改めて取りあげることにしたい。

ホピの人たちは、自分たちの土地を「マーサウの国」と呼ぶ。というのも、マーサウが「大地と生命」と「水と生命」の本来の所有者であり、人間はマーサウから土地の利用、借用権を与えられただけであるからである。このことは、世界創成神話に語られている。ホピの祖先たちは地下世界での悪しき行い、悪しき心を置いてくることを条件に、地上世界に出てきて滞在することをマーサウに許可される。マーサウは人間世界の保護者であり、人間に文化を伝えた文化英雄でもある。第二節で取りあげたヘヤー・インディアンにおける個人の守護霊とは異なり、このマーサウはホピ族全体にとっての主神である。

生きている死者

マーサウ（maasaw）の名前は、「死（maas-）」を意味する語幹に、名詞化する接尾辞が付加され作られた語である。それは、「死んだ人」という意味になり、マロトキによれば、「死に生命を与えるような概念化」と解釈できる[19]。あえて訳すならば、「生きている死者の霊（living death spirit）」となる。しかし、それは「死体」とは異なる。死体に相当するホピ語には、「死ぬ」という動詞mookiから派生したmokpuという語がある。マーサウは昼間に寝、夜に目を覚まし、夜、ホピの村を守るために行動をする。この昼夜逆転の特徴は、第二節でみたメマロース島での死者の振る舞いを彷彿させる。

マーサウの顔の半分はハンサムで魅力的であるが、もう半分は大きい頭でウサギの血がくっついていて恐ろしい。この大きな頭に男根の象徴を見、兎の血に狩猟の象徴を見るという考えもある。マーサウの恐ろしい姿を見た人は死んだように気を失ってしまう。この状態を「マーサウのために固くなる」と呼ぶ。このマーサウの顔は仮面を付けているとする神話もあるが、地顔か仮面かははっきりしない。ホピには仮面を付けた儀式があるので、それを反映した伝承の可能性もある。また、マーサウには両性具有の要素も見られる。ある伝承によれば、マーサウに扮する人は墓から死んだ女性の衣服を借用して着る[20]。その姿は、生と死を合わせ持った両性具有性でもある。また、ある伝承では、このマーサウは「骸骨の姿を取る死の神霊」という姿を取ることもあるが、それは前節で取りあげたウィンディゴを想起させる[21]。

さて、マーサウが登場する、ある男が死んでしまった妻を連れ戻そうとする冥界探訪譚もある。蜘蜘蛛婆の助けで死者の国に何とかたどり着き、妻を連れ出すことができた。しかし、最後に、生者の村に到着するまでは妻と性交してはならないという警告を忘れ、村を目の前にしてもう大丈夫だろうと思い、妻と性交を始めてしまった。そのために、村に到着する直前で妻を再び失ってしまった[22]。この伝承では、生者の世界から死者の世界への行き方を教えるのは蜘蛛婆であるが、マーサウは人間の生者が死者の世界へ立ち入らないように警戒をしている。

マーサウ自身は、死者の世界と生者の世界との間を自由に往来する。マーサウが生者の世界に来る目的の一つは、生きている人間の美しい娘を妻にするためである[23]。また、子供のマーサウもおり、人間の子供が遊んでいるところを見たいといって出かけ、人間の子供を怖がらせる物語がある[24]。死者の世界に住むマーサウは、生者の世界に興味を持っていることがわかる。そして、前者の神話から「死んだ人」であるマーサウは、人間の女性に性的に興味を持っていることがわかる。また、戦さのためにマーサウの仮面を付けた若者が、仮面が取れなくなり、マーサウとなってしまった伝承がある[25]。

同時に、マーサウ自身の名に「死」が含まれているように、ホピの敵に死をもたらすホピの守護霊でもある。

興味深いことに、オルフェウス型冥界探訪譚、生者の世界と死者の世界の反転、骸骨の姿ないしは顔の半分が恐ろしい形相という異形・怪物の三種類のモチーフがマーサウという神霊に凝集して、反映されていることがわかる。マーサウはホピ独自の神格ではあるが、同時に、他の地域に見られる死の神話伝承とも共有している神話伝承の要素があることがわかる。この点は、神話伝承の諸要素の特徴という問題を考える上で、示唆的であるといえる。

では、マーサウにかかわる神話伝承で、ホピに見られる要素とは何であろうか。マロトキとロマトゥワイマによれば、マーサウには、全部で一四の特徴がある[26]。一、マーサウと死の領域、二、姿と身体、三、出現神話におけるマーサウ、四、大地との結びつき、五、炎光、そして闇、六、農耕と生命の力、七、敵を殺害する戦士、八、病気と健康、九、狩猟との関係、一〇、氏族の祖、一一、トリックスター、一二、クワン結社の保護者、一三、カチナとの関係、一四、変容する神。これらの多様な側面からうかがうことができるのは、「死」を名に持つマーサウが、じつは生と非常に結びつきを持っていることである。

暗闇と炎の光

さて、エリアーデによれば、世界創世神話には、神話的イメージの原型が見られるという。では、ホピの世界創世神話で、マーサウはどのように描かれているのであろうか。世界創成神話でホピの祖先が地下世界から地上世界に出現した時、地上世界は暗闇に包まれ、水で満たされていた。暗闇の中、遥か彼方に光が見え、その方向にホピの祖先たちが進んで行くと、炎の傍らに座っているマーサウと出会う。地下世界から地上世界に出ようとしていたホピの祖先たちは、最初、マーサウに地上に出てくるのを拒否された後、マーサウのために羽の祈り棒を作り、贈ることによって、マーサウに地上世界に出てくることを認められる。

この暗闇の世界でマーサウは炎の持ち主であり、炎の傍らに座っていた。暗闇の中の唯一の光、炎の光の持ち主でもあった。それゆえ、マーサウの神話的な意味での原初的イメージは、暗闇の世界に住む炎の光と関わりのある「死んだ人」である。なぜ、マーサウが炎を持っていたかは語られないが、暗闇と炎の光という対極の特質とマーサウは原初的な関係がある。暗闇と炎の光とマーサウの結びつきは、儀礼上でも見られる。初期の民族学誌的研究では、「新しい炎」の儀式において七方向への祈りが捧げられた後で、マーサウに祈りが捧げられる[27]。

「死んだ人」が支配する暗闇の世界が生きる人間が住む地上世界へと変容していく。人間の地上世界における旅や生活の進展とともに、マーサウの人間世界への介入の度合いも性質も展開していく。人間の世界に介入する例としては、農耕の神霊としてマーサウが、薪を集めにきた若者に農耕の仕方を教える物語などからわかる。つまり、マーサウは、暗闇の地上世界に人間が出てきて、そこに滞在することを認めるだけはなく、人間に生活の術を教える文化英雄でもある。ホピの人々は夜になるとマーサウに祈るが、昼間は太陽に祈る。マーサウは夜の間の人間の守護者でもある。マーサウは暗闇の夜の中、集落（メサ）から集落（メサ）へと回り、人々を守護している。現代のわれわれは、昼の太陽の時間から一日を見る傾向があるが、ホピの神話によれば、闇の世界の方がこの世界の原初性を示しているともいえる。

さて、改めて、名に死を意味する語を持つ神マーサウについて考えてみよう。マーサウは、生と死の象徴であり、人間が人生を送る地上世界の所有者であり、人間に文化を伝えた文化英雄である。第二節で見た生者の世界と死者の世界の連続性と断絶、第三節で見た死と怪物の様相の一面が、マーサウという神格に集約されて表象されていると読み解くこともできる。重要な相違は、前者では死者の霊魂は「祖先的」な位置づけであるが、マーサウは「主神的」な位置づけになっている点である。

おわりに

本章では、北米先住民の間で伝わってきた神話伝承の中で「死」にかかわる神話の一部を取りあげてみた。死者は死者の世界で生き続けているが、生者の世界とは真逆の仕方で生き続けている。オルフェウス型冥界探訪譚の神話では、死者が生者の世界に帰還できなくなった理由が語られる。死の始まりは問題ではなく、むしろ死者がなぜ生者の世界に戻ってこられなくなったのかが神話論的な問題であったと読み解くことができる。人間を食らう怪物についての神話伝承では、人間の生を支える食べることとの反対の意味、つまり食べられるものに死をもたらすという点が、人間が食べられる対象となるという逆転の意味が語られる神話であることが示された。そして、最後に、名に死の意味を持つ神霊にかかわる神話伝承を取りあげ、名に死を持つ神が冥界探訪や怪物の特徴を担いながら、文化英雄でもあるという側面を指摘した。

最後に、最初に触れたように、実際の生活の中で「死」がいかに受け止められているのか、その背後に神話的世界があるという観点が、先住民における死の神話を理解する際には重要となってくることを改めて指摘しておきたい。

［付記］本稿は、JSPS科研費、基盤研究（C）「北米先住民宗教における土着的方法による土着性の構築と真正性と混淆性について」(23K00061)の助成を受けた成果の一部である。

†註

［1］Daniel Richter, "War and Culture: The Iroquois Experience," *The William and Mary Quarterly*, Vol.40, No.4 (Oct., 1983), pp. 528-559.

［2］ナンシー・ウッド『今日は死ぬのにもってこいの日』(金関寿夫［訳］、めるくまーる、一九九五年)。原著は若者向けの先住民の言葉集、詩集である。原著のタイトルは、*Many Winters*なので、多くの冬（年月）という意味である。この本の所収されている詩の一つのタイトルが、*Today is a very good day to die.*なので、日本語のタイトルに採用されたのであろう。

［3］ミルチェ・エリアーデ、風間敏夫訳、『聖と俗——宗教的なるものの本質について』(法政大学出版局、二〇一四年)。

［4］Dana Lizardi, and Robin E. Gearing, "Religion and Suicide: Buddhism, Native American and African Religions, Atheism, and Agnosticism," *Journal of Religion and Health*, 49, (2010), pp. 377-384. 自殺にアルコールやドラッグなどが深く関わっていることはよく知られている。自殺率の高さの背景に、西洋とは異なり先住民の時間論は円環的であり、それゆえ死は終わりではなく、次の始まりであるという意識が見られるからだ、という説明がなされることもある。他方、伝統的なスピリチュアリティに依拠している先住民の若者は自殺の傾向が少ないとされる。また部族の長と密接な関わりを持つことも若者の心の健全さのためには重要であるとも言われている。

［5］Brenda J. Child, *My Grandfather's Knocking Sticks: Ojibwe Family Life and Labor on the Reservation*, (St. Paul, MN: Minnesota Historical Society Press, 2014), pp.129-130.

［6］Dennis Tedlock, "An American Indian View of Death," Dennis Tedlok and Barbara Tedlock, eds., *Teachings from the American Earth: Indian Religion and Philosophy*, (New York: Liverright, 1972), pp. 248-271.

［7］R・アードス、A・オルティス『アメリカ先住民の神話伝説』(下)(松浦俊輔・中西須美・前川佳代子ほか［訳］、青土社、一九九七年)一九五頁。

［8］Stith Thompson, selected and annotated, *Tales of the North American Indians*, (Bloomington: Indiana University Press, 1969), pp.145-148; James Moony, Myths of the Cherokee, (New York: Dover Publications, Inc., 1995), pp.252-254.

[9]エラ・E・クラーク『アメリカ・インディアンの神話と伝説』(山下欣一・岩崎治子［訳］、岩崎美術社、一九七二年)、二五八～二六二頁。原著は、Ella E. Clark, *Indian Legends of the Pacific North West*, (Berkeley: University of California Press, 1963)であるので、より正確なタイトルは、北西太平洋岸の先住民の伝説となる。クラークは英語教育の研究者、教師であり、民族学者ではなかったが、第二次世界大戦中に山林火災監視員として働いている時に、山に関する先住民の伝承に関心を持ち始めた時から、先住民の間の口承伝承を広く収集し、一般向けに編纂し直した著作を著わした。学問的な厳密さよりも、一般の人が興味を持つように編纂したという点で、民族学者から批判もされていたが、北西太平洋文化圏の先住民の神話・伝承をまとめたという点で重要な著作であるといえる。

[10]チェロキー族の冥界探訪譚。「太陽の娘」 R・アードス、A・オルティス『アメリカ先住民の神話伝説』(上)(松浦俊輔・中西須美・前川佳代子ほか［訳］、青土社、一九九七年)一九四～一九七頁。

[11]原ひろ子『ヘヤー・インディアンとその世界』(平凡社、一九八九年)三六六～三六七頁。

[12]アードス、オルティス、前掲書、二七八～二七九頁、飛ぶ首の他の類型としては、William W. Cornfield, *The Legends of the Iroquois, Told by* "*The Cornplanter,*" (New York: A. Wessels Company, 1902), pp. 125-126. を参照のこと。

[13]S・トムソン『アメリカ・インディアンの民話』(皆河宗一［訳］、光明社、一九七〇年)二四八～二五〇頁。

[14]アードス、オルティス、前掲書、二五九～二六〇頁。

[15]ウィンディゴについては、下記を参照のこと。木村武史「カンニバルの神話的怪物ウィンディゴを巡る神話と人格的変容」、木村武史『北米先住民族の宗教と神話の世界——歴史と文化交渉の観点から』(筑波大学出版会、二〇二二年)一七一～一九七頁。

[16] Basil Johnston, *The Manitous: The Spiritual Way of the Ojibway*, (St. Paul, Minnesota: Historical Society Press, 2001), p.221.

[17] 同上。

[18]木村武史「ホピの神マーサウを巡る歴史と神話」『北米先住民族の宗教と神話の世界——歴史と文化交渉の観点から』(筑波大学出版会、二〇二二年)、九五～一二一頁。ここでマーサウを改めて取りあげたのは、実は、本論集のテーマである死の神話について改めて考えようと思ったきっかけでもあったからである。

[19]マーサウの名前の語義については、Ekkehart Malotki and Michael Lomatuway'ma, *Maasaw: Profile of a Hopi God*, (Lincoln and London: University of Nebraska Press,1987), pp.1-10. 本節で参照するマーサウに関する神話、伝承等は、すべて下記による。Ekkehart Malotki and Michael Lomatuway'ma, *Stories of Maasaw: a Hopi God*, (Lincoln and London: University of Nebraska Press,1987)

[20]木村武史『北米先住民族の宗教と神話の世界——歴史と文化交渉の観点から』(筑波大学出版会、二〇二二年)、一〇九頁。たとえば、"Maasaw Songoopanömata, Msaasw and His Songoopavi Wife," Malotoki, ibid., *Stories of Maasaw*, pp. 210-247.

[21] Hamilton Tylor, *Pueblo Gods and Myths*, (Tuscon:University of Oklahoma Press,1964).
[22] "The Man Who Traveled to Maski, Home of Dead. to Bring Back His Wife," Ekkehart Malotki and Ken Gary, *Hopi Stories of Witchcraft, Shamanism, and Magic*, (Lincoln and London: University of Nebraska Press, 2001), pp.55-64; "An Oraibi Boy's Visit to Maski, Home of the Dead," pp. 69-92.
[23] "Maasaw and His Songoopavi Wife," Maltoki and Lomatuway'ma, *Stories of Maasaw*, op.cit., pp.210-247. "How the Maasaw from Mastanga Won Himself a Wife," Maltoki and Lomatuway'ma, *Stories of Maasaw: a Hopi God*, ibid., pp.180-209;
[24] "Little Maasaw," Maltoki and Lomatuway'ma, ibid.,pp. 92-105.
[25] マーサウの仮面を被る戦に出、仮面が取れなくなってしまった若者の話。"The Youth who Turned into Maasaw," ibid., pp.50-63.
[26] Ekkehart Malotki and Michael Lomatuway'ma, *Maasaw: Profile of a Hopi God*,(Lincoln and London: University of Nebraska Press,1987)。この著作全体でマーサウの14の特徴を説明している。
[27] J. Water Fewkes, "Fire Worship of the Hopi Indians," *The Smithsonian Report for 1920*, (Washington D.C.: Smithsonian Institution, 1920), pp. 589-610. J. Water Fewkes, "The New-Fire Ceremony at Walpi," *American Anthropologist*, n. s. 2 (1900), p. 94.

[参考文献]

R・アードス&A・オルティス［編］『アメリカ先住民の神話伝説（上・下）』(松浦俊輔・岡崎晴美・西脇和子ほか［訳］、青土社、一九九七年)。

ナンシー・ウッド『今日は死ぬのにもってこいの日』(金関寿夫［訳］、めるくまーる、一九九五年)。

アレックス・W・ビーラー『そして名前だけが残った』(片岡しのぶ［訳］、あすなろ書房、一九九八年)。

マイケル・オレン・フィッツジェラルド、ジュディス・フィッツジェラルド［編］『インディアン・スピリット』(山川純子［訳］、めるくまーる、二〇一一年)。

Thompson, Stith, *Tales of the North American Indians*, Bloomington, Indiana , University Press, 1966.

おわりに

本論集『死の神話学』は、神話叢書第一弾木村武史編著『性愛と暴力の神話学』（二〇二二年）、神話叢書第二弾川村悠人著『ことばと呪力――ヴェーダ神話を解く』（二〇二二年）に続く、神話叢書第三弾である。『性愛と暴力の神話学』でも出てきた死の問題を前面に押し出して、さまざまな時代・地域の専門家に共同研究の協力をお願いして完成したものである。協力してくれた専門家の中には、今までとくに神話をテーマにして研究をしてきたことがなかったということで、戸惑いと苦労の中で執筆してくださった方々もおられる。編者の無理なお願いを聞いてくださり、この場を借りて、御礼を申し上げたい。

本論集のもととなった研究会は、二〇二一年三月から二〇二二年七月の間にかけて行われた。コロナ禍の最中であるということから、オンラインでの研究会であった。オンライン研究会の良いところは、遠方の方でも気楽に参加できるという点にある。他方、ちょっとした雑談（スモールトーク）や研究会の後の慰労会で交わされるさまざまな議論ができなかったという点が残念なところではあった。

本論集では、従来の死の神話研究と異なり、必ずしも物語形式を取らない神話や、通常では神話から区別される伝説、童話の類、殉教者の伝承、スーフィズム等も考察の対象とした点に特徴があるといえるかもしれない。それゆえ、本書を読み進めて、読者の中に、これは神話を取りあげているのだろうかと疑問に感じた人もいると思う。

神話（mythology）という語自体には、一体、どのぐらい有用性があるのであろうか。現代日本語として当然のように使っている神話という語は、哲学、宗教等と同じく、西洋の学問、科学等の知識を翻訳し、移入する際に生み出され、使われるようになった言葉である。mythologyという語も、ギリシア時代からずっと使われていたわけではなく、今日神話という語で想定する物語群を指す語として用いられていたのはfableであった。また、ギリシア語の語源的意味から神話について考えようとする立場にも一理あるが、同様の意味を指す語の無い文化・宗教伝統には、結局、神話は認められないということになってしまう。しかし、だからと言って、現在、神話という語から想定される一連の物語群や象徴連関を見出すことができないということではない。「神」のいない神話も可能なのではないだろうか。また、神話は過去の物語であるだけではなく、現在も生み出され続けている。

本論集の土台となる神話学研究会は、開催月は決めてはいないが、ある程度定期的に行っている。神話学研究会発足の経緯と初期の活動については、『性愛と暴力の神話学』のあとがきに書いてあるので、そちらをご参照いただきたい。神話学研究会では、毎回の発表者の数を限り、一人一人の発表時間を長く取り、質疑応答もそれなりの時間を掛けて行っている。取りあげてもらうテーマは自由であるが、同時に、論集に向けての研究会も行っている。今までの研究会の記録は、神話学研究会のホームページ（https://comparativemythology.Jimdofree.com/）から見ることができる。

神話叢書は「学術を社会へ」を合言葉に編集されている。編者の役割は、一般読者の視点から読みやすく構成されているか、わかり易い論述になっているのか、という点から各執筆者に修正をお願いするものであった。一般読者向けに書くということにあまり慣れていない方には、かなりの修正をお願いしなくてはならなかった場面が幾度とあった。そのようなことを考えると、専門家の立場からはもっと専門的な論文を書きたいという希望もあるのでは、という点を世話人の間で話し合い、専門的な論文を掲載できる電子ジャーナルの計画も進んでいる。

本論集は、株式会社晶文社編集部の江坂祐輔氏のご尽力とご厚意により、神話叢書第三弾として出版できる運びとなった。ここに御礼を申し上げたい。

令和六年二月吉日

神話学研究会世話人
沖田瑞穂
川村悠人
木村武史
田澤恵子

［第9章］内海敦子（うつみ・あつこ）
1970年生まれ。明星大学人文学部教授。東京大学大学院博士課程修了。インドネシアの少数民族の言語、マレー語の方言、インドネシア語を対象とする記述言語学者。主な業績に『多言語主義再考』（三元社、2012年、共著）、「北スラウェシ州の民話の分類」（2015年）、「茨城県大洗町のインドネシア人」（2019年）

［第10章］窪田幸子（くぼた・さちこ）
1959年生まれ。芦屋大学学長、教授。神戸大学名誉教授。1998年、甲南大学大学院博士後期課程応用社会学専攻単位取得退学、博士（社会学）。専門は文化人類学、オーストラリア先住民研究。主著に『アボリジニ社会のジェンダー人類学――先住民・女性・社会変化』（世界思想社、2005年）、『「先住民」とはだれか』（世界思想社、2009年）、『ワンロード――現代アボリジニ・アートの世界』（現代企画室、2016）ほか多数。

［第11章］松村一男（まつむら・かずお）
1953年生まれ。和光大学表現学部教授。東京大学大学院博士課程満期退学、専門は宗教史学、比較神話学。主な著作に『神話思考』I-III（言叢社）、『神話学入門』、『女神誕生』（いずれも講談社学術文庫）ほか多数。

［第12章］植朗子（うえ・あきこ）
1977年生まれ。神戸大学国際文化学研究推進インスティテュート学術研究員。2011年、神戸大学大学院国際文化学研究科後期博士課程修了。博士（学術）。専門はドイツ語圏の民間伝承、日本ポップカルチャー研究。最近の主な著作に「苔族・苔女――森の中の奇妙な「こびと」」、渡邉浩司編『幻想的存在の東西―古代から現代まで―（中央大学人文科学研究所研究叢書）』（中央大学出版部、2024年）、『キャラクターたちの運命論:『岸辺露伴は動かない』から『鬼滅の刃』まで』（平凡社新書、2023年）など。

［第13章］岩崎賢（いわさき・たかし）
1972年生まれ。神奈川大学外国語学部准教授。2005年、筑波大学大学院（博士課程）哲学・思想研究科修了、博士（文学）。専門は宗教学、ラテンアメリカ地域研究。主な著作に『アステカ王国の生贄の祭祀 血・花・笑・戦』（刀水書房、2015年）など。

【著者について】

［第1章］ 山本孟（やまもと・はじめ）
1986年生まれ。山口大学教育学部講師。2017年、京都大学大学院文学研究科博士後期課程（文学）修了、専門はヒッタイト研究。主な著作に「古代アナトリアの王国ヒッタイトにおける女性呪術師『老女』」、杉木恒彦・髙井啓介（編）『霊と交流する人々 上巻（宗教史学論叢21）』（リトン社、2015年）ほか、訳書にビリー・ジーン・コリンズ（著）、アダ・タガー・コヘン（日本語監修）、山本孟（訳）『ヒッタイトの歴史と文化 前2千年紀の忘れられた帝国の扉』（リトン社、2021年）がある。

［第2章］ 田澤恵子（たざわ・けいこ）
1968年生まれ。公益財団法人古代オリエント博物館研究部長。2008年、リヴァプール大学大学院考古学・古典学・エジプト学学科修了、Ph.D. 専門はエジプト学。最近の主な著作に「古代エジプト王朝時代における『あるべき過去』とその媒体 」『古代地中海世界と文化的記憶』（山川出版社、2022年）、『女神繚乱-時空を超えた女神たちの系譜-』（古代オリエント博物館、2021年）など。

［第3章］ 岩嵜大悟（いわさき・だいご）
1985年生まれ。立教大学兼任講師、多摩大学非常勤講師。2015年、関西学院大学大学院神学研究科修了、博士（神学）。専門は聖書学、文学理論。最近の主な論文に「洪水後のノア―創世記9:18-29の文学的機能と現代的課題―」（『聖書と物語』、2022年）ほか多数。

［第4章］ 斧原孝守（おのはら・たかし）
1957年生まれ。比較説話学研究者、元奈良県立高等学校教諭。兵庫教育大学大学院修士課程修了。専門は東アジアの民間説話の比較研究。著作に『猿蟹合戦の源流・桃太郎の真実』（三弥井書店、2022年）、「東アジアの「脱皮型 死の起源神話」」、大西秀之[編]『モノ・コト・コトバの人類史』（雄山閣、2022年）ほか。

［第5章］ 石川巌（いしかわ・いわお）
1968年生まれ。公益財団法人中村元東方研究所専任研究員。1998年、中央大学大学院東洋史学専攻博士課程単位所得退学、文学修士。専門は東洋史学、古代チベット研究。最近の論考に「チベット」小松久男編集代表『中央ユーラシア文化事典』（丸善出版、2023年）、「夢で紡がれる説話伝承:M. ゲンツレによる東ネパールのムンドゥム教神官に対するインタビューより」『内陸アジア史研究』38号などがある。

［第6章］ 大木舞（おおき・まい）
京都大学大学院文学研究科博士後期課程文献文化学専攻インド古典学専修。専門はインドの美術と神話、ヒンドゥー教図像学。博士論文ではヴィシュヴァルーパ（あらゆる姿を持つ）ヴィシュヌと呼ばれる図像を扱い、主に彫刻の調査のため北インドでフィールドワークを行いつつ、関連する文献資料を読み解き研究を進める。主な業績にサンスクリットの叙事詩とプラーナ聖典におけるヴィシュヌ神の化身の列挙を扱った論文（2022年）ほか。

［第7章］ 二宮文子（にのみや・あやこ）
1976年生まれ。青山学院大学文学部教授。博士（文学）。専門は南アジア史、インド・イスラーム文化史。近年の著作は「南アジアにおけるイスラームの展開」『岩波講座世界歴史 4』（岩波書店、2002年）、「インドのイスラーム化とスーフィー」『アジア人物史 5』（集英社、2023年）他。

［第8章］ 黒田賢治（くろだ・けんじ）
1982年生まれ。国立民族学博物館グローバル現象研究部助教。2011年、京都大学大学院アジア・アフリカ地域研究研究科東南アジア地域研究専攻修了、博士（地域研究）。 専門は中東地域研究、文化人類学。最近の主な著作に『戦争の記憶と国家――帰還兵が見た忘却と殉教の現代イラン』（世界思想社、2021年）、「近代日本の中東発見――扉を開いた幕末・明治の先人たち」、西尾哲夫・東長靖編『中東・イスラーム世界への30の扉 』（ミネルヴァ書房、2021年）。

【編著者について】

木村武史（きむら・たけし）

1962年生まれ。筑波大学人文社会系教授。1998年、シカゴ大学大学院神学校宗教学専攻修了、Ph.D. 専門は宗教学。主な著作に『北米先住民族の宗教と神話の世界』（筑波大学出版会、2022年）、編著『性愛と暴力の神話学』（晶文社、2022年）、ほか多数。

死《し》の神話学《しんわがく》

2024年3月20日　初版

編著者　木村武史

発行者　株式会社晶文社
東京都千代田区神田神保町1-11　〒101-0051
電話　03-3518-4940（代表）・4942（編集）
URL　https://www.shobunsha.co.jp

印刷・製本　中央精版印刷株式会社

ISBN978-4-7949-7415-0 Printed in Japan